国家社会科学基金重大项目成果

主编　杜建录

西夏通志

军事志

尤　桦　杜建录　撰

人民出版社

教育部人文社会科学重点研究基地
宁夏大学西夏学研究院重大项目

目　录

序　一

在西夏陵入选世界文化遗产名录之际，以宁夏大学杜建录教授为首的西夏研究团队，凭借着对学术的执着追求与深厚积淀，又推出一部重磅成果——《西夏通志》。这部多年精心编纂的大型西夏史著作共 11 卷（12 册），包括《西夏史纲》（2 册）《西夏地理志》《西夏经济志》《西夏职官志》《西夏军事志》《西夏人物志》《西夏部族志》《西夏风俗志》《西夏语言志》《西夏文献志》《西夏文物志》，共 400 余万字。首卷《西夏史纲》以全景式的视角，为读者徐徐展开西夏王朝兴衰更迭的历史长卷，其余各卷则从不同维度分别展示西夏历史的一个重要侧面。

《西夏通志》为 2015 年国家社科基金重大项目成果，立项前我和建录教授多次交换意见，立项后我们的交流就更多了，我还参与《部族志》的撰写、《职官志》的审读，书稿付梓前又得以先睹，感到此书的编纂意义重大，功力深厚，贡献良多。

众所周知，宋辽夏金之后的元朝为前代修史时，只修了《宋史》《辽史》和《金史》，未修西夏史，仅在这三史的后面缀以简约的"夏国传""西夏纪""西夏传"，概略地介绍了西夏主体民族党项族和西夏建国后的大事简况，以及各自与西夏的交聘争战。历史资料的稀缺，使得人们对西夏历史和社会的认识模糊不清，感到西夏史在中国历史链条中似乎是个缺环。清代以来，有识之士拾遗补阙，先后编撰《西夏书事》《西夏事略》《西夏纪》等著作，均是对传统典籍中文献资料的编年辑录，不是一部完整的西夏史。20 世纪 80 年代以来，学界推出多部重要的西夏史著作，尤以吴天墀《西夏史稿》影响最为深远。但一方面章节体很难容纳更多的内容，另一方面出土的文献资料特别是西夏社会文书尚未公布和释读，很难弥补元代没有编纂西夏史的缺憾。

为此，《西夏通志》在系统占有资料特别是近年公布考释的西夏社会文书的基础上，将我国古代史书中的纪传史志和近代以来的章节体专史结合起来完成的一部大型西夏史著作，如"西夏史纲"是西夏王朝兴衰更迭的历史长卷；"西夏史志"，相当于"正史"中的《志》，包括地理志、经济志、职官志、军事志、部族志、语文志、文献志、文物志等，但内容和"正史"中《志》不大相同，而是根据资料和当代学术的发展，赋予新的内容，显示出新的活力，如"经济志"中的经济关系、阶级结构和社会形态；"职官志"中蕃汉官名；"军事志"中的战略、战术与战役；"语文志"中的语音和文字；"文献志"已不是传统《艺文志》中的国家藏书，而是所有地下出土文献和传世典籍文献；"人物志"，相当于人物传记；"表"包括世袭、帝号、纪年、交聘、大事、战事、词汇以及名物制度异译对照等。由此可见，《西夏通志》在一定程度上弥补了元朝没有纂修一部西夏史的缺憾。

《西夏通志》的特点是内容丰富而平实。正如首卷《西夏史纲》在凡例中所提出的"本史纲在百年西夏学基础上，系统阐述西夏建国、发展和衰亡过程以及西夏政治、经济、军事和文化面貌，不是资料考辨和某种观点的阐述。"其他各卷也都在各自的凡例中规定，该卷是在前人研究的基础上，进行客观叙述，不是资料考辨和某种观点的阐述。这样明确的自我约定，表明了作者们的科学、客观的治学态度和大众化的表述理念，充分彰显了作者团队严谨的治学态度和致力于学术大众化传播的理念。他们十分注重吸收近些年来在西夏法律、经济、军事、文化诸多方面的最新研究成果，把认真搜罗的相关文献、文物资料展陈于前，将成熟的学术观点归纳于后，没有佶屈聱牙、艰涩难懂的争辩，只是客观地叙述历史，娓娓道来，毫无强加读者之意，却能收平易推介之功，让读者在轻松愉悦的阅读体验中，自然而然地接受西夏历史知识。这种独特的写作风格，真正实现了学术著作的传播，让高深的学术知识走出象牙塔，走进大众视野。

《西夏通志》的另一个特点是系统而全面。全卷不仅多方位地涵盖了西夏历史，即便是每一卷也都能做到在各领域中尽量搜罗各种资料，做到全面系统。如《西夏文献志》收入西夏世俗文献 167 种，出土西夏佛教文献 556 种，传统汉文典籍中的西夏文献 41 种，历代编撰的党项西夏文献 21 种，还有亡佚的西夏文献 25 种，共达 810 种之多，同时对每一种文献都有介绍，为读者提供了翔实的西夏文献盛宴，可谓西夏文献的集大成之作。

《西夏通志》还有一个亮点是多数卷的末尾附有《表》，如《史纲》卷的《世袭表》《帝号表》《纪年表》《交聘表》《大事年表》《西夏学年表》，《地理志》的《党项与西夏地名异译表》，《职官志》的《党项与西夏职官异名对照表》《西夏蕃名官号一览表》《夏汉官职异名对照表》《机构异名对照表》，《语言志》的《词汇表》等。这些《表》以简洁明了的形式，将复杂的历史信息清晰地呈现出来，如《西夏学年表》呈现出百年西夏学发展脉络，《词汇表》以 2000 条的篇幅分门别类地展示出西夏语的常用词，每条词有西夏文、国际音标和汉译文三项，非常方便读者检索使用。这些附录有的是对正文的补充，有的是对正文的提炼，有的则与正文相呼应，成为各卷不可或缺的有机组成部分，充分体现了作者对各研究领域的深入理解、长期积累以及对读者需求的贴心考量。我想，只有作者对该领域的全面了解和深耕细作才能做出这样既专业，又方便读者的附录，我们应该对作者们为读者的精细考量致以诚挚的感谢。

本书作者团队阵容强大，领衔的杜建录教授为长江学者，他一人担纲了《西夏史纲》《西夏经济志》及部分《西夏军事志》的重担。其他各卷作者均是这些年成长起来的学术带头人和学术骨干，据我所知，他们大多数主持完成两项以上国家社科基金项目，有的主持国家社科基金重大项目和国家社科基金冷门绝学团队项目。这个研究团队经过多年历练，有良好的研究基础与合作传统，十多年前也是由杜建录教授主持的 4 卷本《党项西夏文献研究—词目索引、注释、异名对照》（中华书局 2011 年出版），这个团队的大部分成员就参加了这项基础资料建设工作，使他们在对党项西夏文献整理过程中打下了坚实的基础。他们中有的还参与《西夏文物》整理出版，看得出《西夏通志》是在坚实的基础上厚积薄发，他们的学术积累得到了充分的运用和表达。

他们还有一个特点，就是多熟悉西夏文。随着近代西夏文文献的大量发现，特别是近些年来黑水城出土文献的系统刊布，使西夏文文献成为解读西夏历史文化的重要资料基础。掌握西夏文成为解读西夏历史文化的关键。熟悉西夏文译释的本书作者们凭借这一优势，在研究中可以将汉文史料和西夏文资料以及文物资料充分同时利用，相互印证，有机地融汇在一起，做出特殊的深层次解读，从而取得新的符合史实的客观认识。他们如同穿越时空的使者，借助古老的文字，与历史对话，从而得出更符合史实的客观认识。揆诸各卷内容，都不乏利用新的西夏文资料展现该卷历史内容的实例，这种在中国史研究中大量利用民族文字资料的特殊手段彰显出本书的特点，展现出作者们经过艰苦学习、训练而能熟练应用西夏文的亮丽学术风采。

最后，我要说的是《西夏通志》作者无论研究环境优劣，都能正确把握国家对"冷门绝学"长远战略，以研究西夏历史文化为己任，以彰显其在中华文明中的价值为使命，坚守岗位，坚持学术，默默耕耘、潜心研究，努力发掘西夏文化在中华文明发展中的历史性贡献，用实际行动和优秀成果推动着西夏学的发展。对他们这种难能可贵的学术坚守点赞，对他们的学术品格表示尊敬！

随着西夏陵入选世界文化遗产名录，西夏研究将愈加受到有关部门、学术界和社会的关注和重视。此重要成果的推出无疑将会给方兴未艾的西夏学增添新的热度，对关心西夏的读者们有了认识西夏历史的新途径，为读者打开西夏历史知识的全新窗口，助力大众深刻理解西夏文化在中华文明中的重要地位，对铸牢中华民族共同体意识发挥积极的作用。

史金波

2025 年 7 月 15 日

（史金波　中国社会科学院学部委员　中国社会科学院学部委员工作室专家）

序　二

　　西夏史学史研究表明，西夏学一百多年的发展史，大体经历了两个阶段。第一阶段从 20 世纪 20 年代至 80 年代。从俄国探险家掠走黑水城西夏文献开始，苏联学者因资料上的优势，率先开始了西夏文献的整理研究，出版了一批论著。日本及欧美的学者也开始了西夏文献的研究。这个阶段，我国学者在西夏文文献资料有限的情况下，开始着手对西夏语言文献、社会历史及宗教文化等方面的研究。总体来讲，这一时期国外西夏学特别是俄罗斯西夏文献研究具有十分重要的地位。第二阶段从 20 世纪七八十年代开始，中国西夏学的研究开始出现了新的变化。70 年代开始，西夏陵等一批西夏遗址的考古发掘，90 年代以来的俄、中、英、法、日等国藏西夏文献的整理出版，西夏学的主战场逐渐由国外转移到国内，西夏学的内涵从早期的黑水城文献整理与西夏文字的释读，拓展成对党项民族及西夏王朝的政治、经济、军事、地理、宗教、考古、文物文献、语言文字、文化艺术、社会风俗等全方位的研究，完整意义上的西夏学逐渐形成，和敦煌学、简牍学一样，成为一门涵盖面非常广泛的综合性学科。西夏学取得的丰硕成果，表明已开始走出冷门绝学的境地，出现了初步的繁荣局面，学界给予了更多的关注和赞誉。2007 年，在北京召开的《中国藏西夏文献》出版座谈会上，史学大师蔡美彪先生曾说，"我深切的感到 30 年来，我国西夏学、西夏史的研究取得的成绩非常大，甚至可以说，将这30年的中国历史学的各个领域比较起来的话，西夏的文献整理和西夏学研究的成绩，应该是最显著的领域之一"（《西夏学》第3辑，2008年）。

西夏学在新的发展进程中，研究机构及学术团队的建立发展壮大，是必要的条件和基础工作。西夏故地在宁夏，宁夏大学一直把西夏学作为重点建设的学科，2001年，宁夏大学西夏学研究中心被教育部批准为高校人文社会科学重点研究基地，2008年教育部批准更名西夏学研究院。基地建设二十多年来，他们立足当地，着眼长远，培养队伍，积极开展具有学科发展意义的重点项目研究，已成长为国内外西夏学领域一支有科研实力、能够承担重大项目并起到领军作用的学术团队。在这个过程中，我作为亲历者和见证者，看到杜建录教授带领的基地和团队之所以能取得突出成效，缘于他们坚持正确的学术导向，具有长远的学术眼光，尊重学术发展规律，在推动西夏学学科体系建设方面采取了一系列必要的举措：

一是重视基础建设，组织文献整理、集成和出版。二十多年来，他们以教育部人文社会科学重点研究基地为平台，联合中国社会科学院西夏文化研究中心等单位，整理出版大型文献丛书《中国藏西夏文献》《中国藏黑水城汉文文献》《中国藏黑水城民族文字文献》《西夏文献丛刊》，建设大型西夏文献文物资料数据库；参与承担并完成国家社科基金特别委托项目《西夏文献文物研究》；将西夏文献研究由西夏文延伸到拓跋政权和西夏时期的汉文、西夏文、吐蕃文、回鹘文等多语种文献，拓展了西夏文献研究的深度和广度。

二是倡导"大西夏史"。跳出西夏看西夏，从唐五代辽宋夏金元大背景下研究西夏，推动多学科交叉综合研究，揭示中华民族"多元一体"格局形成的历史轨迹，揭示西夏多元杂糅的文化特点。将西夏学研究拓展到中华民族"三交"史的研究。

三是重视和推进民族史学理论建设。二十多年前建在宁夏大学西夏学研究院的中国少数民族史博士点就设立了中国民族史学理论专业方向。以"多元一体"为核心的史学理论建设推进和指导了西夏研究,专业人员的史学理论素养和分析概括能力明显提高,和近年来习近平总书记提出的铸牢中华民族共同体意识的理论创新思想紧密衔接。

四是重视学术团队建设和拓宽研究视域。宁夏大学西夏学研究已形成了有一定数量、结构配置合理的团队,研究方向涵盖了西夏历史、文化、语言、文献、文物等主要领域,近十多年迅速发展起来的西夏文化和西夏艺术研究,进一步丰富了西夏学的内涵,具有填补空白和创新的学术意义。运用中华民族史观和多学科综合研究方法,成为西夏学新的增长点。

五是重视国际合作研究,提升国际话语权。2010年成立中俄西夏学联合研究所,开展黑水城文献合作研究,形成中俄联合研究机制。连续举办八届国际学术论坛,促进国际西夏学的交流和学术资源共享;利用国家社科基金外译项目等各种途径,组织出版西夏研究外译著作十多种。

这些举措的坚持和落实,使宁夏大学西夏学研究基地积累了经验,扩大了视野,历练了队伍,完成了一系列重大项目,展示了"西夏在中国,西夏学也在中国"的厚实基础。这也正是他们能够承担并高质量完成国家社科基金重大攻关项目《西夏通志》的主要原因。

杜建录担任主编的《西夏通志》2015年获批国家社科基金重大项目,2022年完成结项,2025年正式出版,十年磨一剑,是迄今为止西夏学各个领域研究成果的集大成者。在学术指导思想上,贯穿了中华民族历史观和中华民族共同体意识;在历史资料运用上,充分吸收了迄今国内外发现刊布的各类文字资料及实物资料以及近年考古新发现;在叙述内容上,尽可能涵盖了西夏社会的各个方面和各个领域,力求全方位呈现一个真实、生动、立体的历史上的西夏;在编纂体例上,将我国传统的史志体和近代以来的章节体结合起来,作了有益的探索。从上述意义上看,《西夏通志》不仅是目前西夏学全面的创新性成果,而且是具有中国自主话语权和自主知识体系的学术成果。

在这里,特别要提到的是《西夏通志》所采用的编著体例。在中国悠久的治史传统中，不仅保留了各种记述历史的文献资料，也创造了编著史书的体例，形成了以纪传体（如《史记》为代表的二十四史）为主流以及编年体、纪事本末体等体例的史书编纂方式，与此同时形成的还有志书体例。志基本属于史的范畴，"郡之有志，犹国之有史"（宋·郑兴裔《广陵志·序》），"方志是地方之史"（白寿彝《史学概论》）。志更侧重于资料内容的分类编纂。以历史纵向为主线的"史"和以横向分类为主线的"志"，构成了中国传统史学的主要记述模式。传统史志体例作为中国历史庞大复杂内容的主要载体，数千年来不断改进完善，其功能和作用不可低估。但传统史著体例也有其历史局限性，如以王朝政治史为中心，忽视社会多元性；以儒家史观主导，难避片面性；以人物和事件描述为中心，缺乏历史发展内在联系及因果分析；史料的选择有局限，民间、地方、民族方面的史料缺失等等。上个世纪随着西方史学理论和方法的引入，史著的章节体体例渐成现代历史著作的主要形式，它以历史演进为基本线索，以科学分类和逻辑分章的形式，将传统史志的叙事方式赋予了现代学术规范，具有结构清晰、内容涵盖面广、可以跨学科综合、便于阅读和传授的特点。但史家在运用章节体书写历史中，与传统史著相比，也感到有不足之处，如对人物、典籍、制度、文化等专项内容的描述不够，一般的处理方法是简要地概括在章节的综合叙事中。白寿彝先生主编的12卷《中国通史》作了新的尝试，用传统与现代相融合的创新编纂体例，采用甲、乙、丙、丁四编结构，甲编"序说"整合文献与研究成果，乙编"综述"以时序勾勒朝代脉络，丙编"典志"解析政治经济文化制度变迁，丁编"传记"通过人物纪传体现史实。这种创新体例将专题考据与宏观叙事结合，史料评介、制度分析、人物纪传、考古发现、研究动态等在章节体中不易展开的内容都有了一定的位置呈现。

作为以断代史和王朝史为叙述对象的西夏历史，《西夏通志》大胆采用了传统史志体例与现代章节体例相融合的方式，将史、志、传、表作为基本结构，"史"为"西夏史纲"，以纵线时间脉络为主，集中阐述从党项到西夏政权的治乱兴衰和社会各方面的演进；"志"为"西夏史志"，采用传统地理志、职官志、军事志、部族志、语文志、文献志、文物志等分类编纂叙述的方法，但充分运用了新资料，内容更充实，阐释更有新意；"传"即"人物志"，对见于记载的西夏人物逐个立传；"表"包括世袭、帝号、纪年、交聘、大事、战事、词汇以及名物制度异译对照等。全书在中华民族史观的统领下，继承考证辨析的严谨治学方法，以现代学术规范为基本要求，充分吸收传统体例的元素，力求作到史论结合、史志结合、出土文献和实物与典籍文献结合、西夏文文献与汉文文献及其他民族文字文献结合、国内研究与国外研究结合，尽可能吸收国内外研究的新成果。这种编纂体例，虽然带有试验性，但体现了学术上守正创新的精神，体现了构建自主知识体系的积极探索。

经过 10 年的不懈努力，煌煌 12 卷 400 多万字的《西夏通志》终于呈现在读者面前，可以说，《西夏通志》的出版，在西夏学发展史上具有里程碑意义，对于西夏学的过往来讲，是一次全面的总结和收获；对于西夏学的未来来讲，是进一步研究的起点。正如编著者在"序"中所言，《西夏通志》的完成不是收官，而是起点！

陈育宁

2025 年 7 月 6 日

（陈育宁　宁夏大学教授　宁夏大学原党委书记　校长）

序　三

　　元朝修宋辽金三史，没有给西夏修一部纪传体专史，给后人留下很多缺憾。现存的资料无法编纂一部纪传体《西夏史》，当代章节体的《西夏史》又无法容纳更多内容。鉴于此，2008 年就开始策划编纂多卷本历史著作《西夏通志》，2015 年获批国家社会科学基金重大项目，2022 年完成结项，2025 年正式出版。该多卷本著作体裁介于"纪传体"断代史和"章节体"专史之间，将我国的史论和史志结合起来，在西夏史乃至中国古代史研究体例和方法上都是创新，这是本通志纂修的意义和价值所在。

　　自明、清以来，封建史家有感于西夏史的缺憾，筚路蓝缕，拾遗补阙，撰写出多种西夏专史，重要的有明代《宋西事案》、清代张鉴《西夏纪事本末》、吴广成《西夏书事》、周春《西夏书》、陈崑《西夏事略》，民国初年戴锡章《西夏纪》等等。这些著作梳理了西夏史资料，特别是参考了当时能见到、现已不存的文献资料，值得我们重视。不过从总体上来看，明、清两代学者对西夏史的研究有较大的局限性：一方面采取的是传统的封建史学观点、方法和体例；另一方面黑水城文献尚未发现，西夏陵等重要考古尚未开展，所使用的资料仅限于传世典籍，因此，这些著作都不能够全面阐释西夏社会面貌。

　　20 世纪 70 年代以来，西夏史的研究又得到学界的重视，先后出版林旅芝《西夏史》（1975）、钟侃等《西夏简史》（1980）、吴天墀《西夏史稿》（1981）、李蔚《简明西夏史》（1997）、李范文主编《西夏通史》（2005），这些成果各有所长，大大推动新时期西夏史的研究，如果从研究的全面性来看，仍有一定的局限，一是章节体例无法容纳更多历史事实，前四种都在四十万字以内，其中《西夏简史》不足10万字，即使由专家集体完成的《西夏通史》也是几十万字；二是地下出土文献尚未完全公布，特别是数千件俄藏西夏社会文书近年才公布，所利用的资料有限。因此，有必要运用新资料、新体例完成一部多卷本的西夏史。

国外西夏研究的重点集中在西夏文献，西夏历史方面的成果相对较少，主要有苏联克恰诺夫的《西夏史纲》（1968），日本冈崎精郎的《党项古代史研究》（1972），美国邓如萍的《白高大夏国：十一世纪夏国的佛教和政体》（1998），《西夏史纲》比较简略，且汉文资料使用上有较多错误；《党项古代史研究》侧重西夏建国前的历史；《白高大夏国：十一世纪夏国的佛教和政体》过分强调西夏佛教的地位，国外的西夏史代表作虽有较高的参考价值，但也不能反映西夏历史全貌。此外，《中国通史》《辽宋西夏金代通史》《剑桥辽夏金史》也都有西夏史的内容。该成果或作为中国通史的一部分，或是辽金西夏断代史的组成部分。

除通史外，文献资料和专史研究也取得了很大成绩，文献资料整理研究方面，相继出版《俄藏黑水城文献》《英藏黑水城文献》《法藏敦煌西夏文文献》《中国藏西夏文献》《中国藏黑水城汉文文献》《斯坦因第三次中亚考古所获汉文文献》《日本藏西夏文文献》《西夏文物》（多卷本）。韩荫晟《党项与西夏史料汇编》，陈炳应《西夏文物研究》，史金波《西夏经济文书研究》《西夏军事文书研究》，史金波等译《天盛改旧新定律令》，杜建录等《党项西夏文献研究——词目索引、注释与异名对照》《西夏社会文书研究》等。所有这些，将西夏历史文献整理研究推向了新阶段。

西夏专史方面，史金波《西夏文化》《西夏佛教史略》《西夏社会》，白滨

《元昊传》《党项史研究》，周伟洲《唐代党项》《早期党项史》，汤开建《党项西夏史探微》，杜建录《西夏经济史》《西夏与周边民族关系史》，李华瑞《宋夏关系史》，杨浣《宋辽关系史》，陈育宁、汤晓芳《西夏艺术史》，韩小忙《西夏美术史》，鲁人勇《西夏地理考》等。这只是百年西夏学论著的一部分，还有大量论著收录在《西夏学文库》《西夏学文萃》两套大型丛书中，不一一列举。这些研究成果，为多卷本《西夏通志》的撰写奠定坚实的基础。

《西夏通志》约四百万字，从内容上看，可分为四部分，一是"西夏史纲"，包括党项内迁与夏州拓跋政权建立、西夏建国与治乱兴衰、西夏人口与社会、西夏农牧业和手工业、西夏通货流通与商业交换、西夏赋役制度、西夏社会形态与阶级结构、西夏文化、西夏遗民等。

二是"西夏史志"，相当于"正史"中的《志》，包括地理志、经济志、职官志、军事志、部族志、语文志、文献志、文物志等，但内容和方法和"正史"中《志》大不相同，而是根据资料和当代学术的发展，赋予新的内容，显示出新的活力，如"地理志"中的地的西夏地图；"经济志"中的经济关系、阶级结构和社会形态；"职官志"中蕃汉官名；"军事志"中的战略、战术与战役；"语文志"中的语音和文字；"文献志"已不是传统《艺文志》中的国家藏书，而是所有地下出土文献和传世典籍文献（含典籍中记载而已佚失的文献），既包括西夏文文献，又包括西夏时期产生汉文文献和其他民族文字文献。

三是"西夏人物志"，相当于人物传记，对目前见于记载的所有西夏人物立传，由于资料不一，每个传记多则近千字，少则数十字。

四是附表，包括《西夏世袭表》《西夏帝号表》《西夏纪年表》《西夏交聘表》《西夏大事年表》《党项与西夏地名异译表》《党项与西夏职官异名对照表》《西夏蕃名官号一览表》《夏汉官职译名对照表》《机构译名对照表》《西夏战事年表》《西夏人物异名对照表》《西夏部族名称异译表》《西夏沿边部族名称异译表》《西夏词汇表》《西夏学年表》等。

为了高质量完成书稿，课题组结合西夏文献资料特点，尽可能多重证据，将地下出土文献和传世典籍文献相结合，西夏文文献和汉文文献及其他民族文字文献相结合，《天盛律令》《亥年新法》《法则》《贞观玉镜将》等制度层面上的资料和买卖、借贷、租赁、军抄、户籍等操作层面上的资料相结合，国内研究和国外研究相结合。例如，《天盛律令》规定"全国中诸人放官私钱、粮食本者，一缗收利五钱以下，及一斛收利一斛以下等，依情愿使有利，不准比其增加。"过去对这条律令不好理解，通过和黑水城出土西夏天盛十五年贷钱文契结合研究，可知一缗收利五钱为日息，一斛收利一斛为年息。

郡为秦汉以来普遍设置的地方机构，相当于州一级，下辖县，有时是州县，有时是郡县。一般情况下县级名称不变，而州郡名称互换，如灵州与灵武郡，夏州与朔方郡，凉州与武威郡，甘州与张掖郡，肃州与酒泉郡。西夏立国后承袭前代，在地方上设州置郡，以肃州为蕃和郡，甘州为镇夷郡。这条资料出自清人吴广成《西夏书事》，由于该书没有注明史料来源，往往为史家所诟病，研究者不敢确认西夏设郡。黑水城出土西夏榷场文书明确记载镇夷郡，为西夏在地方设郡找到了确凿证据，其意义不言自明。

二是考证辨析，对异见异辞、相互矛盾的史料，加以辨正，以求其是；辨析不清者，两存其说、存疑待考。例如，《天盛律令》记载有石州、东院、西寿、韦州、卓啰、南院、西院、沙州、啰庞岭、官黑山、北院、年斜等十二个监军司，有的名称和《宋史》《续资治通鉴长编》记载相同，有的不相同，要逐一考辨清楚。还如，汉文文献中的党项西夏地名、人名、官名、族名，有的是意译，有的是用汉语音写下来，不同的译者往往用字不同，出现了大量的异译；有的在传抄、刊印过程出现讹、衍、误。以上种种现象，造成将一人误做两人，将一地误做两地，将一官误做两官，为此，在全面系统搜集资料的基础上，对汉译不同用字以及讹、衍、误逐一进行甄别和考辨，表列党项与西夏地名、人名、官名、族名异名对照。

三是分三步完成，第一步为按卷编纂"西夏通志资料长编"，将所有出土文献、传世典籍、文物考古资料，按照时间和门类编成资料长编；第二步对搜集到西夏文献资料辨析考证，完成西夏史考异，对当代专家不同的认识，也要加以辨析，有的问题两存其说；第三步在资料长编和文献考异的基础上，删繁就简、去误存真、存疑待考，完成资料详实、内容丰富、观点鲜明的多卷本《西夏通志》。

　　教育部西夏学重点研究基地建设伊始，确立了西夏文献整理出版、西夏文献专题研究以及西夏社会面貌阐释的"三步走"战略。《西夏通志》的纂修是该战略的重要环节，它的完成不是收官，而是起点！

杜建录

2025 年 6 月 1 日

（杜建录　教育部人文社科重点研究基地

宁夏大学西夏学研究院院长　民族与历史学院院长）

凡　例

一、本志包括军事概述、兵役制度、指挥体制、边防制度、兵器装备、后勤保障、用兵方略、兵律兵书等类，每类之下分若干小类。

二、本志主要依据西夏文文献及唐宋夏元时期汉文文献，同时参考蒙古文、古藏文文献记载。

三、本志对关键内容注明出处；对异见异辞、相互矛盾的史料，在注文中简要辨正；辨析不清者，两存其说、存疑待考；对当代专家不同的认识，也加以辨析，有的问题两存其说。

四、本志述议结合，力求通俗、简明。

五、本志纪年一律采用年号纪年后括注公元纪年，如夏天授礼法延祚元年、宋宝元元年（1038）。

六、本志中的地名，括注现地名或方位；名物制度括注西夏文。

概　　论

西夏是由党项族建立的多民族政权，立国 189 年（1038—1227），若从唐朝末年拓跋思恭建立夏州地方割据政权开始算起，则长达 347 年。长期的民族交往交流交融，西夏立国后既保留原始的部落兵制，又学习借鉴中原王朝的军事制度。

（一）西夏军事组织的演变

1. 党项部落军事制度

建立西夏国的党项羌是我国古代羌族的一支，长期过着居无定所的游牧生活，南北朝以来，居住在今甘青川三省毗连地区，以姓为部落，一姓之中复分为小部落。隋朝初年，部落"大者五千余骑，小者千余骑"。平时游牧，"各为生业，有战阵则相屯聚"。① 入唐后部落人口有所增加，"大者万余骑，小者数千骑，不相统一"。② 这是没有法令赋役的原始部落兵制阶段。

早期党项一度依附吐谷浑，隋朝建立后，声名远播，党项归附隋朝。开皇四年（584），党项"千余家归化"。五年（585），大首领拓跋宁丛等各率部

① 《隋书》卷八三《党项传》。
② 《旧唐书》卷一九八《党项羌传》。

众内附旭州，隋文帝授为大将军，"其部下各有差"。① 唐承隋制，继续招抚党项。贞观三年（629），党项酋长细封步赖举部内附，唐太宗降玺书抚慰，列其地为轨州，拜步赖为刺史。其他党项酋长纷纷效仿，皆来内属，唐朝也列其地为崌、奉、岩、远四州，并封首领为刺史。② 贞观五年（631），党项拓跋大首领拓跋赤辞率众降附，唐朝列其地为懿、嵯、麟等32州，以松州为都督府，任命归附部落首领为刺史，以拓跋赤辞为西戎州都督，赐皇姓李。③ 内附党项虽"贡赋版籍，多不上户部"，但"声教所暨，皆边州都督、都护所领"④，使拓跋部等党项部落声威日隆，部落兵制得到了发展。

在党项归附唐朝的前后，吐蕃政权从西藏高原崛起，不断对外扩张，党项畏逼，陆续从今甘青川三省毗连地区迁往西北地区东部，该地先进的生产工具和生产力水平技术、适宜畜牧业发展的自然地理条件以及相对安定的社会环境，都对党项族提高生产力水平、增加人口、积累财富、分化阶级等，产生了深远的影响，党项族的军事组织随之发生转变。⑤ 在这一转变过程中，党项拓跋部建立藩镇是一个关键的节点。

党项内迁过程中，最为强族的拓跋部比较完整地从松州地区迁至陇右庆州，后又从庆州迁往平夏地区。拓跋部大首领拓跋赤辞从子拓跋思头（思泰）曾任静边州都督，拓跋思头子拓跋守寂因助唐平定安史叛乱，被封为容州刺史、天柱军使、西平公，后又赠灵州都督。拓跋守寂孙拓跋乾晖曾任银州刺史，拓跋乾晖就是后来占据宥州拓跋思恭的祖父⑥。

---

① 《隋书》卷八三《党项传》。
② 《旧唐书》卷一九八《党项羌传》。
③ 《新唐书》卷二二一上《西域·党项传》。《唐会要》卷九八《党项》条载："五年……有羌酋拓跋赤词者，其为浑主伏允所昵，与之结婚，屡抗官军，后与从子思头并率众与诸首领归款，列其地为懿、嵯、麟、可等三十二州，以松州为都督府，羁縻存抚之，拜赤词为西戎州都督，赐姓李氏。"
④ 《新唐书》卷四三《地理志七》。
⑤ 陈炳应先生将西夏军事组织发展过程分为原始阶段、发展阶段和成熟阶段。（陈炳应：《党项人的军事组织述论》，《民族研究》1986年第5期）。
⑥ 周伟洲：《党项西夏史论》，甘肃文化出版社2017年版，第35—37页。

中和元年（881），黄巢起义军攻入长安，唐僖宗仓皇出走，途中下诏征集各路兵马勤王，党项族首领拓跋思恭积极响应，与鄜延节度使李孝昌等同盟起兵，传檄天下。僖宗闻讯后，封拓跋思恭为左武卫将军，权知夏绥银节度使事。中和二年（882），唐政府又下诏封拓跋思恭为京城西面都统、检校司空、同中书门下平章事。俄进四面都统，权知京兆尹。中和三年（883）因勤王有功，进封兼太子太傅，封夏国公，赐姓李。① 时人李琪诗曰："飞骑经巴栈，洪恩及夏台；将从天上去，人自日边来。此处金门远，何时玉辇还？蚕平关右贼，莫待诏书催。"② 反映出唐廷对拓跋思恭率部勤王的期许。至此，党项拓跋节度政权正式建立，开始了党项发展史上"虽未称国，而王其土"③的历史阶段。

传世史籍和出土的碑刻中记录的拓跋夏州政权职官有节度使、节度使副使、都知兵马使、副兵马使、散都头、虞候、都虞候、押衙、都押衙、教练使、都教练使、十将、军使、行军司马、部落使、蕃落使、都知蕃落使、蕃部指挥使、番汉都指挥使、牙将、牙校、军校等④，他们既是部落首领，又是节度使衙下的军事首领，党项军事组织完成了由原始的部落兵制向有阶级的部落兵制转变。

拓跋家族身居藩镇要职，"或司戎职，或典郡符"，同时吸纳其他部族，擢用汉族，建立起以拓跋氏为首的贵族联合专政。延州安塞军防御使白敬立家族自有唐以来，世代都是夏州的武官，其本人参与拓跋思恭战伐军机，居功至伟，被封为使持节都督延州诸军事、守延州刺史、充本州防御、左神策军行营先锋兵马安塞军等使。⑤

李继迁起兵后，自称定难军留后、都蕃落使，并以张浦、仁谦为左右都

---

① 《新唐书》卷二二一上《西域·党项传》。
② （宋）李昉等：《太平广记》卷一七五《李琪》，中华书局 2011 年版，第 1304 页。
③ 《宋史》卷四八六《夏国传》。
④ 翟丽萍：《西夏职官制度研究》，陕西师范大学 2013 年博士论文。
⑤ 杜建录：《党项西夏碑石整理研究》，上海古籍出版社 2015 年版，第 36—38 页。

押牙，李大信、破丑重遇贵为蕃部指挥使，李光祐、李光允等为团练使；复署蕃酋折八军为并州刺史，折罗遇为代州刺史，嵬悉咩为麟州刺史，折御也为丰州刺史，弟廷信为行军司马，其余除授有差。① 这一时期以拓跋为代表的党项逐步建立起较为系统的军事组织，其原始部落兵制和地方藩镇兵制渐趋融合发展。

2. 西夏军事制度的建立

唐五代以来，"夏虽未称国，而王其土久矣"。② 但毕竟属于地方藩镇的军事体系，直到景宗元昊称帝立国前后政治军事制度改革，才正式确立了西夏的军事制度。从宋仁宗明道元年（1032）至夏仁宗天盛（1149—1169）初年，是西夏兵制建立和发展阶段，这一阶段西夏军事势力强盛，军事制度日趋完善。

一是明号令，以兵法勒诸部，确立"尚武重法"的方针。宋明道元年（1032），李元昊继任定难军节度、夏银绥宥静等州观察处置押蕃落使、西平王后，③ 明号令，以兵法勒诸部。"每举兵，必率部长与猎，有获，则下马环坐饮，割鲜而食，各问所见，择取其长。"④ "悉会诸族酋豪，刺臂血和酒，置髑髅中共饮之，约先寇鄜延路，欲自德靖、塞门、赤城路三道并入。酋豪有谏者，辄杀之。"⑤ 这时的部落兵制已和早期有很大的区别，作为大首领的李元昊，对诸部不仅仅是联络和盟会，而是有生杀予夺的大权。

二是设官制，建立武官体系。西夏立国前，党项拓跋政权的武官体系简单，通常设有蕃落使、防御使、都押衙、指挥使、团练使、刺史等职。这些职位军政一体，由部落豪酋担任。立国前夕，李元昊建立起一套完整的官制体系，"其官分文武班，曰中书，曰枢密，曰三司，曰御史台，曰开封府，曰

① 《西夏书事》卷四。
② 《宋史》卷四八六《夏国传》。
③ 《续资治通鉴长编》卷一一一，仁宗明道元年十一月癸巳条。
④ 《宋史》卷四八五《夏国传》。
⑤ 《续资治通鉴长编》卷一二二，仁宗宝元元年九月己酉条。

翊卫司，曰官计司，曰受纳司，曰农田司，曰群牧司，曰飞龙院，曰磨勘司，曰文思院，曰蕃学，曰汉学。自中书令、宰相、枢使、大夫、侍中、太尉已下，皆分命蕃汉人为之。"① 由此构建起行政军事两大官僚体系。枢密是国家最高军事机构，"掌军国机务、兵防、边备、戎马之政令，出纳密命，以佐邦治。凡侍卫诸班直、内外禁兵招募、阅试、迁补、屯戍、赏罚之事，皆掌之。以升拣、废置揭帖兵籍；有调发更戍，则遣使给降兵符"等。②

地方上"置十二监军司，委豪右分统其众。自河北至午腊蒻山七万人，以备契丹；河南洪州、白豹、安盐州、罗落、天都、惟精山等五万人，以备环、庆、镇戎、原州；左厢宥州路五万人，以备鄜、延、麟、府；右厢甘州路三万人，以备西蕃、回纥；贺兰驻兵五万、灵州五万人、兴州兴庆府七万人为镇守，总五十余万"③。后来，监军司由 12 个增加到 18 个。④ 监军司设都统军、副统军、监军使，由党项豪酋充任，其下设指挥使、教练使、左右侍禁等数十员，则不分番汉，均可充任。

3. 西夏军事制度的成熟

西夏天盛年间，是西夏军事组织发展的第三阶段，这一阶段的特点是西夏兵制走向成熟鼎盛。

一是转变立国方针，由"崇兵尚武"转向"尚文重法"，由主动进攻转为被动防御态势，对外战争减少。夏永安二年，宋元符二年（1099），梁太后去世后，乾顺在辽国的支持下，开始处理内政，至此西夏正式结束了后族专权的时代。在文化上，"国中建学养贤，不复尚武"，提倡"以儒治国"，西夏进入一个相对和平的环境，也使西夏步入繁荣稳定的时期，西夏由"尚武力"

①　《宋史》卷四八五《夏国传》。
②　《宋史》卷一六二《职官志》。
③　《宋史》卷四八五《夏国传》。
④　《续资治通鉴长编》卷一二〇，仁宗景祐四年十二月癸未条。

转变为"尚武备",从"明号令"转变为"重法度"。

西夏统治者历来重视军法的制定与运用,李元昊继位之初,就"明号令,以兵法勒诸部"。不过元昊时期的兵法主要是来自中原的《孙子兵法》《太乙金鉴》以及党项民族习惯法,尚未制定出自己的法典。到了中期,陆续颁布了军事法典《贞观玉镜将》和国家法典《天盛改旧新定律令》。《天盛改旧新定律令》是在改旧的基础上颁布的,说明该律令在天盛年间(1149—1169)前就已经颁行。至此,西夏军法已相当完备,内容包括边防守备与用兵行师诸多方面,如州主、城守、通判弃城,主官一律处斩。副官徒十二年。其下正首领徒六年,小首领徒二年,正军打十三杖,辅军、女兵不治罪。点集不到者徒六年,两次不往到,徒十年,三次不到,无期徒刑;将军阵亡,护卫、首领、押队、亲随全部处斩,战斗中丢失兵马、铠甲、旗鼓等一至二分,主将降三官(降三级),罚五匹马,副将降两官,罚三匹马;二至三分,主将降五官,罚七匹马,副将降三官,罚五匹马;五分以上,主将处斩,副将革职;六分以上,主副将均处斩。虚报军功一至三千件,贬官罚马;三千件以上者,一律处以极刑。旗鼓手丢失旗鼓而逃回,斩。士兵诬告他人虚报战功,斩。

西夏重俘获,轻首级,"战胜而得首级者,不过赐酒一杯,酥酪数斤"。但覆大军,获大胜,则不吝赏赐。俘获1500种以上,主将加七官(升七级),赏银碗100两,金碗50两,衣服一袭十带,十两金腰带一条,银鞍鞯一副,银一锭,茶绢一千;副将、行将、佐将、正首领、小首领、押队、队长、士兵等都有重赏,最小的士兵都要升十五级,赏五十两银碗,大锦上服一件,银一锭,茶绢三百。重赏之下,必有勇夫。因此,夏人作战,人人奋勇,很少有逃兵,这是西夏对外战争胜利的重要原因之一。

二是建立起完备的军籍制度,法律规定:"诸转院各种独诱年十五当及丁,年至七十入老人中。"① 男孩从10岁开始就要登记注册,作为预备役,

---

① 《天盛改旧新定律令》卷六《抄分合除籍门》。

"及丁籍册上犹著年幼者，当比丁壮不注册罪减一等。"还有"诸人现在，而入死者注销"，"又以壮丁入转老弱"等①，都将根据情节轻重，对有关人员进行严厉的处罚。对因病、因残不能参军的男丁要进行严格检验。还有"诸人现在，而入死者注销，及丁则当绞杀，未及丁则依钱量按偷盗法判断。又以壮丁入转老弱，亦按人数多少，年岁长幼，比及丁不注册隐瞒之正军、首领、主簿知闻之罪状当依次各加一等"②。

三是加强对部落武装的控制，在地方上置监军司之上增设经略司，由中央委派长官统领，地方重大事务都要报经略司，这样就限制了部落首领掌控监军司的权力，加强了中央集权。

4. 西夏军事制度的衰败

西夏晚期内忧外患，战乱频繁，军事力量日渐消耗。夏天庆十三年，宋开禧二年（1206），桓宗纯祐被废，襄宗安全自立，国内政局不稳。同时，在蒙古铁骑进攻下，夏金关系恶化，西夏倚蒙攻金，双方争战十年不解，夏光定十三年，宋嘉定十六年（1223）十月，夏神宗遵顼发 12 个监军司兵进攻金朝巩州③，反映出西夏末期监军司仍然能正常运转。

为了挽救动荡的时局，西夏重新颁行及实施新法，在光定年间（1211—1223）颁行《法则》，增加了战时的规定，如卷六"发兵集校门"增加了军队在战时状况下如何调兵遣将；卷九第六条规定"有何大小公事，奏至京师日期及边谕文发到各司日期如何确定，视地界内安定动荡，依时节量度实行"④。而此前的法律则不考虑战时情况，明确按地程远近规定送达时限。

---

① 《天盛改旧新定律令》卷七《为投诚者安置门》。
② 《天盛改旧新定律令》卷六《抄分合除籍门》。
③ 《西夏书事》卷四一。
④ 梁松涛、杜建录：《黑水城出土西夏文〈法则〉性质和颁定时间及价值考论》，《西夏学》第十辑，上海古籍出版社，2013 年第 1 期，第 37 页。

（二）灵活机动的战略战术

1. 战略

西夏对外军事战争方略随着目标的变化而有所调整，立国前李继迁到李元昊祖孙三代，抓住宋朝政治经济中心南移，极盛一时的吐蕃、回鹘政权分裂和衰落的历史机遇，攻占灵州，继而向西发展，西掠吐蕃健马，北收回鹘锐兵，奠定西夏的版图。这一时期的战争主要围绕这一中心任务展开。

元昊称帝立国前后，对外战争主要目标是迫使宋朝承认其立国，许以西郊之地，册为南面之君，这是其发动三川口、好水川、定川砦三大战役的战略目标。夏天授礼法延祚三年，宋康定元年（1040）初，元昊攻占金明寨后，乘胜包围延州，当时延州城内守军仅数百人，胆怯无能的主帅范雍竟跑到城南的嘉岭山上去求神保佑，元昊围延州七日，适逢天降大雪，乃退兵。一般认为因天降大雪，元昊才没有攻下延州。其实不然，西夏出兵一般带7—10日粮，进攻的时间也一般是7—10日，粮尽自然要撤兵，这是其一；其二，史书记载的是围延州，而不是攻延州，显然元昊战略战术是"围城打援"，而不是占领延州，如果是占领延州的话，那数百军队很难抵挡得住，更谈不上"神灵保佑"了。

夏天授礼法延祚五年，宋庆历二年（1042）秋，夏景宗李元昊取得定川战役的完全胜利后，驱兵挺进渭州，纵横六七百里，扫荡庐舍。并在一片胜利声中，用诏书的形式告谕关中百姓，内有"朕欲亲临渭水，直据长安"的豪言壮语。这是对宋朝施加舆论压力，进入渭州地面后，主要是乘胜掠夺，既没有攻渭州，也没有乘虚挺进关中。

显然，元昊发动战争的目标是迫使宋朝承认称帝立国（当时宋朝不承认西夏立国，调兵遣将，揭榜于边，募人擒杀李元昊）。在这一战略目标指导下，西夏对宋的进攻主要限于沿边堡寨，对防御比较坚固的延州、镇戎军等州城的围攻，仅限于诱敌需要，并没有企图真正强攻久占。

　　宋朝边帅范仲淹开始提出进筑横山，步步为营，蚕食西夏疆土，迫使西夏就范的战略。到神宗熙丰变法以至徽宗，力图恢复旧疆，最后和西夏战略决战，一举消灭西夏。为了保住横山到天都山一带战略要地，宋朝每入境进筑一城，西夏都举国来争，同时为了报复，西夏也举兵进攻宋朝边城，双方发生了著名的"啰兀之战""永乐之战""平夏之战"等。

　　倚辽抗宋贯穿西夏对外战争的全过程，从李继迁开始，拓跋政权就游离于宋辽两国之间，发展壮大自己。虽然和辽朝发生过几次战争，但每次都是见好收兵。

　　夏元德元年，宋宣和元年（1119）春三月，西夏大军于统安城打败熙河经略使刘法，刘法连夜逃遁，到了天亮，走了70里，至盖朱危，守兵追之，结果坠崖折足，被西夏一名负担军所斩杀。西夏统帅嵬名察哥见到刘法首级，对部下恻然曰："刘将军前败我于古骨龙、仁多泉，吾尝避其锋，谓天生神将，岂料今为一小卒枭首哉！其失在恃胜轻出，不可不戒。"① 遂陷统安，进围震武。城将陷，西夏统帅嵬名察哥曰："勿破此城，留作南朝病块。"遂引还。史臣曰："是役死者十万，贯隐其败，以捷闻，宣抚使以下受解围赏者数百人，不知夏人实自去也。诸路所筑城寨皆不毛，夏所不争之地，而关辅为之萧条，果如察哥之言。"西夏大军破城而不占，独为疲敝大宋，亦受其战略思想所影响。

　　夏大德五年，宋绍兴九年（1139），夏仁宗李仁孝即位时，整个中国形势发生了很大的变化。辽朝早已灭亡，耶律大石在中亚建立西辽，安居西土，着眼于对西方的开拓与经营，东返故里已不可能，也无实际意义，金朝的心腹之患也随之消除，不用担心西辽联合夏国卷土重来。宋金之间的关系也发生了新的变化，金朝由强转弱，统治集团开始认为灭不了南宋；南宋由弱转

---

① 《宋史》卷四八六《夏国传》。

强，但力量远不足以亡金。各种势力的均衡发展，使政权间相持局面逐渐形成。加之金人进入中原后，受汉族封建文明的影响，女真奴隶制内部也发生着急剧变化，亟须加强皇权和巩固对新占领地区的统治。因此，金熙宗开始将太祖、太宗朝的对外扩张政策，转变为对内整顿与改革，铲除守旧势力，加强以皇权为中心的中央集权，迅速发展封建经济，这样就需要一个相对安定的外部环境。与此同时，西夏经历了几十年的战争灾难，社会一直处于动荡战乱之中，国家需要安定，人民怨恨战争，加上夏仁宗即位后，内乱频生，叛党纷起，封建政权一度处于危机之中，为了尽快医治战争创伤，平息叛乱，巩固和加强封建政权，西夏也希望有一个安定的外部环境。夏金两政权的友好关系正是在这样的历史背景下出现的，因此两个政权出现了八十年和平友好的局面。

十三世纪初，蒙古从草原上崛起，打破夏金之间的和平友好局面，西夏被卷入蒙古对外征服战争中，这次不但没有在蒙金战争取得利益，反而早于金、宋亡国。当然，西夏梁氏集团专权时期，为了转移国内矛盾，穷兵黩武，不断对外发动战争，使得宋夏两国人民饱受战乱苦难，是没有什么战略思想的。

2. 战术

"兵者，国之大事，生死之地"，勇武善战的党项民族，前赴后继地驰骋疆场，频繁的战事成为西夏的主旋律，通过大量残酷战争的洗礼，不仅提高了西夏军队的军事素养，更是造就了许多经典的战役和战术。

在冷兵器时代，军事战争对山川地理的依赖性非常强，无论军事布防还是军事战争，都要考虑地理因素。西夏东据黄河，西至玉门，南临萧关，北抵大漠，大漠、黄河、高山构成西夏重要军事屏障，也是军事战斗借助的自然条件。西夏立国初期与宋发生的三川口之战、好水川之战、定川砦之战等重大战役，都是经过不断调动对方军队，然后迂回包抄，依托特殊的地理位置设伏，围歼宋军，取得胜利。

宋夏缘边地区堡寨林立，景宗李元昊立国伊始，就在缘边地区大量建城筑寨，据宋朝陕西经略安抚判官田况所言：元昊"始于汉界缘边山险之地三百余处，修筑堡寨，欲以收集老幼，并驱壮健，为入寇之谋"①。元昊以后，宋夏的缘边堡寨数量有增无减，这些堡寨一般都修建在地势险要的地方，夏天授礼法延祚三年，即宋康定元年（1040）十月，宋军六路攻夏，葛怀敏等率部到达洪州时，"夏人结寨捍拒，阴令横山蕃部尽据险要，出邀官军后。怀敏等战不胜，再宿而退"②。

粮食是部队的生命线，任何一支军队和战争都必须有充足的后勤物资保障，否则就无法行军打仗。西夏人"能寒暑饥渴。出战率用双日，避晦日，赍粮不过一旬"③，进入敌境劫掠粮草。这种就粮草于敌，是宋夏两国军队都使用的手段④，所不同的是宋朝大军一般都要运送粮草，而截获辎重粮草成为西夏重要的战术。至道二年（996），李继迁得知宋朝运粮灵州，乃率众设伏，以羸骑诱战，待宋将白守荣等进入伏击圈后，麾众围之，击败宋军，尽夺40万石粮运，由此声势大涨。⑤

诱敌深入、坚壁清野，在运动战中捕捉战机，出其不意，攻其不备，是西夏又一重要战术。夏大安七年，即宋元丰四年（1081），宋神宗利用西夏内乱之际，发动五路大军进攻西夏。当获悉宋朝大举进攻的消息后，西夏梁太后问策于廷，少壮派将领纷纷请战，要御敌于国门之外，与宋朝大军一决雌雄。一位老将力排众议，曰："不须拒之，但坚壁清野，纵其深入，聚劲兵于

---

①　《续资治通鉴长编》卷一三二，仁宗庆历元年五月甲戌条。
②　《西夏书事》卷一四。
③　《宋史》卷四八六《夏国传下》。
④　《续资治通鉴长编》卷三一八，神宗元丰四年十月辛巳条：刘昌祚曰："离汉时运司备粮一月，今已十八日，未到灵州，倘有不继，势将若何？吾闻鸣沙有积粟，夏人谓之御仓，可取而食之，灵州虽久，不足忧也。"既至，得窖藏米百万，为留信宿，重载而趋灵州。
⑤　《宋史》卷二七九《周仁美传》。

灵、夏而遣轻骑抄绝其馈运，大兵无食，可不战而困也。"① 最后，梁氏采用了老将的意见，并获得最终的胜利。

针对西夏坚壁清野的策略，宋提举河东路常平等事赵咸等人提出："诸路之师皆欲直趋兴州，覆其巢穴。臣等以为进兵深入，西贼引避，迁其居民，空其室庐，实有深计。盖使我军进无所得，退无所恃，食乏兵疲，然后邀我归路，自当坐致困弊。方积雪苦寒，复涉不毛之地，或阙薪水，士卒疲困，食不充饥，寒饿侵陵，病死者众，余多困弱。今虽足粮，尚不堪用，苟图速进，终恐败事，上损国威，下伤人命。为今之策，莫若先自近始，聚兵境上，于夏、宥二州之间，相地形险阻，量度远近，修立堡寨，储蓄粮草，以次修完夏、宥，移那兵粮，以为根本，俟其足备，徐图进取。如此，则横山一带西贼不复耕，必使绝其生理，不烦王师，自当归顺，此实万全之策。与今日之举，虽有迟速之异，然收功立事固不侔矣。"②

西夏重视军事情报工作，建立了一套完整的军事情报传递系统和情报获取方法。西夏军事情报传递方式，既有驿传、特使、探马、烽火等远程传递，又有旗、鼓、金等战场信息传递。《武经总要》云："烽燧，军中之耳目，预备之道，不可阙也。"留存至今的西夏烽燧遗址，反映了西夏对这一传递方式的重视。

谍报是获取军事情报的重要方式，西夏经常派出间谍，以使臣、向导、贸易、传教等名义，深入宋辽境内，打探军情和沿边山川形势。陕西体量安抚使王尧臣指出："此路见在属户万余帐，从来骄黠，山外之战，观贼入寇道路，会战之处，一如宿计，彼之远来，安能知此，皆属户为之向导也。"③ 宋将夏竦曾秘密召集幕僚商议进讨西夏，花了五个昼夜时间完成一大摞调动兵马、运送粮草的军事文件，并封锁在一个大柜里面。突然一夜之间这些绝密

---

①《宋史》卷四八六《夏国传下》。
②《续资治通鉴长编》卷三一九，神宗元丰四年十一月己丑条。
③《续资治通鉴长编》卷一三二，仁宗庆历元年六月己亥条。

文件被西夏间谍全部盗走。夏竦惊恐万状，连忙派人私下访求，过了几天，间谍又把文件放回柜盖上，从此夏竦不再议伐夏之事。

当然，各个政权非常重视对间谍的捕获和审讯。宋朝枢密副使范雍曾做过一首诗，诗中有一句"拘俘询房事，肉尽一无声。"可见西夏的间谍非常坚毅，面对酷刑都不肯交代。从俘虏口中获取军事情报，是取得战场胜利的重要条件。夏大安七年，即宋元丰四年（1081）宋朝熙河路大军攻下天都山时，捕获一名间谍，审问得知了西夏部落首领与人马辎重的数量，所在与宋军不远，乃派兵偷袭，斩获颇丰。

（三）精良实用的武器装备

1. 兵器和兵器制造

按照兵器的发展历程来看，西夏处于我国古代冷兵器向冷兵器与火器并用时代的过渡时期，在这个转型的时代，西夏的兵器经历了交换、仿制和自己创造的过程。立国前主要依靠同内地的交换，"数寇掠，然器械钝苦，畏唐兵精，则以善马购铠，善羊贸弓矢"。为此，"鄜坊道军粮使李石表禁商人不得以旗帜、甲胄、五兵入部落，告者，举罪人财界之。"① 立国前夕，宋仁宗命工部郎中杨告为旌节官告使，礼宾副使朱允中副之，授元昊特进、检校太师兼侍中、定难节度、夏银绥宥静等州观察处置押蕃落使、西平王。杨告等人到兴州后，听到"屋后有数百人锻声"②。从夏州"东七十里，有铁冶务，即是贼界出铁制造兵器之处，去河东麟府界黄河西约七八十里"③ 的情况来看，"数百人锻砺声"不是元昊虚张声势，而是西夏立国前夕已经掌握了锻造技术。宋人田况曾言："工作器用，中国之所长，非外蕃可及。今贼甲皆冷锻

---

① 《新唐书》卷二二一《党项传》。
② 《续资治通鉴长编》卷一一一，仁宗明道元年十一月癸巳条。
③ （宋）范仲淹撰，李勇先等点校：《范仲淹全集》卷一四《附录二·年谱》，中华书局 2020 年版，第 811 页。

而成，坚滑光莹，非劲弩可入。自京赍去衣甲皆软，不足当矢石。以朝廷之事力，中国之伎巧，乃不如一小羌乎？"从一个侧面反映出西夏兵器的生产水平。①

总体来说，西夏的武器制作远不如宋朝，但部分产品独具特色，非常精良，如享誉境内外的"夏国剑"，被宋朝太平老人《袖中锦》誉为"天下第一"，所谓"西马、东绢、契丹鞍、夏国剑、高丽秘色……皆为天下第一，他处虽效之，终不及"②。还有"最为利器"的神臂弓，被从西夏投到宋朝的归正人李宏献给朝廷，宋神宗"诏依样制造，至今用之"③。西夏弓弩制造技术对元朝也产生过影响，史载成吉思汗"括诸色人匠，小丑（唐兀人朵罗台的祖父）以业弓进，赐名怯延兀兰，命为怯怜口行营弓匠百户"④。小丑是党项人，不仅他本人善于良弓，其孙阔阔出也从事制弓行业，曾将自己所制的弓献给元朝皇帝，并受到称赞。⑤

2. 精良的战骑

冷兵器时代，骑兵是决定战争胜负的重要因素，马匹则决定骑兵的战斗力。西夏党项马的前身是著名的河西马，自汉代开始，河西陇右就是历代王朝养马重地，唐代养马监大部分设在这里。党项人进入河西陇右后，在传统畜牧业的基础上，又继承汉唐以来的养马技术，培育出的"党项马"从中唐开始就驰名中原，唐朝著名诗人元稹曾生动地描述："求珠驾沧海，采玉上荆衡，北买党项马，西擒吐蕃鹦。"⑥党项马和沧海珠、荆衡玉、吐蕃鹦一样，是当时著名商品。装备良马的西夏精骑，"百里而走，千里而期，最能倏往忽

---

① 《续资治通鉴长编》卷一三二，仁宗庆历元年五月甲戌条。

② （宋）太平老人：《袖中锦·天下第一》，丛书集成初编，商务印书馆1936年版。

③ （宋）朱弁：《曲洧旧闻》卷九《神臂弓》，中华书局2002年版，第209页。

④ 《元史》卷一三四《朵罗台传》。

⑤ 《元史》卷一四六《耶律楚材传》。

⑥ （唐）元稹撰，冀勤点校：《元稹集》卷二三《乐府·估客乐》，中华书局2009年版，第307页。

来，若电击云飞"①，使宋军防不胜防。具体战役中，夏人先"以铁骑为前军，乘善马，重甲，刺斫不入，用钩索绞联，虽死马上不坠，遇战则先出铁骑突阵，阵乱则冲击之，步兵挟骑以进"②。

3. 武器装备的配置与管理

西夏的兵器多承袭于唐、宋之制，并融合了民族文化特性，呈现出种类齐全、式样独特、体系完备的特点。按照分类来看，其长兵器有枪矛、棍棒、大刀、斧等；短兵器主要有剑、刀、锤、铁链夹棒、骨朵等；抛射兵器有弓弩、旋风炮、石炮、火铳等；攻守器械有对垒高车、云梯、鹅车等；防御装备有铠甲、马甲、盾牌等；辅助性武器有蒺藜（瓷蒺藜和铁蒺藜）、浑脱、锹镢等。对于武器装备的具体配备，不仅在《宋史·夏国传》中有着明确的记载，"凡正军给长生马、驼各一。团练使以上，帐一、弓一、箭五百、马一、骆驼五，旗、鼓、枪、剑、棍棓、秒袋、披毡、浑脱、背索、锹镢、斤斧、箭牌、铁爪篱各一。刺史以下，无帐无旗鼓，人各骆驼一、箭三百、幕梁一。兵三人同一幕梁。"③ 同时，《天盛改旧新定律令》卷五《军持兵器供给门》中则对各个类属、阶层，尤其是各抄中的正军、辅主、负担等所持有的武器种类和数量有着更加具体、准确的规定。

为了加强武器装备的管理，防止武器的损坏和缺失等情况发生，以免影响军队的战斗力，西夏法典《天盛改旧新定律令》卷五《季校门》详细规定对官马、武器装备审验核查，以防缺失、损毁和调换，影响军事战斗。

（四）独具特色的军事法规

党项族崇尚武力，"缘俗而治"，立国前没有成文的法律，发生纠纷依习

---

① 《宋史》卷一九〇《兵四·河东陕西弓箭手》。
② 《宋史》卷四八六《夏国传下》。
③ 《宋史》卷四八六《夏国传下》。

惯法"和断",史载"蕃族有和断官,择气直舌辩者为之。以听讼之曲直;杀人者,纳命价百二十千"①。社会生活中无法令,军事战斗亦是如此。李继迁时,随着对外战争胜利、军队规模扩大以及军事组织体制成熟,兵法已不可或缺,起初是对我国传统兵法的学习。李继迁"心知兵要",悉降诸部;临河五郡,不旋踵而归;沿边七州,悉差肩而克。元昊深通兵法,少年时期"晓浮图学,通蕃汉文字,案上置法律,常携《野战歌》《太乙金鉴》"等兵书,继位后"以兵法勒诸部"②。此时的兵法当是中原地区的传统兵法再加上党项的习惯法,还没有自己的成文法。

目前见到西夏最早成文法是《天盛改旧新定律令》,既然是对前面法律的修订,说明此前已制定出法律。该律令是一部综合性的法典,全书20卷,分150门,1461条,其中军事法就多达3卷,包括军事防御、武器供给与校验、发兵点集、军籍、军首领选拔等。贞观年间(1101—1113),又颁行专门的军律《贞观玉镜将》。

西夏军法涉及边防守备与用兵行师诸多方面,如"州主、城守、通判弃城,造意等有官无官,及在城中之正副溜中无官等,一律以剑斩。其中正副溜有官者,官、职、军皆当革除,徒十二年。正首领、权检校等职、军皆革,徒六年。小首领、舍监、末驱等当革职,徒二年,有官则以官品当。其下军卒,正军十三杖,辅主、寨妇勿治罪"③。点集不到者徒六年,"两度不往,徒十年,三度不往者,无期徒刑"。④

亡失兵马、铠甲、旗、鼓、金一至二分,主将降三官,罚五马,副将降二官,罚三马;二至三分,主将降五官,罚七马,副将降三官,罚五马;五分以上,主将当斩,副将革官、职、军;六分以上,主副将均斩。虚报军功

---

① 《隆平集》卷二〇《赵保吉传》。
② 《宋史》卷四八五《夏国传上》。
③ 《天盛改旧新定律令》卷四《弃守大城门》。
④ 《天盛改旧新定律令》卷六《发兵集校门》。

一至三千件，贬官罚马；三千件以上者，一律处以极刑。察军战斗中擅离职守者，斩。主旗鼓者丢失旗、鼓、金而逃回，斩。军卒诬告他人虚报功者，斩。①

　　和宋朝军律相比，西夏军律重俘获轻首级，"战胜而得首级者，不过赐酒一杯，酥酪数斤"，但"得大将，覆大军，则其首领往往不次拔而用之"。②

————————

①　陈炳应：《〈贞观玉镜将〉研究》第四篇 16 条，宁夏人民出版社 1995 年版，第 79—94 页。
②　（宋）李纲撰，王瑞明点校：《李纲全集》卷一四四《御戎论》，岳麓书社 2004 年版，第 1368 页。

一、兵役制度

亦兵亦民的部落兵制是西夏兵制的最大特点，也是西夏一以贯之的兵役制度。早期党项长期处于原始社会晚期，以氏族部落为单位，"大者五千余骑，小者千余骑"，与之相适应的是原始的氏族部落兵制。迁往西北内地后，继续保留原始的部落兵制，历经唐、五代，随着部落社会的发展，特别是中原王朝对部落首领授官、封地，进一步巩固和加强了部落兵制，大大小小的部落首领成为各级军事长官和行政长官，西夏立国后一直实行这种亦兵亦民的兵役形态。

（一）兵制

1. 亦兵亦民部落兵制

早期党项部落兵制。生活在青藏高原的早期党项，其社会形态长期处于原始社会晚期，他们以氏族部落为单位，"大者五千余骑，小者千余骑"。"俗尚武力，无法令，各为生业，有战阵则相屯聚；无徭赋，不相往来。"① 属于原始形态的氏族部落兵制。这里的"骑"是部落内一个家庭中成年男丁的数量，他们既是生产者，又是兵丁。血缘关系是各部落成员之间的基本纽带。

部落之间平时不相往来，"三年一相聚，杀牛羊以祭天"，只有三年一次

---

① 《隋书》卷八三《党项传》。

的祭祀或对外发生战争时，才会屯聚在一起。随着剩余产品和对外交换的出现，原始社会氏族部落公有制逐渐向部落首领私有制演变。这些大大小小的部落首领为了攫取更多的财富，把对外掠夺看作是增加财富的重要手段，也是一件荣耀的事。因而在封建史家的眼中，早期党项是"不事产业，好为盗窃，互相凌劫"。"魏周之际，数来扰边。高祖为丞相时，中原多故，因此大为寇掠"[①]。隋开皇十六年（596），再次寇会州，隋朝发陇西兵讨之，大破其众。[②] 唐初，党项族又联合吐谷浑多次寇扰西北诸州，如武德三年（620），党项联合吐谷浑寇掠松州，其锋甚锐，被益州道行台左仆射窦轨与扶州刺史蒋善合共同击败。[③]

内迁后的部落兵制。唐贞观以后，迅速崛起的吐蕃政权不断对外扩张，迫于吐蕃的压迫，党项诸部陆续东迁，被唐朝分散安置于西北诸地。"其在西北边者，天授三年（692）内附，凡二十万口，分其地置朝、吴、浮、归等十州，仍散居灵、夏等界内"。"其在泾、陇州界者，上元元年（760）率其众十余万诣凤翔节度使崔光远请降"。

党项内迁后，仍以氏族部落为单位，原有部落经过数千里的跋涉，有的比较完整地迁到内地，有的在迁徙过程中分化整合，形成了新的部落。早期党项有"细封氏、费听氏、往利氏、颇超氏、野辞氏、房当氏、米擒氏、拓跋氏，而拓跋最为强族"[④]。内迁后减少了往利氏、颇超氏、房当氏、米擒氏，增加了折氏、野利氏等。随着地域的变化和社会的发展，内迁党项在保留相对独立宗族部落的同时，逐渐形成了以地缘为基础的部落联盟，"居庆州者号为东山部落，居夏州者号为平夏部落"[⑤]；居横山一带者号为"南山党项"。

党项内迁后定居的地区，原来都是汉族人民长期生活并创造封建文明的所

① 《隋书》卷八三《党项传》。
② 《隋书》卷八三《党项传》。
③ 《旧唐书》卷六一《窦轨传》。
④ 《旧唐书》卷一九八《党项羌传》。
⑤ 《旧唐书》卷一九八《党项羌传》。

在，在汉族先进文明的影响下，加剧了内迁党项由原始社会向阶级社会的过渡，党项的部落兵制并没有因此削弱，而是进一步得到加强。一方面由于畜牧业的发展以及牲畜私有制的萌芽，包括兵器在内的对外交换，从唐贞元三年（787）"禁商贾以牛、马、器械于党项部落贸易"① 的禁令来看，至少在中唐乃至更早，党项羌就开始与中原贸易。至太和（827—835）初，更是"以善马购铠，善羊贸弓矢"②。部落军事装备已比内迁前大为改善；另一方面中原王朝的封授，增强了部落首领的权威性与合法性。

在党项诸部中，拓跋部最为强族，因此最受唐王朝的重视。拓跋赤辞归附后，立即被任命为西戎州都督，赐皇姓李，这在早期党项诸部中是独一无二的，无疑大大提高了拓跋部在党项羌中的地位和声望。在党项羌大迁徙浪潮中，拓跋部又比较完整地从松州地区迁往庆州地区，后又迁到平夏，成为平夏部落中最大的一支，被唐朝授以高官，继续保持其在党项羌中的强族地位。

僖宗乾符五年（878），唐朝爆发了以黄巢为首的农民大起义，广明元年（880）十二月，起义军攻克都城长安。中和元年（881）正月，唐僖宗在奔蜀途中，下诏调集各路兵马镇压起义军，党项大首领、宥州刺史拓跋思恭也在被征调之列。拓跋思恭接到诏令后，立即率所部蕃汉军队南下。为了表彰拓跋思恭积极行动，僖宗特授其为夏州节度使，复赐姓李，封夏国公，按此为拓跋氏得节度之始。同年十二月，唐朝又赠夏州节度为定难节度。③ 从此夏州地区获得了定难军的称号，统辖银、夏、绥、宥四州之地，拓跋李氏成为名副其实的地方藩镇，夏州拓跋政权由此正式确立。拓跋部首领成为平夏地区世代承袭的统治者，如李光睿祖李仁福，皇任夏州节度使、韩王；父李彝殷，皇任夏州节度使、西平王；李光睿于宋乾德五年，特授为定难军节度，夏、银、绥、宥、静等州观察处置押蕃落等使。不只定难军节度使一职被世袭，

---

① 《旧唐书》卷一九八《党项羌传》。
② 《新唐书》卷二二一《西域·党项传》。
③ 《资治通鉴》卷二五四，唐僖宗中和元年十二月条。

拓跋家族的其他成员，也都身居要职，统领兵权，如李光睿墓志铭中还提到其兄长李光普任定难军节度行军司马，李光新任管内蕃汉都军指挥使。弟弟五人，李光文任衙前都知兵马使，李光宪任绥州刺史，李光美任衙内都虞候，李光遂任管内蕃部越名都指挥使，李光信任马军都指挥使。①

按照唐代节度使的特权，拓跋李氏享有自行征辟属官的权力，包括节度使副使、都知兵马使、副兵马使、散都头、虞候、都虞候、押衙、都押衙、教练使、都教练使、十将、军使、行军司马、部落使、蕃落使、都知蕃落使、蕃部指挥使、番汉都指挥使、牙将、牙校、军校等职的征辟②，然后上报朝廷备案。部落首领由此转身为节度使衙下军事首领，从而完成党项部落和拓跋政权兵制的无缝对接。

立国后的部落兵制。元昊立国前夕，建官立制，仿照宋朝建立起一套完整的政治制度，在军事上则依然保留全民皆兵的部落兵制，虽将全国划分为左厢神勇、石州祥祐、宥州嘉宁、韦州静塞、西寿保泰、卓啰和南、右厢朝顺、甘州甘肃、瓜州西平、黑水镇燕、白马强镇、黑山威福十二个监军司，但"委豪右分统其众"③，即没有打破原有的部落体制，仍由部落首领统领。防御四境和镇守京畿的监军司兵④，平居生产，战时打仗，所谓"人人能斗击，无复兵民之别，有事则举国皆来"。⑤"其民一家号一帐，男年登十五为丁，率二丁取正军一人。每负赡一人为一抄。负赡者，随军杂役也。四丁为两抄，余号空丁。愿隶正军者，得射他丁为负赡，无则许射正军之疲弱者为

---

① 杜建录：《西夏史论集》，上海古籍出版社 2016 年版，第 671 页。
② 翟丽萍：《西夏职官制度研究》，陕西师范大学 2013 年博士论文。
③ 《宋史》卷四八五《夏国传下》。
④ 十二监军司具体布防情况是"自河北至午腊蒻山七万人，以备契丹；河南洪州、白豹、安盐州、罗落、天都、惟精山等五万人，以备环、庆、镇戎、原州；左厢宥州路五万人，以备鄜、延、麟、府；右厢甘州路三万人，以备西蕃、回纥。贺兰驻兵五万、灵州五万人、兴州兴庆府七万人为镇守"。（同上）
⑤ 《续资治通鉴长编》卷二一七，神宗熙宁三年十一月乙卯条。

之。故壮者皆习战斗，而得正军为多"。① 这样组成的军队，人人皆兵，不仅保障了军队的数量，还保障了军队的质量和作战特性。

与全民皆兵部落兵制相适应的是"传箭"点集制度，"每有事于西，则自东点集而西；于东，则自西点集而东；中路则东西皆集。"这种点集方式，极为灵活地实现战场布置和军队征调。

在部落兵制下，各级军事长官实际上是大大小小的部落首领，前述夏景宗"置十二监军司，委豪右分统其众"。② 监军司设都统军、副统军、监军使各一员，均由宗族大首领充任。③ 统军、监军之下，为统领数百帐乃至上千帐的团练、观察与刺史。④

统领百十帐的盈能、副溜、行监、舍监一般为中小首领，其中"盈能、副溜有应派遣时，监军司大人应亲自按所属同院溜顺序，于各首领处遴选"。小首领的任命须经"所属首领、族父等同意，自有二十抄者可设小首领一人，十抄可设舍监一人。彼勇健强悍堪任者亦可擢为首领，盈能等"。由境外"引领本族部来投诚，自共统摄者，若统摄十抄以上，则当为所统摄军首领"。若十抄以下，或"叛逃往敌界复归来投，统摄来归者则不得为首领，可置于旧有首领属下"⑤。

豪族大酋通过层层的军事组织，实现对部族的控制，并在族内享有很高的威望，"西贼首领，各将种落之兵，谓之一溜，少长服习，盖如臂之使指。既成行列，举手掩口，然后敢食，虑酋长遥见。"⑥ 夏永安元年，宋元符元年（1098），宋将折可适俘获西夏天都统军嵬名阿埋与监军妹勒都逋，"其诸族帐首领见捕获此二人，接续扶携老幼争来投降，并欲依附都逋等"。⑦

① 《宋史》卷四八六《夏国传下》。
② 《宋史》卷四八五《夏国传下》。
③ 《宋史》卷四八六《夏国传下》载，宋元丰四年"追袭其统军仁多唛丁"，元丰七年"杀其首领仁多唛丁"。显然西夏统军仁多唛丁为党项宗族大首领。
④ 《西夏书事》卷一二载："元昊以官爵縻下，沿边逐族首领管三五百帐，悉署观察、团练之号"。
⑤ 《天盛改旧新定律令》卷六《行监溜首领舍监等派遣门》。
⑥ 《续资治通鉴长编》卷一三二，仁宗庆历元年五月甲戌条。
⑦ 《续资治通鉴长编》卷五〇五，哲宗元符二年正月己酉条。

建立在党项部落社会的基础上亦兵亦民兵制并不是西夏独有的，同时代的北宋实行募兵制，但宋夏沿边部落地区，则建立和西夏相似的部落兵，选派使臣"至蕃部召首领，称诏犒劳，赍以金帛。籍城砦兵马，计族望大小，分队伍，给旗帜，使各缮堡垒，人置器甲，以被调发。仍约：如令下不集，押队首领以军法从事"①。这种"募首领愿效用者，籍姓名及士马之数。数及千人，听自推有谋勇者授班行及巡检职名，使将领出境。破荡生户所获财畜，官勿检核。得首级及伤者给赏，仍依本族职名迁补增奉"②的部落蕃兵，战斗力和西夏军队相当，在御夏战争中发挥了重要作用，从一个侧面反映了西夏部落兵的战斗力。

西夏中期开始，为了加强对地方特别是部落豪酋的控制，在地方监军司和州郡之上设置经略司。"经略司者，比中书、枢密低一品，然大于诸司。"③为中央派出机构，负责监察地方，不是地方最高行政机构，相当于唐代的道。京畿地区、大都督府及啰庞岭以外的地方重大军政、民政、财政事务须通过经略司上报中书、枢密。西夏中期部落兵统辖机制的变化，并没有影响其亦兵亦民的性质。

2. 国主护卫军制

早期党项随着社会的发展和接连不断的战争，有的发展壮大，有的日渐衰落乃至被吞并。拓跋部凭借最为强族的地位，势力越来越大，首领的特权也越来越多，并在身边形成一支扈从队伍，这就是最早的首领亲军的雏形。党项内迁后，这种分化更加剧烈，特别是黄巢起义后，夏州拓跋部开始走上了部落兵制和藩镇兵制融合发展的道路，其衙下的藩镇兵实际就是节度首领的护卫兵，护卫节度使的安全和守卫藩镇。《唐延州安塞军防御使白敬立墓志

① 《宋史》卷一九一《兵志五》。
② 《宋史》卷一九一《兵志五》。
③ 《天盛改旧新定律令》卷一〇《司序行文门》。

铭》中记载了白敬立在拓跋思恭尚为教练使的时候，就常居左右，参与拓跋家族的军机大事。而他的弟、兄、儿、侄，皆烋烋于郡邑牙帐之前，效力藩镇节度。①

李德明时期不仅注重节度府主护卫，还仿照宋朝建立仪仗，"虽臣宋与契丹，而僭拟日甚。是时，由夏州镇子山，大辇方舆、卤簿仪卫，一如中国帝制"②。说明在德明时期，党项政权已经有了完备的仪卫制度，所以才会在出行巡游时，按照帝王规格，"大辇方舆、卤簿仪卫"，俨然中原汉族帝王气派。《儒林公议》卷上亦记载德明"号令、补署、宫室、旌旗一拟王者。每朝廷使至，则撤宫殿题榜，置于庑下。使辖治出饯馆，已更赭袍，鸣鞭鞘，鼓吹导还宫，殊无畏避"③。

李元昊"性雄毅，多大略，善绘画，能创制物始。圆面高准，身长五尺余"。"少时好衣长袖绯衣，冠黑冠，佩弓矢，从卫步卒张青盖。出乘马，以二旗引，百余骑自从"④。太子元昊出行时，既有百余骑随从，又有仪仗队伍，随从亲兵张青盖，二旗引导。

西夏立国后，军队除点集出征外，还肩负着护卫国主和镇守边城的重任，亦兵亦民的兵役制度显然不能满足护卫国主和戍边守城的需求。因此，立国伊始，在沿袭亦兵亦民部落兵制的同时，又建立起脱产和半脱产的义务兵制。从军队性质来看，国主护卫兵和监军司兵都是义务兵，二者最大的区别在于是否脱产，亦兵亦民的监军司兵不脱离生产，平居农耕畜牧，战时自备粮饷，随军打仗。国主护卫军则脱离生产，由政府供给，"月给米二石"。

元昊立国之初，就遴选豪族中善于弓马五千人迭直，号六班直，月给米

① 杜建录：《党项西夏碑石整理研究》，上海古籍出版社 2015 年版，第 36—38 页。
② 《西夏书事》卷九。
③ （宋）田况撰，张其凡点校：《儒林公议》上卷《拓跋德明承继迁土宇》，中华书局 2007 年版，第 14 页。
④ 《宋史》卷四八五《夏国传上》。

二石。铁骑三千,分十部。这三千铁骑就是国主身边的侍卫亲军[1],《儒林公议》载,"常选部下骁勇自卫,分为十队,队各有长。一、妹勒;二、浪讹遇移;三、细赏者埋;四、五里奴;五、杂熟屈则鸠;六、隈才浪罗;七、细母屈勿;八、李讹移岩名;九、细母嵬名;十、没罗埋布。每出入前后环拥,设备甚严。"[2] 从这十位队长的姓名看也全是党项族,无一汉姓。这些都是党项各豪族子弟充当亲兵,一方面可以接近国主,得到国主的赏识和提拔重用,为部族争取利益;一方面相当于质子,向国主表示忠心。在榆林窟第 29 窟供养人榜题中还有"子御宿军讹玉一心皈依"。在俄罗斯艾尔米塔什博物馆中藏着的一幅黑水城出土的《西夏皇帝和众侍从》。从该画的线描图我们可以清晰地看到,西夏皇帝后面左侧站着一位身穿鱼鳞甲、外穿布袍的侍从,他的手中就持有一柄短骨朵,可见在西夏仪卫制度中,骨朵有着非常重要的地位。在皇帝身后的右后侧,站着一位侍从,他的肩上挂着一副弓箭。其他五位侍从手里都没有任何武器,只有一位侍从手臂上蹲着一只鹞子,在皇帝前面有一只细狗。[3]

侍卫亲军宿卫制度非常严格,值守时须佩戴铜质腰牌,上镌西夏文"防守待命""防守命令"或"后门宫寝待命"等字样。[4] 西夏法典《天盛改旧新定律令》卷一二《内宫待命等头项门》规定,"待命者内宫当值,不许与持铁箭过后放弃职事而往他处,倘若违律往他处时,徒六个月。"[5]

3. 谪兵制

谪兵指贬谪戍边的军人,即所谓的"充军",通过兵役代替苦役或劳役。西夏"得汉人勇者为前军,号'撞令郎',若脆怯无他伎者,迁河外耕作,或

---

① 《宋史》卷四八五《夏国传上》。
② (宋)田况撰,张其凡点校:《儒林公议》上卷《元昊志在恢拓》,中华书局 2017 年版,第 15 页。
③ 《俄藏黑水城艺术品》(一),上海古籍出版社 2008 年版,第 17 页。
④ 《中国藏西夏文献》第 20 册,甘肃人民出版社、敦煌文艺出版社 2007 年版,第 78 页。
⑤ 《天盛改旧新定律令》卷一二《内宫待命等头项门》。

以守肃州"①。这里充当炮灰的"撞令郎"，实际上也是一种谪兵。

西夏谪兵是秦汉以来罪犯充军实边的继承和发展，法律规定："谋逆者之伯叔、姨、侄等，同居不同居一样，当随其连坐，应易地而居，无疑者当遣往边地，有城则当终身守城，无城入边军中，疑者则当于内地记名。"② 还有损毁宗庙、墓地、碑表、堂殿，"造意绞死，从犯当遣往异地，在守边城军中无期徒刑，做十二年苦役。"③

4. 服兵役年龄

我国古代以六十岁为老，即年至六十岁进入老年，一般不再服兵役。西夏承袭前代传统，以十五至六十为丁壮，所谓"年六十以下十五以上皆自备介胄弓矢以行"④。这大致是西夏早期的情况。由于人口较少，加之对外战争频繁，至少在夏天赐礼盛国庆元年，即宋熙宁三年（1070）前，将服兵役的年龄延至七十。⑤ 近百年后的天盛年间（1149—1169），依然是年七十退役。"诸转院各种独诱年十五当及丁，年至七十入老人中。"⑥ 男孩从十岁开始就要登记注册，作为预备役，"及丁籍册上犹著年幼者，当比丁壮不注册罪减一等。"还有"诸人现在，而入死者注销"，"又以壮丁入转老弱"等⑦，都将根据情节轻重，对有关人员进行严厉的处罚。

一是十岁儿童按期注册。西夏政府规定，如果"年及十至十四不注册隐瞒时"，隐一至三人徒三个月，三至五人徒六个月，六至九人徒一年，十人以上一律徒二年。年十五（即及丁）以上隐瞒不注册时，对隐瞒者的处罚更重。

---

① 《宋史》卷四八六《夏国传下》。
② 《天盛改旧新定律令》卷一《谋逆门》。
③ 《天盛改旧新定律令》卷一《失孝德礼门》。
④ （宋）曾巩：《隆平集》卷二〇《夏国赵保吉传》。
⑤ 《续资治通鉴长编》卷二一四，神宗熙宁三年八月条记载：宋熙宁三年（1070）八月，宋泾源等路谍报，西夏"结集举国人马，七十以下，十五以上，取八月半入寇绥州及分兵犯甘谷城"。
⑥ 《天盛改旧新定律令》卷六《抄分合除籍门》。
⑦ 《天盛改旧新定律令》卷七《为投诚者安置门》。

二是对因病、因残不能参军的男丁要进行严格检验。对于 15 岁到 70 岁之间不能服兵役的男丁有着非常严格的法律规定，不仅要仔细验证，"诸人丁壮目盲、耳聋、躄挛、病弱等者，本人当于大人面前验校，医人当看检，是实，则可使请只关、担保者，应入转弱中"，如有欺瞒，将严加惩罚，"诸人现在，而入死者注销，及丁则当绞杀，未及丁则依钱量按偷盗法判断。又以壮丁入转老弱，亦按人数多少，年岁长幼，比及丁不注册隐瞒之正军、首领、主簿知闻之罪状当依次各加一等。"①

汉乐府诗歌《十五从军征》中提到"十五从军征，八十始得归"。由于戍边卫国和军事战争的需要，不排除个别情况下，年龄超过七十继续服役。

5. 点集制度

《宋史·夏国传》记载：西夏"每有事于西，则自东点集而西；于东，则自西点集而东；中路则东西皆集"。"点集"是部族调集军马的形式，后晋天福年间，节度使安重荣曾向高祖石敬瑭上表，称"又准沿河党项及山前、山后、逸利、越利诸族部落等首领，并差人各将契丹所授官告、职牒、旗号来送纳，例皆号泣告劳，称被契丹凌虐，愤惋不已。情愿点集甲马，会合杀戮"。② 西夏立国后，不仅保留了这一发兵机制，并将它法律化，《天盛改旧新定律令》专列"发兵集校门"中明确规定，点集命令发出后，大小首领、正军、辅主一律按律令携官马、坚甲，在限定的时间地点集中，若不按时集中，或装备不齐、擅自离队者，予以严厉处罚。末驱、小首领、舍监点集迟到 1 至 5 天徒 1 年；5 天以上一律革职、军，徒 2 年；未能及时赶上参战或根本没来报到，一律革职、军，徒 3 年；两度不至者，皆革职、军，徒六年；三度不至者，皆革职、军，徒 12 年。头监比舍监、末驱点集迟到之罪状当减一等判决。军卒在点集结束后迟到 1 天，13 杖；迟到 5 天，但赶上战斗，徒 6 个月；没

① 《天盛改旧新定律令》卷六《抄分合除籍门》。
② 《旧五代史》卷九八《安重荣传》。

能赶上战斗或干脆不到者，一律徒6年；两度不往，徒10年；三度不往者，无期徒刑。

大小首领擅自准许正军、辅主将官马、坚甲留在家中，或正军、辅主将官马、坚甲弃之沟壑，未受贿，弃1种及3种，徒1年；3种以上至7种，徒2年；7种以上至10种，徒3年；10种以上至13种，徒4年；13种以上至15种，徒5年；15种以上至17种，徒6年；17种以上至20种，徒12年；20种以上者一律绞杀。其中受贿者当以贪赃枉法论，视其重者判断，许人举告，被举者若革军、职则又举者代替，若不当革军、职或无职、军，则当赏举报者，徒1年赏10缗，徒2年赏20缗，3年者赏30缗，4年者赏40缗，五年者赏50缗，6年者赏60缗，3种长期、无期80缗，死刑者100缗。所赏由首领及擅留者支给。使军举告他人则当依边等法受赏。

大小首领，军卒在没有正式接到解散军队命令前，不得擅自离队，若违律将受到严惩。其中正副将、大小军首领在持解散军队令牌信使到来之前离队，一律徒8年；持散军队令牌信使已到，但没有正式宣布，提前一二天离队徒3个月；三四天徒6个月；5天徒1年；5天以上与军头外逃一样判断。军卒在持解散令牌使节没来之前离队，依出师全未往法判断，执牌到来闻退师语至，而不待指挥先行者，军卒不论先行时日长短，一律徒6个月。①

6. 女兵

女子广泛参与军事活动是西夏军制的一大特点。为了弥补男丁的不足，西夏成年女子称作女丁②，除随军打扫战场外，还防守城寨，或亲自上阵，统

---

① 《天盛改旧新定律令》卷六《发兵集校门》。
② 俄藏《西夏光年十三年千户刘寨杀了人口状》，是西夏首领刘千户报给官府的呈状，记录了战斗中伤亡名单，其中"刘千户本户下杀了一口，名刘胜……女子杀了一口，名女丁"。被杀女子名"女丁"，说明是成年女子。

兵作战①，赤膊杀敌。西夏法律明确规定妇女和男丁一起防守城寨堡垒，"守大城者，当使军士、正军、辅主、寨妇等众人依所定聚集而住"；"守营、垒、堡城者军溜等中，军士、寨妇等本人不往，向大小头监行贿，令某处住，往者、收留者罪相等，正军、辅主等一律十杖，寨妇笞二十，与行贿罪比较，按重者判断"；"边检校、营垒堡城主管、州主、口监等局分军卒、寨妇等，本人不在而使他处往，往贿者，放一人至二十人，十杖"。②

"正军、辅主等一律十杖，寨妇笞二十"，表明法律对行贿枉法，不按时守城堡寨女兵（寨妇）的惩罚比男兵要轻，从一个侧面反映了女兵的特殊性。

"守营、垒、堡城者，军溜等中正军、辅主、寨妇等，向边检校、营垒主管、州主、城守所属军首领等行贿，营垒城军溜等中虽未行贿，擅自不往……其中正军住城垒中，寨妇不来者，寨妇当依法受杖，勿及服劳役。属者男人因不送寨妇，打十杖。寨妇、男人等皆不来者，依法判断，寨妇勿及服劳役。已行贿则与行贿罪比，按重者判断。"③ 表明这些在编定岗的寨妇是有着自己的家庭，并和家长（丈夫）一同上阵，而不是替有军籍的父兄从军。④

西夏法典中女兵"寨妇"在汉文典籍中称作"麻魁"。"麻魁"是西夏语"大妇""壮妇"的音译，也即身体健壮的女子。夏天授礼法延祚三年，即宋康定元年（公元 1040）九月壬申，宋环庆路副都部署任福等攻打西夏白豹城，"克之，凡烧庐舍、酒务、仓草场、伪太尉衙，及破荡骨咩等四十一族，兼烧死土坑中所藏蕃贼不知人数，及禽伪张团练并蕃官四人、麻魁七人，杀首领七人，获头级二百五十、马牛羊橐驼七千一百八十、器械三百三、印记六；

---

① 《宋史》卷一九一《兵志五》记载：党项部落制下，部落首领世代承袭，"父死子继，兄死弟袭，家无正亲，则又推其旁属之强者以为族首，多或数百，虽族首年幼，第其本门中妇女之令亦皆信服"。这些继承首领的妇女，带兵作战是她们的基本职责，西夏几代专权太后多亲自统兵作战，也说明了这一点。

② 《天盛改旧新定律令》卷四《弃守营垒城堡溜等门》。

③ 《天盛改旧新定律令》卷四《弃守营垒城堡溜等门》。

④ 西夏女兵从军是法律规定的义务，不同于北朝民歌《木兰辞》中的木兰是替父从军："昨夜见军帖，可汗大点兵，军书十二卷，卷卷有爷名。阿爷无大儿，木兰无长兄，愿为市鞍马，从此替爷征。"

官军死者一人，伤者一百六十四人。"① 被宋军俘获的"麻魁七人"，就是西夏军事战争中参与防守白豹城的寨妇。大中祥符八年（1015），西界李德明蕃部指挥使浪梅娘、麻魁②孟桑二人投奔宋朝环州，因为宋夏景德约和规定，双方不能接纳叛逃人员，宋朝乃将浪梅娘、孟桑等交还西界。反映麻魁在西夏立国前就已存在。③

　　打扫战场和后勤保障是西夏女兵的另一重要任务，庆历年间边帅韩琦指出："昊贼据数州之地，精兵不出四五万，余皆老弱妇女，举族而行。"④ 李纲后来也谈道："夏人每欲入寇，必聚兵于数路之会境，举国而来号称百万，精壮居前，老弱居后，去则反是。故能深入吾地，破城寨，虏人畜，动辄如意。"⑤ 这些举族而行，居于精壮之后的老弱妇女，并不都要直接上阵杀敌，她们的主要任务就是保障后勤供给，运送物资，打扫战场。妇女参与军事活动不是西夏独有的，北宋西北沿边将帅也动员蕃汉妇女支援前线，戍守城池。宋熙宁四年（1071），直龙图阁赵卨始到陕西前线，发现蕃汉健兵皆领于种谔，丁壮妇女裹送粮糗，惟老小在焉。⑥ 宋元丰四年（1081），鄜延路经略使沈括上言："本路运粮，延州诸县丁夫发尽，已差及妇女，虽累戒官吏毋得括责妇女，而运粮须办，则势不得不极民力，恐无以为继。"⑦ 宋元丰七年（1084），宋朝对参与防守的蕃、汉妇女进行奖赏，"定西城守城汉、蕃诸军并百姓妇女，城上与贼斗敌者，人支绢十匹；运什物者，七匹；城下供馈杂役

　　① 《续资治通鉴长编》卷一二八，仁宗康定元年九月壬申条。
　　② 《续资治通鉴长编》卷八四，真宗大中祥符八年四月戊午条。该处"麻孟桑"的"麻"后脱"魁"字，影印本记载："西界蕃部指挥使朗密囊、玛魁孟双二人投环州归顺。""孟双"与"孟桑"应为同一党项人名，且其身份为西夏麻魁。
　　③ （宋）曾巩《隆平集》卷二〇《夏国赵保吉传》载：党项人喜复仇，若无力复仇，则"集邻族妇人，烹牛羊，具酒食，介而诣仇家，纵火焚之。其经女者，家不昌，故深恶也"。这里的女兵就是"麻魁"。
　　④ （宋）韩琦撰，李之亮、徐正英笺注：《安阳集编年笺注》下，巴蜀书社 2000 年版，第 1624 页。
　　⑤ （宋）李纲撰，王瑞明点校：《李纲全集》卷一四四《御戎论》，岳麓书社 2004 年版，第 1368 页。
　　⑥ 《续资治通鉴长编》卷二二〇，神宗熙宁四年二月癸亥条。
　　⑦ 《续资治通鉴长编》卷三一九，神宗元丰四年十一月己丑条。

者，男子五匹，妇人三匹。"①

（二）军抄

"军抄"是西夏最小的军事单位，史载"其民一家号一帐，男年登十五为丁，率二丁取正军一人。每负赡一人为一抄。负赡者，随军杂役也。四丁为两抄，余号空丁。愿隶正军者，得射他丁为负赡，无则许射正军之疲弱者为之"②。

1. 军抄组成

西夏军抄由正军、辅主、负担等三部分组成，正军是西夏军队中直接应征参战的士兵，辅主和负担为杂役、辅助性士兵，且辅主和负担还有预备役性质。

军抄为基层建制单位的并非西夏独有，《辽史·兵卫志》载："辽国兵制，凡民年十五以上，五十以下，隶兵籍。每正军一名，马三匹，打草谷、守营铺家丁各一人。"③《续宋中兴编年资治通鉴》记载：金主亮"将谋南侵，命计女真、契丹、奚家三部之众，不限丁数，悉签起之，凡二十有四万。以其半壮者为正军，弱者为阿里喜，一正军以一阿里喜副之"④。

西夏的负赡除随军杂役外，有时还承担作战任务，法律规定负赡持有兵器。从出土的军抄文书来看，西夏军抄并非固定为"二丁取正军一人。每负赡一人"，"四丁为两抄，余号空丁"的模式，而是根据情况而异，有的一正

---

① 《续资治通鉴长编》卷三四九，神宗元丰七年十月戊寅条。
② 《宋史》卷四八六《夏国传》。(宋) 曾巩：《隆平集》卷二〇《夏国》。
③ 《辽史》卷三四《兵卫志》。
④ (宋) 刘时举撰，王瑞来点校《续宋中兴编年资治通鉴》卷六，宋高宗绍兴三十年八月丙午条，中华书局 2014 年版。

军一辅主为一抄;① 有的一正军两辅主或三辅主为一抄;② 有的一正军三辅主以上乃至多达九辅主为一抄。③ 这种情况与法律规定相吻合,"诸种军待命、独诱族式:住八丁以上者,正军亦实不乐在同抄,四丁当合分抄。其中有余,则当留旧抄组,若旧正军自愿,亦可随新抄后。族式八丁以下现有六七丁者,正军自愿,亦许分抄。其中案头、司吏者,族式有四丁以上者,正军乐许,亦二丁当合分抄。其有余丁,则亦当留旧抄,旧正军自愿,则随新抄法当与前述军卒分抄法同。"④

夏天庆辛酉八年（1201）军籍文书记录的正军全部为耶和部族成员,年

---

① 编号《ИНВ. No. 4926-3 天庆乙丑十二年（1205）军籍》:

一抄……

　正军,乐奴　四十二

　辅主一强,王有奴,三十七

一抄吴心喜山,人员二人,无有

正军心喜山,三十七

辅主一强,讹劳? 紧盛,二十八

一抄鲁奴后白,人员二人,无有

　正军,奴后白,三十六

辅主一强,甄心喜山,三十三……

（史金波:《西夏军事文书研究》,甘肃文化出版社 2021 年版,第 233—234 页。）

② 《ИНВ. No. 4926-2 天庆辛酉八年（1201）军籍》:

　……

　　一抄耶和侍犬,人员三人,有马一种,红色

　　　正军侍犬,四十六

　　　辅主二强:铁宝　二十

　　一抄耶和和尚,人员三人,无有

　　　正军和尚,四十五

　　　辅主二强:老房势,二十五

　　一抄耶和长长铁,人员三人,无有

　　　正军长长铁,二十五

　　　辅主二强:善月铁,二十

　　一抄耶和那征吉,单人,九十四,有马一种,肉红色

　　一抄耶和宝盛,人员四人,无有

　　　正军宝盛,四十五

　　……

（史金波:《西夏军事文书研究》,甘肃文化出版社 2021 年版,第 230 页。）

③ 史金波:《西夏军事文书研究》,甘肃文化出版社 2021 年版,第 222—223 页。

④ 《天盛改旧新定律令》卷六《抄分合除籍门》。

龄最小的耶和长长铁 25 岁，正是身强力壮的时候，他有两个辅主，也是年仅二十。但是年龄最大的耶和那征吉，已经年九十四，有马一种，肉红色，或许因年事已高，手下并无辅主，还有一个耶和那征势也是年六十九，单人，并无辅主。或许这些年龄大的正军只保留一定的身份，并不实际参加战争，因此是单人，没有辅主。西夏军抄文书中还有"独人""孤人"，除了上述 94 岁的耶和那征吉外①，还有年龄 30 多岁的"独人"。②

西夏军抄制度一直沿用至蒙元时期，斡道冲后裔，西夏遗民朵儿赤在面对元世祖忽必烈时曾提到："西夏营田，实占正军，倘有调用，则又妨耕作。土瘠野圹，十未垦一。南军屯聚以来，子弟蕃息稍众，若以其成丁者，别编入籍，以实屯力，则地利多而兵有余矣。请为其总管，以尽措画。"③

2. 军抄武器装备

《天盛改旧新定律令》卷五《军持兵器供给门》明确规定国境内各种独诱、牧主、农主、使军、臣僚、帐门后宿、内宿后卫、神策内外侍等所属正军、辅助、负担的武器装备配备的式样、种类和数量。④

各种独诱类属：

正军：官马、甲、披、弓一张、箭三十枝、枪一枝、剑一把、长矛杖一枝，全套拨子手扣。

---

① 史金波：《西夏军事文书研究》，甘肃文化出版社 2021 年版，第 230 页。
② 俄 ИНВ. No. 5944-1 天庆乙丑十二年（1205）军籍文书中载（史金波：《西夏军事文书研究》，第 240 页）：
"一抄耶和心喜长，独人，有二种有马□
正军心喜长，三十三
番杂披：［麻］六、项五、肩护一、胸三、喉 嗓
二、末十、盖二、马头套等 全
一抄讹名铁心，二十九，独人，马一种有□。"
③ 《元史》卷一三四《朵儿赤传》。
④ 《天盛改旧新定律令》卷五《季校门》。

正辅：弓一张、箭二十枝，长矛杖一枝、拨子手扣全套。

负担：弓一张、箭二十枝、剑一把、长矛杖一枝等当发给，一样，若发弓箭，则拨子手扣亦当供给。

牧主：

正军：官马、弓一张、箭六十枝、箭袋、枪一枝、剑一柄、囊一、弦一根、长矛杖一枝、拨子手扣全。

正辅主：弓一张、箭二十枝、长矛杖一枝、拨子手扣全。

负担：弓一张、箭二十枝、长矛杖一枝、拨子手扣全。

农主：

正军：官马、剑一柄、弓一张、箭三十枝、枪一枝、囊一、拨子手扣全、弦一根、长矛杖一枝。

正辅主：弓一张、箭二十枝、拨子手扣全、长矛杖一枝。

负担：弓一张、箭二十枝、拨子手扣全、长矛杖一枝。

使军：

正军：官马、弓一张、箭三十枝、枪一枝、剑一柄、长矛杖一枝、拨子手扣全。

正辅主、负担一样：箭二十枝、弓一张、剑一柄。一样点校一种。如校弓箭，则应供给拨子手扣全。

诸臣僚：

正军：官马、披、甲、弓一张、枪一枝、剑一柄、拨子手扣、宽五寸革一。

正辅主与独诱正辅主同；

负担与独诱负担同；

帐门后宿：正军有：官马、披、甲、弓一张、箭百枝、箭袋、银剑一柄、圆头木檑一、拨子手扣全、五寸叉一柄、囊一、弦一根、凿斧头二、长矛杖一枝。

正辅主：弓一张、箭六十枝、有后毡木橹一、拨子手扣全、长矛杖一枝。

负担：弓一张、二十枝箭、拨子手扣全、长矛杖一枝。

内宿后卫：

正军：官马、披、甲、弓一张、箭百枝、箭袋、枪一枝、剑一柄、圆头木橹一、长矛杖一枝、拨子手扣全、五寸叉一柄、弦一根、囊一、凿斧头二、铁笮篱一。

正辅主有：弓一张、箭六十枝、有后毡木橹一、长矛杖一枝、拨子手扣全。

负担：弓一张、二十枝箭、长矛杖一枝、拨子手扣全。

神策内外侍：

正军：官马、披、甲、弓一张、箭五十枝、箭袋、枪一枝、剑一柄、圆头木橹一、拨子手扣、宽五寸革一、弦一根、囊一、凿斧头一、长矛杖一枝。

正辅主：弓一张、箭三十枝、有后毡木橹一、拨子手扣、长矛杖一枝。

负担：长矛杖一枝。

上述装备的官马、铠甲、马铠、弓、箭、枪、剑、槌杖、全套拨子手扣、囊、弦、叉、凿头斧、后毡木橹、圆头木橹、铁笮篱等，和《宋史·夏国传》中的“凡正军给长生马、驼各一。团练使以上，帐一、弓一、箭五百、马一、骆驼五、旗、鼓、枪、剑、棍棓、秒袋、披毡、浑脱、背索、锹镢、斤斧、箭牌、铁爪篱各一。刺史以下，无帐无旗鼓，人各骆驼一、箭三百、幕梁一。兵三人同一幕梁”① 的情况基本相似，只在个别地方略有差异。至于西夏军籍文书，通常记载正军的姓名、年龄以及装备（包括马匹、披、甲），对于辅主

———————

① 《宋史》卷四八六《夏国传下》。

和负担只录其姓名、强弱、年龄，并不记载其所持装备。①

3. 军抄组合承袭

战争是非常残酷的，无论胜负，都将会对作战双方造成巨大的伤亡。除了战斗减员外，还会发生政治、触犯刑法、发生疾病等非战斗减员和伤亡。军抄也会因此发生变化，组抄、分抄、合抄从来就没有停止过。

组抄。史载"男年登十五为丁，率二丁取正军一人。每负赡一人为一抄。负赡者，随军杂役也。四丁为两抄，余号空丁。愿隶正军者，得射他丁为负赡，无则许射正军之疲弱者为之"②。法律文献对此有明确的规定："军卒一种孤人，正军本处自愿，当允许二人结为一抄，何勇健者当为正军。不允比其人数超出，及使非自愿结合为抄。若违律时，有组合成抄者处，首领、局分

---

① 编号《ИНВ. No. 4197 天庆庚申七年（1200）军籍》：

（黑水属）军首领嵬移西铁吉，正军一种纳告
先自全籍告纳，天庆己未六年六月一日始，至天庆
庚申七年五月底。无注销。已定。八种　（始3行有首领印）

　　　　　　　　正军三
　　　　　　　　官马一
　　　　　　　　甲一
　　　　　　　　披一
　　　　　　　　印一
　　　　　　　　辅主一强
　　　　　一抄有三种　　二抄无有
　　一抄首领嵬移西铁吉，人员二人，有三种，马栗
　　正军西铁吉　四十四
　　番杂甲：胸五、背六、胁四、结连接八、衣襟九、末五、臂普护十……
　　　手头护二、颈遮一、独木下三、喉面护一、衣裙十……铁索五、裹节袋绳索等全。
　　番杂披：红丹色麻六、颈五、肩护一、胸三、喉嗓二……二、马头套等全。
　　　辅主一强　前前俄　六十三
　　二抄单人，无有。李兆儿　六十五　酩布阿犬　七十九
　　　　天庆庚申七年六月　　西铁吉
　　　　　　　　　　黑水属主簿命屈……
　　　　　　　　　　黑水属主簿命屈……
（史金波：《西夏军事文书研究》，甘肃文化出版社2021年版，第227页。）

② 《宋史》卷四八六《夏国传下》。（宋）曾巩：《隆平集》卷二〇《夏国传》。

人等使不愿组合成抄，则徒一年，若其超出人数组合成抄，则徒二年。此外，不允种种待命组合为抄。"① 这里的"孤人"就是军抄文书中"独人"或史籍中的"空丁"。由于战斗伤亡和人口自然增减，原有的军抄中经常会出现"独人"或"空丁"，或占"他丁"为负担，成为"正军"，或被族内强壮丁壮占为负担。逃亡敌界的正军、辅主又重新投诚回来，原则上回归原军抄。②

分抄。"分抄"是组抄的另一种形式，即抄内人员较多时，可分出一部分另行组抄。"诸种军待命、独诱族式：住8丁以上者，正军亦实不乐在同抄，4丁当合分抄。其中有余，则当留旧抄组，若旧正军自愿，亦可随新抄后。族式8丁以下现有六七丁者，正军自愿，亦许分抄。其中案头、司吏者，族式有4丁以上者，正军乐许，亦二丁当合分抄。其有余丁，则亦当留旧抄，旧正军自愿，则随新抄法当与前述军卒分抄法同。"③

分抄的基本条件是抄内人数须达到一定数量，一般为6—8丁；若是案头、司吏者，4丁以上者，正军乐意，亦可分抄；4丁以下，不许分抄，3丁本身不能成为两抄，其中的一名"独人"或"空丁"，只能重新组抄，占"他丁"为负担，成为"正军"，或被族内强壮丁壮占为负担。

由于军首领、帐门后宿、阁门职位重要，法律对他们分抄转岗有专门规定，"军首领分抄时当入本院军中，帐门后宿分抄时当入内宿中，阁门分抄时当入御使内外侍等中。"④

除了因男丁数量多会进行分抄之外，当首领抄数总量到达一定额度时，也会进行分抄。从严格意义上讲，这种分抄更多是在部族内部完成，并要完成法律变更和注册登记。如《天盛律令》规定："诸首领所领军数不算空缺，实有抄六十以上者，掌军首领可与成年儿孙共议，依自愿分拨同姓类三十抄

① 《天盛改旧新定律令》卷六《抄分合除籍门》。
② 《天盛改旧新定律令》卷七《番人叛逃门》。
③ 《天盛改旧新定律令》卷六《抄分合除籍门》。
④ 《天盛改旧新定律令》卷六《抄分合除籍门》。

给予。若违律分与外姓类及不足六十抄而分时，则据转院法判断，当回归原军。局分人等知情者，受贿则将同等罪与枉法贪赃罪依其重者判断，不知者不治罪。其中有举告者，则据第五卷当与披、甲、马，能赔偿而不赔偿之举告人得功法相同。"① 符合分抄的前提是首领实有军抄达到 60 以上，并且要自愿分拨同族。

转抄。转抄是因某种原因，本族帐内军抄无法维持，转入相近族帐军抄，一是年老、有疾病，无法承担军抄任务，转入同门，"所借甲衣肩当转换，籍上册为正职，不须注销原有官坚甲已失或已宰杀者"；② 二是犯罪革军籍时转抄，"待命者因罪革职及分抄时辅主转他抄，为正军者，可遣同姓五服最近亲为继。若无，则遣同姓辅主或不同姓辅主谁最勇健强悍者为继抄。" 西夏律法中还专门规定了部上内宿、后卫、神策、内宫侍、臣僚、裨官、巫、阴阳、医者等九类人革职后将转为同抄辅主。③ 当革职转抄成为辅主后，其职责和权力也将受到一定程度限制，"待命者入辅主中，一律不许出入内宫。"④

黑水城出土户籍手实文书中，不仅详细记载了户主移合讹千男所属的土地、人口、牲畜、财物等状况，还在交代了户主移合讹千男所涉军抄前后变化的来龙去脉。移合讹千男原与前内侍正军移台讹吉祥犬、兄移合讹千父等是一抄，又与行监嵬移善盛下共旧抄，其兄移合讹千父及军首领嵬移吉祥山下嵬移般若宝三人为一抄。后来，因移合讹千男是其叔叔移合讹吉祥善之养

① 《天盛改旧新定律令》卷六《行监溜首领舍监等派遣门》。
② 《天盛改旧新定律令》卷六《抄分合除籍门》。
③ 《天盛改旧新定律令》卷六《抄分合除籍门》。
④ 《天盛改旧新定律令》卷八《烧伤杀门》。

子，等到移合讹吉祥善死亡后，财产依法被移合讹千男继承。①

销抄。"销抄"指注销军抄内正军、辅主、负担被俘或者阵亡，后继无人，报官府注销军抄。《天盛改旧新定律令》规定："诸人与官马、坚甲一齐入敌军中，火烧水漂，其军抄后继者已断，无人赔偿者，大小军首领同不同院当使三人担保注销。"② 官府每年都要统计各部类军抄人员情况，如果确实"绝户"，无人继抄，"大小军首领同不同院当使三人担保注销"。俄藏黑水城出土《军抄人员除减续补帐》就是对军抄人员情况统计和继抄、销抄的记录，其中"六人正军死子弟续"，"三抄死续绝"，即死绝无人继抄，予以注销，且附上明确注销军抄人员姓名，"一抄耶和五月奴，人员二，无 有 。辅主，奴黑；一抄□□小狗盛，人员三，无有， 辅主 二，小狗□，犬黑盛；一抄耶和

① 杜建录、史金波：《西夏社会文书研究》，上海古籍出版社 2012 年版，第 161—162 页；黑水城出土的 ИНВ. No. 8203 户籍手实文书中
　　一人移合讹千男原本舆前内侍正军移合讹吉祥犬、兄
　　千父等是一抄，先因羸弱，在行
　　监嵬移善盛下共旧抄，千父及
　　军首领嵬移吉祥山下嵬移般若
　　宝三人为一抄，千男现今是叔
　　执法转运移合讹吉祥善死之养
　　儿子。所有畜物已明，如下列：……
② 《天盛改旧新定律令》卷六《官拔甲马门》。

有，人员三，无有。"①

俄藏《应天己巳四年（1209）军籍文书》，记录黑水地区正军首领嵬移铁讹正军所属军抄"自应天丁卯二年六月一日始，至应天己巳四年五月底，无注销。②"即该时段内首领嵬移铁讹正军所属军抄没有死绝现象，因此也没有被注销的军抄。

---

①　编号 ИНВ. No. 5944-2《军抄人员除减续补帐》
　　除减
　　六人正军死子弟续
　　四人籍上有
　　一人耶和奴阔其
　　子奴山
　　一人鲜卑那征胜其子宝双［机］
　　一人耶和十月吉其弟心喜□
　　一人耶和增　奴其子心喜吉
　　二人籍上无有
　　一人鲜卑十月宝其子十月
　　一人耶和　吉其子增增
　　三人辅主死
　　二人首领耶和小狗盛属
　　奴园　小狗山
　　一人……吉□　十月宝续□
　　月盛属
　　三抄死续绝
　　一抄耶和五月奴人员二，无 有
　　辅主　奴？黑
　　一抄□□小狗盛人员三，无有
　　辅主 二　小狗？　犬黑盛
　　一抄耶和有？人员三，无有
　　辅主二□□乐　有盛
　　四人正军续往
　　现有数实已减后
　　正军□……
　　官马……
　　甲……
　　披…
　　　（史金波：《西夏军事文书研究》，甘肃文化出版社 2021 年版，第 463—464 页。）
②　俄藏编号 ИНВ. No. 4201《应天己巳四年（1209）军籍文书》（史金波：《西夏军事文书研究》，甘肃文化出版社 2021 年版，第 266 页）。

袭抄。"袭抄"，顾名思义，指继承或承袭军抄。一军抄内父死子继，兄死弟袭，或由亲族继承。前揭《军抄人员减续补帐》军抄文书中所载，文书中6人正军死子兄弟续，其中四人籍上有：一人耶和奴阔，其子奴山；一人鲜卑那征胜，其子宝奴〔机〕；一人耶和十五吉，其兄弟心喜口；一人耶和增茂盛奴，其子心喜吉。籍上记录的四个正军（四抄）有人由兄弟或儿子袭抄。另外两位正军（两抄）没有子弟继承，也即籍上无法袭抄。

西夏军抄不仅仅是作战单位，也是地位和荣誉的象征，犯罪处罚有降"官"和革除"军"的处罚，这里的"军"就是正军军籍。因此统治者通过法律规范军抄的继承。一是长门优先的原则。"国内官、军、抄等子孙中，长门可袭，幼门不许袭。若违律幼门袭时，有官罚马一，庶人十三杖。官、军、抄当赐长门，长门情愿，则允许于共抄不共抄中赐亲父、亲伯叔、亲兄弟、亲侄、亲孙等五种。"① 在军抄继承和增补方面，一族中也要遵循长门优先的原则，保障豪族长门的权利和利益，在长门允许的情况下，可以给直系亲属。长门、幼门，原译为"大姓"、"小姓"，这里根据文意，改译为"长门"、"幼门"。

二是亲子优先的原则。"诸人有己子，则不许以同姓不同姓继子为口。若无己子，是同姓，则类口中同与不同一样，不允不同类中边中出任重军职者来任轻职。此外，种种待命独诱中，亲伯叔、亲兄弟、亲侄、亲孙允许为继子于父弟、子兄弟。已为继子而后生己子，及子死而遗孙等时，抄、官、军当由己子孙大姓袭，当赐继子宝物多少一分而使别居。若未有己子孙，则抄、官、军皆以继子袭，畜物亦由继子掌，若违律不应为继子而为继子时，依转院法判断。"② 同时，党项族实行收继婚制，允许成年男子娶其庶母、伯叔母、兄嫂、子弟妇，只是不娶同姓。富有家庭的男性家长可以收养众多的妇女，实行多妻制。这样也造成成年男丁的子女情况比较复杂，为了保障正妻和嫡

① 《天盛改旧新定律令》卷一○《官军敕门》。
② 《天盛改旧新定律令》卷一○《官军敕门》。

长子的优先权利，西夏法律中也会出现相应的规定，如"诸人与大小佃妇混房生子时，不许袭抄、官、军，当以自亲子袭。"或者"诸人之妻子与他人通而生杂子者，不许袭丈夫之抄、官、军，勿得畜谷宝物，依次板□注册。若违律袭抄、官、军时，依转院法判断"①。

若"种种臣僚、待命者、军卒、独诱等，正军有死、老、病、弱时"，继抄时应当以"其儿子长门者当"，若"为幼门，则当为抄宿"。当一军抄中正军有死、老、病、弱时，且辅主比较强健，而正军的子女年幼未长大，可以用辅主暂代为正军，待彼长成后，则本人当掌职。又若"其案头、司吏之儿子长门不识文字，则当以本抄中幼门节亲通晓文字者承袭案头、司吏抄官、若违律应袭抄官而不使袭抄官时，则袭者、命袭者有官罚马一，庶人十三杖。其应袭抄者袭抄"②。

三是直系亲属优先的原则。若军抄中诸部种种死绝，人根已断，无人袭抄、官、军者，"部司院首领同不同中□，依节亲袭顺序，职轻重分明，依下所定判断。""种种待命独诱等者，同部院中□亲伯叔、兄弟、侄孙等五等人可袭。若同部院中无袭者，则依待命等是轻职，部司院首领等不同中，亦有亲父、伯叔、兄弟、侄、孙，则可袭之。"③

直系亲属只能继承一般军抄，若前内侍、帐门末宿等特殊军抄则不能随意承袭，如"前内侍、帐门末宿中得高职位而入臣僚时，后主子、兄弟不许留袭前内侍等抄，一齐入臣僚中。若违律时，与不应袭抄而袭抄同等判断。""主边中军及任重职种种等，前述待命独诱种种等中人根已断者，不许往袭抄。依自身同部次第内同不同院中有五等人，则可袭抄、官、军。"又"人根已断之抄，有比同院中亲父、亲伯叔、亲兄弟、亲侄、亲孙等五种亲节远者，官、军及前内侍、合门、帐门末宿不许袭抄等，当入分抄次第，然后军独诱

---

① 《天盛改旧新定律令》卷一〇《官军敕门》。
② 《天盛改旧新定律令》卷六《抄分合除籍门》。
③ 《天盛改旧新定律令》卷一〇《官军敕门》。

种种部抄一种依法可袭，有披、甲、马亦当寄名"①。

这些特殊岗位的军抄，即使允许袭抄，也要经过严格审查，以此确保入职人员忠诚可靠。如帐门末宿、内宿外护、神策、外内侍等所有分抄续转，"悉数当过殿前司。其入待命者，人根是否鲜洁，当令寻担保只关者注册。"② 前内宿、合门等有袭抄者时，"当与管事人上奏呈状。人实可遣，当依文武次第来中书、枢密管事处，宰相面视其知文字、晓张射法、貌善、人根清洁、明巧可用，是应袭抄，则当令寻知情只关担保者，度其行而奏报袭抄。若不晓文字、张射法等，愚暗少计，非人根清洁，貌亦丑陋"，则不许抄袭。③

4. 军籍

军籍，又名兵籍，即登记兵员身份及其相关信息的籍册，早在周朝就已开始，《十三经恒解·周官恒解》记载："合计其卒伍，阅其兵器，为之要簿也。"④ 即依簿检阅军队。《辽史》记载"契丹之初，草居野次，靡有定所。至涅里始制部族，各有分地。太祖之兴，以迭剌部强炽，析为五院、六院。奚六部以下，多因俘降而置。胜兵甲者即着军籍，分隶诸路详稳、统军、招讨司"⑤。由于史料的缺失，不清楚契丹的军籍式样及具体内容。俄藏黑水城出土的西夏社会文书中，有关军事的文书就多达300件，其中军籍文书有50余件，15件有年号，8件比较完整。最早的是夏仁宗乾祐二十三年，即宋绍熙三年（1192），最晚的是夏应天四年，即宋嘉定二年（1209）。此外，英国大英图书馆也藏有得自黑水城的军籍文书，共有20多件残件，其中有两件相对完整。⑥ 这些军籍文书均依照西夏政府的相关规定，对西夏社会基层以首领为单位的军抄进行登记造册，包括军抄首领、正军和辅主姓名，老弱状况，

---

① 《天盛改旧新定律令》卷一〇《官军敕门》。
② 《天盛改旧新定律令》卷一二《内宫待命等头项门》。
③ 《天盛改旧新定律令》卷一〇《官军敕门》。
④ （清）刘沅著，谭继和、祁和晖笺解：《十三经恒解——笺解本》卷八《周官恒解》，巴蜀书社2016年版，第18页。
⑤ 《辽史》卷三二《营卫志》。
⑥ 史金波：《西夏军事文书研究》，甘肃文化出版社2021年版，第45页。

披、甲、马等装备情况等。①

────────────

① 编号 ИНВ. No. 4196《应天丙寅元年（1206）军籍》

……

一抄首领律移吉祥有，单人，有三种 马？

正军吉祥有 八十二

番杂甲：胸五、背六、胁三、结连接八、衣七、臂膊套十、手头护二、项遮一、都目下三、喉一、衣裙十二、更兜二、关子三、裹节袋绳索等全。

番杂披：麻六、项五、肩一、胸三、喉嗓二、十、盖二、马头套等全。

（史金波：《西夏军事文书研究》，甘肃文化出版社 2021 年版，第 250—251 页。）

编号 Or. 12380-0222 和 Or. 12380-0222V《天庆庚申七年（1200）军籍》

黑水属军首领嵬移慧小狗，正军，一种纳告

前自全军籍告纳，天庆己未六年六月一日始，至天庆

庚申七年五月底，无注销，已定。二十种

正军四

官马四

甲一

披一

印一

辅主九

强七

老一

弱一

一抄三种有，三抄马有

一抄首领嵬移慧小狗人员三人三种有　？

正军慧小狗……

番杂甲：胸口、背口、胁口、接连结八、衣襟九、末四……

手头护二、项遮一、独目下三、喉面……

二、更兜、关子、铁锁五、裹节袋等全

番杂披：麻六、项五、肩一、胸三、喉嗓二、末十二、盖

三、结铁有、毡里裹袋等全

辅主二强　小狗西　七十一　犬盛　六十六

一抄卧利羌势　人员二人马一种有　？

正军羌势　一百十七

辅主一强　中？一百十七

一抄……吉讹人员五人马一种有　沙？？

正军吉讹　一百十七……

辅主四

二强　讹有　一百十七　那征有……

一老　寂显　一百二十七、

一弱　那征讹　九十五（此处有首领朱印）

一抄酩布犬羊子人员三人马一种有　？

正军犬羊子　……

辅主二强　……

天庆庚申七年六月　慧小狗

黑水属主簿　……

（史金波：《西夏军事文书研究》，甘肃文化出版社 2021 年版，第 293—294 页。）

5. 军溜

溜是西夏军事单位，由部落兵制发展而来。史载西夏"首领各将种落之兵，谓之'一溜'，少长服习，盖如臂之使指，既成行列，举手掩口，然后敢食，虑酋长遥见，疑其语言，其整肃如此"①。每溜约一千人，夏天授礼法延祚三年，即宋康定元年（1040）七月，鄜延路钤辖张亢上书，宋泾原路兵势即分，不足以当西夏大军，"若贼（西夏）以二万人为二十溜而来，多张声势，以缀我军，然后以三五万人大入奔冲，则何以枝梧。"② 庆历元年（1041），宋将环庆路副部署任福从新壕外分出数千骑兵赶往怀远城、捺龙川与镇戎军西路都巡检常鼎、同巡检内侍刘肃相遇，大军与西夏一溜兵战于张家堡南，斩首数百。③

溜上为"头项"，夏大庆二年，即宋宝元元年（1038）十一月，元昊"尽点其众作五头项，每头项八溜，共四十溜，欲尽收熟户所住坐处下寨。"④

西夏军溜与辽金军事编制相类似，《金史·兵志》记载，女真族初期"其部长曰孛堇，行兵则称曰猛安、谋克，从其多寡以为号。猛安者千夫长也，谋克者百夫长也"。从这个意义上讲，西夏的溜首领相当于"千夫长"。

在兵民合一的部落兵制下，溜也是一级生产组织单位，《天盛改旧新定律令》规定："各税户家主由管事者以就近结合，十户遣一小甲，五小甲遣一小监等胜任人，二小监遣一农迁溜，当于附近下臣、官吏、独诱、正军、辅主之胜任、空闲者中遣之。"⑤《亥年新法》卷十五也有与之类似的记载："租户家主由职管者处就近结合，十户设一小甲，五小甲设一头监，二头监当遣一迁溜。"⑥ 按照户数来计算，一个农迁溜为一百户。

---

① 《续资治通鉴长编》卷一三二，仁宗庆历元年五月甲戌条。
② 《续资治通鉴长编》卷一二八，仁宗康定元年七月癸亥条。
③ 《续资治通鉴长编》卷一三一，仁宗庆历二年二月乙丑条。
④ 《续资治通鉴长编》卷一二五，仁宗宝元元年十二月壬子条。
⑤ 《天盛改旧新定律令》卷一五《纳领谷派遣计量小监门》。
⑥ 《亥年新法》（甲种本），《俄藏黑水城文献》第 9 册，上海古籍出版社 1999 年版，第 203—204 页。

二、指挥体制

西夏军事指挥体制是部落制下的中央集权，景宗元昊建国前夕，在地方上设十二监军司，委豪右分统其众；在中央设最高军事机构枢密院，秉承国主（皇帝）旨意，掌握军机。监军司掌控所属部落兵，有战事则发银牌召部落首领面授约束。西夏中期以后，为了进一步掌控地方军政，在监军司之上设统军司，统军司长官由中央派遣，地方重大军务一律报统军司，由统军司上报中央。由此，进一步加强了国主至高无上的军事指挥权。

（一）部落统兵体制

党项部落兵制经历了漫长发展阶段，早期党项以姓氏为单位，不相君长。内迁后仍过着以游牧为生的部落生活。唐中和三年（883），党项拓跋部族因勤王平叛之功，唐朝正式任命拓跋思恭为定难军节度使，统辖银州、夏州、绥州、静州等四州之地，自此开始建立雄踞一方的党项夏州政权，拓跋部是以中原王朝节度使的身份进行治理，因此实行部落和州衙两套系统不同且相互联系的行政机构。州衙在名义上是隶属于中原王朝的地方政权，奉行中央统一的制度和法令，但是党项族各部落则由节度使兼任的押蕃落使统领。李继迁抗宋时，建立部落军政一体，以军事行动为主，采纳谋臣张浦建议，"设官授职，以定尊卑；预署酋豪，各领州郡，使人自为战。"①

　　西夏建国后，部落首领军事联盟已经发生了质变，就意味着"有比酋邦更坚强有力和持久的社会控制力，更广大的控制面和更正规的社会控制手段"②，皇帝也通过各种手段加强中央集权，收归兵权，西夏原有的部落军事联盟的军事领导体系就在学习中原先进制度的情况下，转变为如中书、枢密、经略司、监军司等中央和地方体系。这种统兵体系和传统的部落兵制又紧密地联系在一起。③

1. 部落首领

　　在亦兵亦民部落兵制下，大大小小的部落首领既是世袭的部族头领，又是大小军事首领，在西夏社会政治经济生活中，起着非常重要的作用，对外代表本部族，对内统领所属族帐，西夏政权正是通过他们实现对部族的统治，往往只认首领，而不认官府。这种具有特殊地位的首领一般都有"首领印"，传世的西夏"首领印"大多是二字印，印文为西夏文九叠篆书"首领"二字，印背刻受印者姓名及年款，有的干脆刻上"首领×××"，如夏天盛四年，即宋绍兴二十二年（1152）的两方印，背款一刻"首领酩玉嵬名势"，一刻"首领罗缚勒"。夏天盛五年，即宋绍兴二十三年（1153）印背刻"正首领酩西兀"，夏天盛十八年，即宋乾道二年（1166）印背刻"首领酩布小狗山"，夏乾祐十二年，即宋淳熙九年（1181）印背刻"首领哲慧成"。④ 这些正好印证了文献关于首领、大首领的记载。

---

　　① 《西夏书事》卷四。
　　② 谢维扬：《中国早期国家》，浙江人民出版社1995年版，第51、353页。
　　③ 学界认为"西夏的军队，以党项族人民作基干，由部落首领统率，无论战时平时部落首领都握有极大权威"（吴天墀：《西夏史稿》，四川人民出版社1983年版，第207页）。"西夏实行全民皆兵的部落兵制，各级军事长官实际上是大大小小的部落首领，豪族大酋通过层层的军事组织，实现对部族的控制，并在族内享有很高的威望"（漆侠：《辽宋西夏金代通史·典章制度卷》，人民出版社2011年版，第371页）。
　　④ 白滨：《西夏官印、钱币、铜牌考》，载《西夏文物》，文物出版社1988年版，第24页。

西夏文贞观甲申四年首领印（内蒙古博物院藏）

　　为了有效组织部落兵，西夏统治者还给大小军事首领授以军主、指挥使、副指挥使、刺史、钤辖、团练使等官职，它在一定程度上仿照宋朝对沿边蕃部首领的封授。① 有的则是延续了唐五代以来节度使衙下部族军事指挥系统，继迁建立州城，创置军额，有归明、归顺之号，授豪酋以都知蕃落使、左右都押牙、蕃部指挥使、团练使、刺史、行军司马等。② 德明沿用并新增行军左司马、右司马、左都押牙、右都押牙、都知蕃落使、都知兵马使、孔目官、牙校、防御使等职官。③ 部落社会的特点是首领世代承袭，宋人范纯粹曾指出"臣观边人之性，以种族为贵贱，故部酋之死，其后世之继袭者，虽乌稚之子，亦足以服老长之众，何哉？风俗使之然也"④。

---

　　① 大中祥符七年，泾原都钤辖曹玮上言："原州熟户蕃部请以管百帐以上大首领补本族军主，次补指挥使，次补副指挥使，百帐以下并补本族指挥使，从之。"（《续资治通鉴长编》卷八二，真宗大中祥符七年四月甲戌条）庆历年间规定"西北边皆有蕃兵。蕃兵者，塞下内属诸部团结以为籓篱之兵也。羌戎种落不相统一，保塞者谓之属户，余谓之生户。陕西则秦凤、泾原、环庆、鄜延，河东则石隰、麟府。其大首领为都军主，百帐已上为军主，都虞候、指挥使、副指挥使、军使、副兵马使。以功次补者为刺史、诸卫将军、诸司使、副使、承制、崇班、供奉官至殿侍。其充本族巡检者，俸同正员，添支钱十五千，米面傔马有差。为刺史、诸卫将军，请给同蕃官例。首领补军职者，月俸钱自三千至三百，又岁给冬服绵袍凡七种，紫绫二种。十将而下皆给土田"（《续资治通鉴长编》卷一三二，仁宗庆历元年六月条）。

　　② 《续资治通鉴长编》卷五〇，真宗咸平四年十二月丁卯条。

　　③ 《西夏书事》卷八。

　　④ 《续资治通鉴长编》卷三八九，哲宗元祐元年十月戊戌条。

2. 军主

军主是在西夏和宋朝沿边部族广泛设置，按照管辖人马多寡，又分为军主和都军主。宋景德元年（1004），诏谕灵夏绥银宥等州蕃族万山、万遇、庞罗逝安、盐州李文信、万子都虞候及都军吴守正、马尾等，能率部下归顺者，授团练使，赐银万两，绢1万匹，钱5万缗，茶5千斤，其军主补员外郎，将校补赐有差，其有自朝廷叛去者并释罪甄录。① 这里的都军吴守正、马尾当是李德明都军主，其地位很高，可授团练使，赐银万两，绢万匹，钱五万缗，茶5千斤，大大高于一般的军主。

万子军主是西夏著名的军主，在攻取河西中立下汗马功劳。宋景德元年（1004）八月乙卯，泾原部署陈兴"率兵与熟户折密桑等族掩击伪署万子军主族帐于武延咸泊川，擒俘三百余人，斩首二百五十三级，虏获牛马、器仗三万一千计"②。元昊犯鄜延，麟府进兵。张岊以教练使从折继闵破拉旺、阿儿两族，射杀数十人，斩伪军主鄂博，以功补下班殿侍、三班差使。③

宋朝经常授西夏或沿边部落首领为军主，咸平二年（999），以勒浪族十六府大首领、归德大将军、恩州刺史马泥领本州团练使，绥州界裕勒沁族首领李继福为归德将军，充本族军主。④ 大中祥符九年（1016），秦凤路三阳、定西、伏羌、静戎、冶坊、三门、床穰等七寨熟户蕃部都首领以下凡一百四十六人有功，"诏二人授都军主，四十一人授军主，五十七人授指挥使，余悉补蕃官"。⑤ 天禧五年（1021），麟府路言曲定府都虞候罗阿率众败蕃贼，诏补本族军主。⑥

---

① 《续资治通鉴长编》卷五六，真宗景德元年正月戊午条。
② 《续资治通鉴长编》卷五七，真宗景德元年八月乙卯条。
③ 《续资治通鉴长编》卷一三三，仁宗庆历元年九月壬申条。
④ 《续资治通鉴长编》卷四五，真宗咸平二年十月戊辰条。
⑤ 《续资治通鉴长编》卷八八，真宗大中祥符九年十一月丁未条。
⑥ 《续资治通鉴长编》卷九七，真宗天禧五年四月甲寅条。

3. 指挥使

史籍中的指挥使有衙内指挥使、蕃部指挥使、指挥使、都指挥使之名。太宗太平兴国三年（978），夏州言定难节度使李克睿卒，其子衙内指挥使李继筠权知州事。乙巳，以继筠为定难留后。① 太宗至道二年（996），夏州、延州行营言："两路合势破贼于乌、白池，斩首五千级，生擒二千余人，获其酋末慕军主吃啰、指挥使等二十七人，马二千匹，兵器铠甲万数，贼首李继迁遁去。"② 真宗咸平五年（1002），石、隰州部署言李继迁部下指挥使卧浪己等四十六人来附。诏补军主，赐袍带、茶彩，令石州给田处之。③ 真宗景德元年（1004），洪德寨言继迁蕃部都指挥使都威等率其属内附。④

仁宗天圣元年（1023），泾原路副都部署王谦言咩迷卡杏家族都指挥使杏友信、都监吹济鄂罗克等三百九十八人纳质子内附。诏补杏友信为军主，吹济鄂罗克为副军主。⑤ 夏天授礼法延祚二年，即宋仁宗宝元二年（1039），庆州言，柔远寨蕃部巡检珪威，招诱白豹寨都指挥使裴永昌以族内附。诏补永昌三班借职，本族巡检。⑥ 仁宗皇祐三年（1051），秦凤经略司言樊诸族首领阿裕尔等二十六人内附，并补本族指挥使。⑦

4. 刺史

刺史管辖的族帐较多，西夏军队装备配备中，"团练使以上，帐一、弓一、箭五百、马一、橐驼五、旗、鼓、枪、剑……刺史以下，无帐，无旗鼓，

---

① 《续资治通鉴长编》卷一九，太宗太平兴国三年五月壬寅条。
② 《续资治通鉴长编》卷四〇，太宗至道二年九月己卯条。
③ 《续资治通鉴长编》卷五一，真宗咸平五年正月乙卯条。
④ 《续资治通鉴长编》卷五六，真宗景德元年六月壬戌条。
⑤ 《续资治通鉴长编》卷一〇一，仁宗天圣元年十二月辛巳条。
⑥ 《续资治通鉴长编》卷一二三，仁宗宝元二年二月癸酉条。
⑦ 《续资治通鉴长编》卷一七一，仁宗皇祐三年十一月壬申条。

人各橐驼一，箭三百、幕梁一。"① 可见团练使到刺史是西夏军之中较高的等级。宋天禧元年（1017），曹玮言永宁寨大马家族军主阿厮铎等捕得宗哥蕃部卓萨沁格，请授以刺史，从之。② 渭州言妙娥、延家、熟嵬等族率三千余帐、一万七千余人及牛马数万欸塞内附。诏遣使抚劳之，赐以袍、带、茶、彩，仍授折平族首领撒逋格顺州刺史，充本族都军主。③

5. 钤辖

钤辖宋代武官名。北宋前期为临时委任的地方统兵官，位在都部署、部署下，都监、监押上，以朝官及诸司使以上充任。掌总治军旅屯戍、营防守御等事务。仁宗时诏，内臣为钤辖都监者，每路只一员。以后渐为固定差遣。官高资深者称都钤辖、副都钤辖，官低资浅者称钤辖、副钤辖。《宋史·职官志》载，南宋建炎（1127—1130）初，"分置帅府，以诸路帅臣兼。要郡守臣带兵马钤辖，次要郡带兵马都监……绍兴三年，诏要郡、次要郡守臣罢带兵职，其逐路副总管依旧格，改充路分都监，为一路掌兵之官，其各州钤辖或省或置不一，又有逐路兵马都监、兵马监押，掌烟火公事、捉捕盗贼。淳熙十六年，诏诸路训练钤辖，并须年六十以下曾经从军有才武人充……。庆元中，诏总管下至将副将等，年七十以上许自陈，与宫观差遣。初，守臣罢带兵职，惟江西赣州以多盗，仍带江西兵马钤辖。其后，武臣为路钤者，亦无尺籍伍符，每岁诸州按阅，特存故事，间有得旨葺治军器或训练禁军，则仍带入衔。"④

西夏钤辖一职有钤辖、副钤辖、正钤辖、都钤辖等，夏永安二年，即宋元符二年（1099），"知府州折克行捉到西界伪钤辖令王皆保，系是先归顺人

---

① 《宋史》卷四八六《夏国传下》。
② 《续资治通鉴长编》卷八九，真宗天禧元年二月甲午条。
③ 《续资治通鉴长编》卷六三，真宗景德三年五月癸亥条。
④ 《宋史》卷一六七《职官志》。

供奉官移升亲兄"。① 同年，"夏国伪正钤辖格斡宁，以所部孳畜并部落子隆登等投汉。诏格斡宁特与内殿崇班，仍赐银绢缗钱各三百。"② 夏天祐民安七年，即宋绍圣三年（1096），"第一至第七将前后十四次俘斩甚众，并获副军大小首领、副钤辖，及得夏国起兵木契、铜记、旗鼓"。③

6. 团练使

景宗李元昊以官爵招诱蕃部，对沿边地区管辖三五百帐的诸族首领，授予观察团练使之号。景祐年间，蕃部首领讹乞接受元昊团练使的封号，因与其族弟讹介不和，庆州蕃部巡检赵明数次派人招诱，讹乞与蕃官 23 户内附宋朝，受到宋仁宗的优待。随后内附宋朝的西夏首领还有团练使啰嗷。④

（二）军事指挥体系

西夏立国前后，仿照宋朝制度，建立了一整套比较健全的军事指挥体系，并逐渐将军事调兵权和军事指挥权进行分离，在中央设置枢密院，秉承皇帝的旨意，处理军机。在地方上置监军司（后增设经略司、统军司），这样，中央枢密院掌调兵权，地方经略司、统军司、监军司等掌领兵权，相互制约，最终达到总体听命于皇帝，实现军权集中于皇权的目的。

1. 枢密院

枢密院是中国古代国家重要的军政机关，始设于中唐，代宗永泰元年（765），"置内枢密使，始以宦者为之"，其职掌唯受表奏，于内中进呈，若人主有所处分，则宣付中书、门下施行而已。至五代又几经兴废，后梁开平元

---

① 《续资治通鉴长编》卷五〇七，哲宗元符二年三月庚申条。
② 《续资治通鉴长编》卷五一一，哲宗元符二年六月己丑条。
③ 《宋会要辑稿》兵八，第 8774 页。
④ 《西夏书事》卷一五。

年（907）"改枢密院为崇政院"。后唐庄宗同光元年（923）"复以崇政院为枢密院"，置枢密使一人，同光四年（926）又"废枢密院"①。后晋开运元年（944）复置，且枢密使权限逐渐增大。宋朝的枢密院，"与中书对持文武二柄，号为二府"。枢密院长官有枢密使和副使。西夏也同辽、金一样，都仿宋制而设枢密院。

西夏立国前就曾仿宋制设置枢密院，专门负责军事事务，且任命蕃人分管，"自中书令、宰相、枢使、大夫、侍中、太尉已下，皆分命蕃、汉人为之"②。发展至仁宗天盛年间，西夏又将诸司分为了上、次、中、下、末五等，其中枢密院位居上等司。设六大人（南柱、北座、西摄、东拒、副、名人），六承旨。③《天盛改旧新定律令·颁律表》中记载了该部法律的编纂者中就有若干枢密大人，如"枢密东拒赐覆全文孝恭敬东南姓官上国柱嵬名仁谋、中书习能枢密权赐养孝文孝恭敬东南姓官上国柱乃令□文、枢密入名赐益盛文孝恭敬东南姓官民地忍嵬名忠信、东经略使副枢密承旨三司正汉学士赵□、御前帐门官枢密承旨汉学士酒京州、殿前司正枢密居京令不心□□"等。④ 西夏为了方便和宋朝交聘，称枢密为"领卢"⑤。

宋朝的枢密院长官有枢密使、同知、副使、签书，"枢密使、知院事，佐天子执兵政，而同知、副使、签书为之贰。凡边防军旅之常务，与三省分班禀奏；事干国体，则宰相、执政官合奏；大祭祀则迭为献官"⑥。辽代枢密院设枢密使、知枢密院事、枢密副使、同知枢密院事、知枢密院副使事、签书

---

① 《文献通考》卷五八《职官考·枢密院》。

② 《宋史》卷四八五《夏国传》。

③ 《天盛改旧新定律令》卷一〇《司序行文门》。

④ 《天盛改旧新定律令》卷首《颁律表》。

⑤ 《宋史·程戡传》载：治平初，命宦官王昭明等领四路蕃部事……夏人遣使入贡，僭汉官移文于州，称其国中官曰枢密。戡止令称使副不以官，称枢密曰"领卢"。方许之（《宋史》卷二九二《程戡传》）。

⑥ 《宋史》卷一六二《职官志》。

枢密院事等。① 李锡厚先生认为"枢密院是辽朝最高军事、行政机构，事无不统"②。《天盛改旧新定律令》记载西夏枢密院六大人、六承旨，目前还无法确定六大人汉文含义，只能结合其他文献梳理大概。

左枢密使。夏大德元年，即绍兴五年（1135）秋九月，濮王嵬名仁忠因弹劾晋王嵬名察哥有功，由左枢密使进中书令。③ 夏光定四年，即宋嘉定七年（1214）夏，西夏左枢密使万庆义勇遣二僧赍蜡书至宋，欲与共图金人，复侵地，制置使黄谊不报。④

右枢密使。夏拱化三年，即宋治平二年（1065）三月，毅宗谅祚遣右枢密党移赏粮出兵犯保安军，围顺宁寨，相持半月而解。⑤

都枢密使。夏正德三年，即宋宣和十一（1129）年六月，"夏枢密使慕洧弟慕浚谋反，伏诛"。⑥ 开禧年间，金人南迁，议徙都长安，遣元帅赤盏以重兵宿巩州。西夏担心金朝侵迫，于是派遣枢密使都招讨宁子宁、忠翼赴蜀阃议夹攻秦、巩，结果没有攻克巩州。⑦ 夏天赐礼盛国庆二年，即神宗熙宁四年（1071）正月，宋进筑啰兀后，西夏都枢密多拉、参政及钤辖13人，领兵来争。⑧ 多拉，又作多腊、都啰。

枢密都承旨。夏天盛十六年，即金大定四年（1164）十二月，夏奏告使殿前太尉梁惟忠、翰林学士枢密都承旨焦景颜上章奏告，乞免征索正隆末年

---

① 王曾瑜：《辽金军制》，河北大学出版社 2011 年版，第 8 页。
② 白钢主编、李锡厚、白滨著：《中国政治制度通史》（第七卷《辽金西夏》），社会科学文献出版社 2011 年版，第 77 页。
③ 《西夏书事》卷三四。
④ 《宋史》卷四八六《夏国传》。
⑤ 《西夏书事》卷二一。另，（明）邵经邦《弘简录》卷一六五亦载"刘绍能为军北巡检，击破夏右枢密党移赏粮数万众于顺宁"。
⑥ 《宋史》卷四八六《夏国传下》。
⑦ 《宋史》卷四八六《夏国传下》。另《宋史》卷四二〇《安丙传》载："先是，夏人来乞师并兵攻金人，丙且奏且行，分遣将士趋秦、巩、凤翔，委丁焴节制，师次于巩。夏人以枢密使寗子宁众二十余万，约与夏兵野战，宋师攻城。既而攻巩不克，乃已。"
⑧ 《续资治通鉴长编》卷二一九，神宗熙宁四年正月己丑条。

所虏人口。① 夏天盛十九年，即金大定七年（1167）十二月壬戌，夏遣殿前太尉芭里昌祖、枢密都承旨赵衍奏告，以其臣任得敬有疾，乞遣良医诊治。诏赐之医。② 夏应天三年，即金泰和八年（1208）五月辛亥，夏殿前太尉习勒遵义、枢密都承旨苏寅孙谢赐生日。③

枢密副都承旨。夏天盛十四年，即金大定二年（1162）四月，夏左金吾卫上将军梁元辅、翰林学士焦景颜、押进枢密副都承旨任纯忠贺登宝位。④

五代宋枢密院有承旨、都承旨、副承旨之设，都承旨是承旨"加都字"，而非承旨之上另设都承旨。⑤

枢密都案与案头。《天盛改旧新定律令》规定枢密院设十四个都案和四十八个案头，都案选任条件是"干练、晓文字、知律法、善解之人"，由枢密院正案头及经略、次等司正都案中遴选，奏准后遣之。枢密院案头选任也须奏准，由"属司司吏中旧任职、晓文字、堪使人、晓事业、人有名者，依平级法量其业，奏报而遣为案头"。无论枢密都案还是枢密案头，都是通晓文字和军情的吏员。夏大安七年，即宋元丰四年（1081）十月丙寅宋朝边将种谔上言："捕获西界伪枢密院都案官麻女喫多革，熟知兴、灵等州道路、粮窖处所，及十二监军司所管兵数。已补借职，军前驱使"，⑥ 就充分说明了这一点。

宋代枢密院"掌军国机务、兵防、边备、戎马之政令，出纳密命，以佐邦治。凡侍卫诸班直、内外禁兵招募、阅试、迁补、屯戍、赏罚之事，皆掌之。以升拣、废置揭帖兵籍；有调发更戍，则遣使给降兵符。除授内侍省官

---

① 《金史》卷六一《交聘表中》。
② 《金史》卷六一《交聘表中》。
③ 《金史》卷六二《交聘表下》。
④ 《金史》卷六一《交聘表中》。
⑤ （宋）孙逢吉：《职官分纪》卷一二载"五代有承旨副承旨以诸卫将军充。国朝枢密院承旨司有枢密都承旨，又有枢密院副承旨，诸房副承旨之名，皆不备置，常以一二员通掌诸房公事。每崇政殿临决庶务，则侍立殿前侍卫奏事则受而读之。……太平兴国七年（982）四月杨守一为西上合门使，充枢密院都承旨。枢密承旨加都字自守一始也"。
⑥ 《续资治通鉴长编》卷三一八，神宗元丰四年十月丙寅条。

及武选官，将领路分都监、缘边都巡检使以上"①。西夏承袭宋制，枢密院的职掌应与其基本相同。② 具体来说，有以下方面：

掌军国机务。凡兵防、边备、戎马之政令、出纳密命等军国机务均由枢密使总掌，奏报施行。各地军马驻防、军用物资储备等均须上报枢密院，③ 枢密院的都案案头掌握重大军情，夏大安七年，即宋神宗元丰四年，边将就从俘获的西夏枢密院都案麻女喫多革口中，获取"十二监军司所管兵数"等重大军事情报。④ 宋朝边将曾通过打入西夏枢密院，获取军国机密。⑤

掌管诸司武职官员的袭承、任请、恩赐等。"诸人袭官、求官、由官家赐官等，文官经报中书，武官经报枢密，分别奏而得之。"⑥

掌诸司武职官员任职期限的变告。"边中正副统、刺史、监军、习判及任其余大小职位等完限期时……则当有谕文，当以文武次第奏报中书、枢密所职管处定宽限期。"⑦ 磨勘司对武职官员三年任期磨勘结果，须报送枢密院备案。⑧

掌边防巡检派遣。"边中监军司五州地诸府、军、郡、县等地方中派捕盗巡检者，阁门、神策当检时，臣僚、官吏、独诱类种种中，当按职门能任、

---

① 《宋史》卷一六二《职官志》。

② 西夏文《碎金》记载："爵位文中书，军马武枢密。宰相裁公堂，御史断常务。取舍磨勘事，牧农二司管。"（聂鸿音、史金波：《西夏文本〈碎金〉研究》，《宁夏大学学报（社会科学版）》1995年第2期，第14页）。

③ 《天盛改旧新定律令》卷一七《库局分转派门》：各类仓库籍帐按照"不隶属经略之边中、京师、五州地等各司□，自己本司人各自账册有所告纳聚集，与文书接校之，磨勘司当引送告纳，一面同日告知中书、枢密所管事处"。

④ 《续资治通鉴长编》卷三一八，神宗元丰四年十月丙寅条。

⑤ （宋）司马光：《涑水记闻》记载：宋将"（种）世衡尝以罪怒一番将，杖其背。僚属为请，莫能得。其人被杖以奔元昊，信之。得出入枢密院。岁余，尽得其几事以归。乃知世衡用间也"（邓广铭等点校：《涑水记闻》卷九，中华书局1989年版，第174页）。

⑥ 《天盛改旧新定律令》卷一〇《官军敕门》。

⑦ 《天盛改旧新定律令》卷一〇《失职宽限变告门》。

⑧ 《天盛改旧新定律令》卷一〇《续转赏门》："任职位人三年期满时，期间住滞词中遭降官、罚马者，依文武次第送中书、枢密，当入升册。日毕索功时，局分□□□当磨勘。"（《天盛改旧新定律令》卷一〇《续转赏门》）。

人勇强健及地方广狭、盗诈多少计量，管事者当依次转告，应告枢密遣之。"①

掌盈能、副溜等职派遣。盈能、副溜"有应派遣时，监军司大人应亲自按所属同院溜顺序，于各首领处遴选。当派遣先后战斗有名、勇健有殊功、能行军规命令、人□□□折服、无非议者。入选者为谁确定后，当经刺史、司，一齐上告改，正副将、经略等依次当告奏枢密，方可派遣"②。

考核诸司武职官员三年任期业绩，确定奖惩、升降或迁转。如果三年内"无住滞，不误入轻杂，则中书、枢密、经略别计官赏"。《天盛改旧新定律令》卷一〇载"任职位人三年期满时，期间住滞词中遭降官、罚马者，依文武次第送中书、枢密，当入升册。日毕索功时，局分□□□当磨勘"③。

协同处理武职官员案件。《天盛改旧新定律令》规定"不系属于经略之啰庞岭监军司者，自杖罪至六年劳役于其处判断。获死罪、长期徒刑、黜官、革职、军等行文书，应奏报中书、枢密，回文来时方可判断"④。

总之，西夏的军国大小事都要通过枢密院来上承下达，大事则禀奏，小事则拟进，有关武职官员考核、犯罪审判等也要报枢密院备案和审核。

统兵作战。枢密院职掌调兵，监军司职掌统兵。每遇太后、国主亲征或其他重大军事行动，也往往委派枢密使带兵作战。夏拱化三年，即宋治平二年（1065）三月，宋夏争夺沿边蕃部愈演愈烈，夏毅宗谅祚遣右枢密党移赏粮出兵犯保安军，围顺宁寨，结果双方相持半月无功而返。⑤

2. 经略司

西夏地方最高的军政机关为经略司。《天盛改旧新定律令》规定"经略司

① 《天盛改旧新定律令》卷三《派大小巡检门》。
② 《天盛改旧新定律令》卷六《行监溜首领舍监等派遣》。
③ 《天盛改旧新定律令》卷一〇《续转赏门》。
④ 《天盛改旧新定律令》卷九《事过问典迟门》。
⑤ （明）邵经邦《弘简录》卷一六五亦载"刘绍能为军北巡检，击破夏右枢密党移赏粮数万众于顺宁"。

者，比中书、枢密低一品，然大于诸司。经略司者，当报上等司中。经略自相传导而后曰请，官下手记，然而当置诸司上，末尾当过，日下手记"①。经略司是在京师以外，主管若干州县军民事务的衙门，其军事职能主要有以下方面：

掌管季校人选。《天盛改旧新定律令》规定，"应派季校者，则当行文经略司属者，当由经略司大人按其处司所属次序，派遣勘胜任人使为季校队将，校毕时分别遣归，典册当送殿前司。"②

审核上报监军司属下官员任免。《天盛改旧新定律令》规定"依法求官者，当报边中一种所属监军司，经经略使处，依次变转，与不属经略之京师等界一起依文武分别报告中书、枢密"③。

（三）统兵体制

1. 监军司

景宗李元昊于广运三年（1036）"置十二监军司，委豪右分统其众。"④具体有名称为：曰左厢神勇、曰石州祥祐、曰宥州嘉宁、曰韦州静塞、曰西寿保泰、曰卓罗和南、曰右厢朝顺、曰甘州甘肃、曰瓜州西平、曰黑水镇燕、曰白马强镇、曰黑山威福。⑤

夏奲都六年，即宋嘉祐七年（1062），毅宗谅祚又对监军司作了部分调整，"改西寿监军司为保泰军，石州监军司为静塞军，韦州监军司为祥祐军，左厢监军司为神勇军"。⑥后来监军司的数目又有所变化，《天盛改旧新定律令》卷十中记载了当时西夏监军司的名称和官员，石州、东院、西寿、韦州、卓罗、南院、西院、沙州、罗庞岭、官黑山、北院、年斜等"十二种监军司

---

① 《天盛改旧新定律令》卷一〇《司序行文门》。
② 《天盛改旧新定律令》卷五《季校门》。
③ 《天盛改旧新定律令》卷一〇《官军敕门》。
④ 《宋史》卷四八五《夏国传上》。
⑤ 《宋史》卷四八五《夏国传上》。
⑥ 《宋史》卷四八六《夏国传下》。

当全部派二正、一副、二同判、四习判等九人"①。肃州、瓜州、黑水、北地中、南地中等"五种监军司均一正、一副、二同判、三习判等遣七人"。另外，还有虎控军、威地军、大通军、宣威军等"四种军一安抚、一同判、二习判、一行主"②。这里的军实际是监军司的不同称谓，其职责与监军司同。③监军司的职能主要有以下方面：

统兵布防。"自河北至午腊蒻山七万人，以备契丹，河南洪州、白豹、安盐州、罗落、天都、惟精山等五万人，以备环庆、镇戎、原州，左厢宥州路五万人以备环、延、麟、府，右厢甘州路三万人以备西蕃、回纥，贺兰驻兵五万、灵州五万人、兴州兴庆府七万人为镇守，总五十余万。而苦战倚山讹。山讹者，横山羌，平夏兵不及也。"④

统兵作战。西夏军队集结方式为点集，即"每有事于西，则自东点集而西，于东则自西点集而东，中路则东西皆集。"西夏一次作战或一监军司之兵，或数监军司的军力，或倾国而来。如夏天祐民安八年，即宋绍圣四年（1097），宋朝泾原城灵平、平夏二城，功未半，"会夏国左右厢嵬名阿埋、昧勒都逋等，以全军十余万扰筑，兵皆六州精锐。"⑤

掌管军籍。《天盛改旧新定律令》规定："国内纳军籍法：每年畿内三月一日，边中四月一日，边地六月一日，监军司大人派遣头监册纳军籍。"⑥

掌管验视兵符。《天盛改旧新定律令》规定"监军司正统、副统应会同州

---

① 注：年斜监军司名称，孙伯君译为"宁西监军司"，原载于《西夏宁西监军司考》，《中国多文字时代的历史文献研究》，第217页。
② 《天盛改旧新定律令》卷一〇《司序行文门》。
③ 按《续资治通鉴长编》记载，夏鞴都六年，即宋嘉祐七年鄜延经略司言："得宥州牒，夏国改西市监军司为保泰军，威州监军司为静塞军，绥州监军司为祥祐军，左厢监军司为神勇军。"可知西夏监军司有改称军的情况。而《西夏地形图》图中所标军有神勇军、祥祐军、加宁军、静塞军、清远军、祥庆军、保太军、和南军、甘肃军、朝顺军、镇燕军、贺兰军等。"加宁"当即"嘉宁"，"保太"当即"保泰"，"和南"当指"卓啰监军司"。
④ 《宋史》卷四八五《夏国传上》。
⑤ （民国）张志熙修：《东平县志》卷一四《金石志·郭景脩墓志铭》，民国二十五年铅印本。
⑥ 《天盛改旧新定律令》卷六《纳军籍磨勘门》。

府使、刺史派出执符。监军司大人职任高者，负责妥存监军司印章、符牌、兵符，递送发兵谕文，在司大小刺史须在场验视合符"①。

掌管城防修缮。《天盛改旧新定律令》规定："城防修缮，州主、城主、城守、通判人等每年冬时上报监军司，监军司验审通过后，每年正月限五日内转报经略司。经略司自收接诸监军司呈文次日起，东南经略司限二十日，西北经略司限一个月告奏枢密院。"②

西夏中期以后，地方在监军司之上设经略司，地方重大军务、政务、财务一般都要报经经略司同意。③ 此外，还设统军司、正统司，从机构名称来看，这一时期很可能是枢密院掌调兵权，经略司、统军司、监军司等掌领兵权，相互制约，最终听命于皇帝。

2. 正统司

《番汉合时掌中珠》中罗列的西夏军事机构有"枢密、经略司、正统司、统军司、殿前司"，其地位低于枢密院，高于监军司。《天盛改旧新定律令》在规定"正统司铜上镀银二十两"④。"正、副统归京师，边事、军马头项交付监军司。"⑤

3. 统军司

统军司，《番汉合时掌中珠》所列西夏军事机构。夏光定九年，即金兴定三年（1219）二月，"元帅左都监承立，以绥德、保安之境，各获夏人统军司

① 《天盛改旧新定律令》卷一三《执符铁箭显贵言等失门》。
② 《天盛改旧新定律令》卷六《纳军籍磨勘门》。
③ 《天盛改旧新定律令》规定，马、牛、羊、驼四种官畜患病时，"隶属于经略者，当速告经略处，不隶属于经略者，当速告群牧司"。（卷一九《畜患病门》）边中诸司所属种种官畜、谷物的供给、借领、交还等，当依各自地程远近，"自三个月至一年一番当告中书、枢密所管事处。附属于经略者，当经经略使处依次转告，不附属于经略使处，当各自来状"。（卷一七《库局分转派门》）。
④ 《天盛改旧新定律令》卷一〇《官军敕门》。
⑤ 《天盛改旧新定律令》卷四《边地巡检门》。

文移来上，其辞虽涉不逊，而皆有保境息民之言，诏尚书省议之。"① 说明西夏确有统军司之职。西夏的统军、副统军是正统司、统军司抑或监军司的长贰，还不是十分明确，但有一点是清楚的，西夏统军或都统军的地位较高。夏拱化四年，即宋治平三年（1066）二月，西夏升西使城为保泰军，以驸马禹藏花麻守之。因西使距古渭仅 120 里，谅祚建造行衙，置仓积谷，移保泰军治于此，命花麻为统军守其地。② 夏大安七年，即宋元丰四年（1081）九月，宋朝五路伐夏，泾原路大军和西夏"统军、国母弟梁大王"战于磨脐隘口。梁大王即梁乙埋，此时贵为国相。夏天祐民安八年，即绍圣四年（1097），宋副总管王愍统制诸将入西夏境内，七月二十九日至宥州，西夏洪、宥、韦三州总都统军贺浪啰率众迎战。结果西夏兵败，被宋军追奔二十余里，斩首五百余级。③

（四）侍卫亲军领导体系

1. 翊卫司

元昊立国前夕仿宋朝制度设置，掌"统制训练、藩卫、戍守及侍从、扈从诸事，官有马步都指挥，副都指挥及诸卫上将军、大将军之号"。飞龙院负责京师卫戍，"专防护宫城，警捕盗贼。"④ 后西夏机构改革，翊卫司和飞龙院为殿前司所替。

2. 殿前司

宋代"殿前司都指挥使、副都指挥使、都虞候各一人。掌殿前诸班直及步骑诸指挥之名籍，凡统制、训练、番卫、戍守、迁补、赏罚，皆总其政令。

---

① 《金史》卷一五《宣宗纪》。
② 《续资治通鉴长编》卷三一二，神宗元丰四年五月戊申条。
③ 《续资治通鉴长编》卷四九〇，哲宗绍圣四年八月丙戌条。
④ 《西夏书事》卷一一。

而有都点检、副都点检之名，在都指挥之上，后不复置，入则侍卫殿陛，出则扈从乘舆，大礼则提点编排，整肃禁卫卤簿仪仗，掌宿卫之事，都指挥使以节度使为之。而副都指挥使、都虞候以刺史以上充。资序浅则主管本司公事，马步军亦如之。备则通治，阙则互摄。凡军事皆行以法，而治其狱讼。若情不中法，则禀奏听旨"①。

西夏殿前司位居次等司，设"八正、八承旨"，其职责与宋略同，承担拱卫皇宫和京师畿内重任，同时还负责全国的军马检校、接受检得官私畜物、注销官私军马、注册注销人马坚甲等。如：诸人有受罚马者，当交所属司，隶属于经略者当告经略处。"不隶属于经略，当交判断处有司，当送殿前司"②。大小臣僚、行监、将、盈能等对首领等官马、坚甲应移徙时，当经边境监军司及京师殿前司，当给予注销。③

3. 御围内六班直

保卫首都和扈卫国主是西夏军队重要职责。史载西夏兴州、灵州之兵精练者二万五千，负担七万，豪族善弓马者五千，号称御围内六班直，分三班宿卫。④ 所谓"御围内六班直"，就是"选豪族善弓马五千人迭直，号六班直，月给米二石。铁骑三千，分十部。发兵以银牌召部长面受约束"⑤。这些从豪族中遴选勇武善弓马者拣选的御围内宿卫，带有质人的性质，不仅加强了国主的护卫，而且控制了部落酋豪。田况《儒林公议》卷上记载了元昊卫队"分为十队，队各有长"，分别是妹勒、浪遇移、细赏者埋、五里奴、杂熟屈则鸠、隈才浪罗、细母屈勿、李讹移岩石、细母嵬名、没罗埋布。景宗元

---

① 《宋史》卷一六六《职官志》。
② 《天盛改旧新定律令》卷二〇《罪责不同门》。
③ 《天盛改旧新定律令》卷六《官披甲马门》。
④ 《宋史》卷四八五《夏国传上》。
⑤ 《宋史》卷四八五《夏国传上》。

昊"每出入，前后环拥，设备甚严"。① 铁骑最初的性质，可能属于拱卫皇室的御前军，其后随着与周边民族和宋辽战争的扩大和发展，渐次成为西夏作战的主力兵种，人数达到"数万"。

御围内六班直分三番宿卫，军士须佩戴"防守待命""防守命令"和"后门宫寝待命"腰牌。帐门末宿、内宿守护、神策、内外侍一个月当值，门楼主、内提举等十五日一当值，一律不论日夜，可住其中。② 除宫内禁卫外，还须在"官家住处内宫周围当遣巡检一种，四面各自一人管事，各自共当值十日，无论日夜，于内行检巡，以禁盗诈。此外，官家不住之内宫及帐下等亦应巡检，所遣数、当值法与前述同"③。守卫者、巡检者失职都受到相应的处罚。

西夏文"防守待命"铜腰牌（西北师范大学博物馆藏）

对于国主的宿卫，李德明时期就已经开始设置。德明"虽臣宋与契丹，而僭拟日甚"，大辇方舆、卤簿仪卫，一如帝制④。太子元昊"好衣长袖绯衣，冠黑冠，佩弓矢，从卫步卒张青盖。出乘马，以二旗引，百余骑自从"⑤。

---

① （宋）田况撰，张其凡点校：《儒林公议》上卷《元昊志在恢拓》，中华书局 2017 年版，第 15 页。
② 《天盛改旧新定律令》卷一二《内宫待命等头项门》。
③ 《天盛改旧新定律令》卷一二《内宫待命等头项门》。
④ 《西夏书事》卷九。
⑤ 《宋史》卷四八五《夏国传上》。

（五）军事监察体系

古代君王派遣亲信去监督统军大将的军事行动，谓之监军。中国监军之名，始于春秋末，至唐宋时期，多以宦官专任之职。西夏亦设有监军之职，汉译为"察军"，是负责监察、巡视军队战斗状况，并适时记录军功军纪的职官，有别于监军司长官"监军"。西夏文"察"释："观察也，现见也，巡视也，寻实之谓也。"① 西夏法典《天盛改旧新定律令》卷七《敕禁门》中明确规定："卖敕禁物时，正副统军、总制、州府使副行将、刺史、监军、同判、习判、承旨、参谋、敕马、察军、州主、城守、通判、边检校、行监，其以下都案、案头、司吏大小管事人出卖敕禁物时，当比其余人罪加二等，亦可加至死刑。"② 显然，西夏的"察军"和"监军"是不同的，监军是监军司长官，属于地方军事体系，察军是行军监督长官，属于监察体系，二者同时存在，职责不同。

西夏察军地位比较高，有的甚至是皇亲贵族和宰相，北宋末年，"李世辅奔夏国，乃说夏国发兵，可以取陕西五路。夏国主信之，发兵五万，别差都统与世辅共总兵政，以宰相王枢监其军"。③ 这里的监军宰相就是"察军"。

1. 察军的职权

西夏察军位高权重，军律明确赋予其对统兵将领军事行动的监督权，在战场上将军要挫敌军锋，需要向察军说知而后战。④ 统军主将若采取临时军事行动时，须事先和察军商议，经察军同意后才能采取行动。

为了将军事行动置于国主的直接监控之下，军律规定察军有直接向京师

① 史金波、白滨、黄振华：《文海研究》，中国社会科学出版社1983年版，第223页。
② 《天盛改旧新定律令》卷七《敕禁门》。
③ （宋）徐梦莘：《三朝北盟会编》，上海古籍出版社1987年版，第1404页。
④ 陈炳应：《贞观玉镜将研究》第四篇16条，宁夏人民出版社1995年版，第102页。

乃至国主汇报的特权，军事战况，察军要迅速报告京师。① 将士杀敌情况，由
察军具状上报。② 上报之前，察军要对军队中官兵所斩杀的敌人首级等认真检
查、审核、加封，纠察和防止虚假数据和买卖首级等弄虚作假现象。"进攻战
斗中捕杀敌人者，首级要经察军司吏等共同看验加封。"③ 对察军检验加封后
的首级，如果发现有问题，要在规定时间内及时举报，如果超过一年，则不
予追问。④

察军和属下司吏若贪赃枉法、检验不实、私自增减功勋等，将受到严厉
的惩罚⑤。同时，察军若因擅离职守造成检查、证实有误、前后说话首尾变样
等情况，也会受到西夏法律制裁，"察军、护卫、首领等以前为 [其] 证实
[者]，则有罪，与不伴随将军、等 [罪]，同样判决"。⑥

2. 察军的其他权利和职责

察军在军队中只负责监察职能，没有统领军队的权力。但是在军队中可
以拥有一定数量的亲兵系统，这既是一种等级和身份的象征，又利于察军在
军队中自我护卫。当然不是所有的察军都能够享有带领亲兵的待遇。

西夏是个尚武的民族，为了鼓励察军在战斗中能亲临前线，奋勇杀敌，
鼓舞士气，《贞观玉镜将》专门强调和奖励察军参战杀敌，将其列入军队赏罚

---

① 陈炳应：《贞观玉镜将研究》第三篇 1 条，宁夏人民出版社 1995 年版，第 81 页。

② 陈炳应：《贞观玉镜将研究》第二篇 18 条，宁夏人民出版社 1995 年版，第 68 页。

③ 陈炳应：《贞观玉镜将研究》第三篇 27 条，宁夏人民出版社 1995 年版，第 91 页。

④ "[正副] 将军、行将、佐 [将]、大小首领、其他执事种种及待命者诸人等，与敌人战斗中，
获首级者，察军处都验加封后，其首级中有非其亲手所杀、而是索卖于他人的，都从战斗之日起，
在一年三百六十天内，诸人报告者，当问，按所定罪判决施行；若超过一年，则不许取状询问。"（陈
炳应：《贞观玉镜将研究》第三篇 28 条，宁夏人民出版社 1995 年版，第 92 页）。

⑤ "首级要经察军司吏等共同看验加封，若不验实，察军司吏等议加封虚首时，一首级以上，
一律 [处] [置]。察军司吏等有官而无军卒的，处以极刑，满门充军。有虚首者，按助律决断。其
中，虚首，司吏未尝发现，察军处乃毁坏，谓我以急迫，令加封，司吏不知虚首，则杖二十，面上刺
[字]，终身监禁，察军不知司吏以上罪行，虚妄加封者，若察军识字，则按助律决断；若不识字，则
杖十三，[罚] [作] 一年苦役。"（陈炳应：《贞观玉镜将研究》第三篇 28 条，宁夏人民出版社 1995
年版，第 91 页）。

⑥ 陈炳应：《贞观玉镜将研究》第三篇 28 条，宁夏人民出版社 1995 年版，第 92 页。

篇中，以此奖励察军带头作战。① 要求察军必须和统兵主将在一起，不得随意离开。"若战斗中不伴随将军，擅自离此他往，并谓'一战之未战'、'未战之一战'话语首尾变化等时，有官无军卒，则处以极刑，满门充军。"②

① 陈炳应：《贞观玉镜将研究》第二篇 54 条，宁夏人民出版社 1995 年版，第 70 页。
② 陈炳应：《贞观玉镜将研究》第三篇 28 条，宁夏人民出版社 1995 年版，第 92 页。

三、边防制度

夏景宗李元昊立国前夕，置左厢神勇、石州祥祐、宥州嘉宁、韦州静塞、西寿保泰、卓啰和南、右厢朝顺、甘州甘肃、瓜州西平、黑水镇燕、白马强镇、黑山威福 12 个监军司，后增加到 18 监军司，共有兵力 20 万，后增为 30 多万）其中"自河北至午腊蒻山 7 万人，以备契丹；河南洪州、白豹、安盐州、罗落、天都、惟精山等五万人，以备环、庆、镇戎、原州；左厢宥州路五万人，以备鄜、延、麟、府；右厢甘州路三万人，以备西蕃、回纥。"[①] 正式建立起边防体系。

（一）西夏的边界

西夏前期与北宋、辽对峙，后期和南宋、金并立，"地方二万余里"，[②] 最强盛时疆域达 83 万平方公里。随着各政权之间对峙形势的变化，其边界线一直处于不断盈缩变化之中。

1. 边界四至

西夏与周边政权主要依山川地理关口等自然条件来划分，东以黄河为界，

---

① 《宋史》卷四八五《夏国传上》。
② 《宋史》卷四八五《夏国传上》。

西以玉门为界，南以横山、天都山、马衔山为界，北面以沙漠为界。

东面边界。西夏东部以黄河为界，当然这是总体而言，具体来说河西的麟、府州属宋朝河东路跨河管辖。《契丹国志》载：辽朝"正西与昊贼以黄河为界，西南至麟州府州界，又次南近西定州北平山为界，又南至霸州城北界河"①。西夏的东面边境，除与辽朝接壤外，还与宋朝的麟、府州接壤。

麟、府二州与河东并州隔河相望，难以应援，景宗元昊多次试图攻取。夏天授礼法延祚四年，即宋庆历元年（1041）秋七月，西夏谋划以麟府蕃部属户乜罗为内应，进攻麟、府二州。② 麟州城中无井，有戍人建言，若"围困半月，兵民渴死矣"。守将使人取沟泥饰墙，夏人以为城中有水，乃解围。③ 夏宋东面疆界基本维持在麟府二州。景宗元昊以后，西夏权臣没藏讹庞在屈野河不断侵耕，使东面疆域扩张几十里。④

夏辽间一向和平相处，互为引援，所以史载"夏国与契丹仅隔大河，向无城堡可守。"夏天授礼法延祚七年，即宋庆历四年（1044）冬十月，辽夏矛盾激化，契丹大军兵分四路，渡河而来，因无太多防御，辽军一路打到西夏腹地。此役最终以西夏胜利告终，双方边界也没有因此而变化。

南边疆界。西夏南部疆域以"萧关"为界。萧关，即石门前后峡，襟带泾原，咽喉灵武，军事地位非常重要。夏大安七年，即宋元丰四年（1081）

---

① 《契丹国志》卷二二《四至邻国地理远近》。研究者认为，辽朝正西与西夏以黄河为界，只有南北向的黄河段才符合这一要求，这无非有三段黄河：一是今银川到碛口段的黄河；二是今乌加河两端的黄河；三是今托克托县以南的黄河。第一段和乌加河西端的南北向黄河显然是不可能的。乌加河东端黄河的可能性也极小，因为午腊蒻山以南的区域无疑是西夏所占，这样，大半段黄河就为西夏所有了，而余下南北向黄河就所剩无几了（这段黄河共有100多里）。因此，文献中的黄河非托克托县以南的黄河莫属了。但此段黄河以西为辽朝的河清和金肃军，根本不存在夏辽疆界的问题。唯一的解释是：夏辽间的疆界存在过反复的过程。参见杨浣：《历史上的夏辽疆界考》，《内蒙古社会科学》2003年第6期。

② 《西夏书事》卷一五。

③ （宋）魏泰撰：《东轩笔录》卷八（《全宋笔记》卷二〇）。

④ 杜建录：《夏宋屈野河西地界问题》，《宁夏史志研究》1994年第1期。

被宋攻取后，在此筑城，作为军前粮草存储转运之所，[1] 当地至今仍称"草场"。当然，边界是一个线状的地带，萧关也只是西夏南部边境线上一个重要的关口，在萧关的左右还有明确的界划，有的以山川河流为界，建隆三年时，尚书右丞高防知秦州，就以渭水为界，"自渭而北，夏人有之；自渭而南，秦州有之。"[2] 葫芦河也是夏宋划界的重要依据，夏天授礼法延祚八年，即宋庆历五年（1045）十一月，元昊令二万骑立寨，新筑边壕，外及葫芦河诸川，或 5 里，或 7 里。边臣以仁宗诏谕勿得侵扰西界，不敢驱逐，由是兵屯日众。[3]

争夺葫芦河是夏宋沿边争夺的焦点，宋元祐年间（1086—1094 年），陕西转运使章楶巡历泾原，以葫芦河川原野广阔，别无山谷巇崄之患，资藉水草。乃经朝廷许可，乘机进筑两城。[4] 夏天祐民安六年，即宋绍圣二年（1095），西夏又修筑堡石门峡。石门峡堡地近葫芦河，梁氏遣兵戍之，宋朝探骑遂莫敢过界。[5]

宋朝为了巩固边界，在沿边修筑了大量的堡寨边壕。宋大中祥符六年（1013）八月，宋朝镇戎军至原州壕沟工程修筑完毕，泾原钤辖曹玮等上奏朝廷，奖励有功使臣和军校。[6] 大中祥符九年（1016），曹玮率部又"增修弓门、冶坊、床穰、静戎、三阳、定西、伏羌、永宁、小洛门、威远等寨，浚壕凡三百八十里，皆以寨户、厢军给役"[7]。天禧元年五月（1017），笼竿城到石门和镇戎军的壕沟完工。[8]

---

① 元丰四年，宋泾原路转运判官张大宁上奏，"馈运之策，莫若车便。窃见自熙宁寨至磨脐口皆大川，通车无碍，兼闻自磨脐至兜岭下，道路与此无异。自岭以北，即山险少水，车量难行。以臣愚忠，可就岭南相地利建一城寨，使大车自镇戎军载草至彼，随军马所在，却以军前夫畜往来短运"《续资治通鉴长编》卷三九，神宗元丰四年十一月辛卯条。

② 《宋史》卷二七〇《高防列传》。

③ 《西夏书事》卷一八。

④ 《续资治通鉴长编》卷四八五，哲宗绍圣四年四月壬辰条。

⑤ 《西夏书事》卷二九。

⑥ 《续资治通鉴长编》卷八一，真宗大中祥符六年八月庚辰条。

⑦ 《续资治通鉴长编》卷八七，真宗大中祥符九年五月甲子条。

⑧ 《续资治通鉴长编》卷八九，真宗天禧元年五月己亥条。

西边和北边疆界。西夏的西边和北边疆界也是依据自然和历史原因划定，其中西面是巍峨的祁连山山脉和青藏高原，和吐蕃以祁连山为界；西北面又与西州回鹘以沙州玉门关西为界。① 北面是大片的沙漠和戈壁地区，著名的腾格里沙漠、毛乌素沙漠和巴丹吉林沙漠横布其间，形成一道天然屏障。

2. 边界标识

我国古代各政权之间的有约边界大体分为两种，一是自然边界线，即按照原有自然环境，如山脉、河流等划分边界，是传统边界线的延续和重新确定。宋人在与辽朝画疆置界时就指出"山川形势纤悉皆系利害，不可轻许"②。二是有形边界线，在无明显自然条件的情况下，采用人工标记的形式，如界碑、界桩、界堠、界壕等明显标识来确定边界线。西夏也不例外，或以自然山脉、河流、沙漠为界，或以界碑、界桩、界堠、界壕为界。这里说的是界碑、界桩、界堠、界壕就是人工标识。

修筑边壕。边壕亦名"濠""壕沟""界壕""壕""壕堑"或"封沟"，王国维《金界壕考》指出："界壕者，掘地为沟堑以限戎马之足；边堡者，于要害处筑城堡以局戍人。二者于防边各有短长：边堡之设，得择水草便利处置之，而参差不齐，无以御敌人之侵轶；壕堑足以御侵轶矣，而工役绝大。又塞外多风沙，以埋塞为患。"可见壕沟不仅是人工边界标识，还是重要的边防设施。

修壕之法古已有之，历代承袭。西夏修壕当是学习宋朝，真宗在位期间，知秦州兼泾原仪渭镇戍缘边安抚使曹玮就曾"筑弓门、冶坊、床穰、静戎、三阳、定西、伏羌、永宁、小洛门、威远十砦，浚壕三百八十里，皆役属羌厢兵，工费不出民"③。曹玮筑的边壕主要是隔离沿边生户，后来基本上成为宋夏沿边的界壕，"率令深广丈五尺，山险不可堑者，因其峭绝治之，使足以

---

① 谭其骧编：《中国历史地图册》第六册《辽·宋·金时期》，中国地图出版社 1996 年版。
② 《续资治通鉴长编》卷二六二，神宗熙宁八年四月丙寅条。
③ 《宋史》卷二五八《曹玮传》。

限虏，后皆以为法。"①

宋夏界壕不限于泾原路，熙宁年间（1068—1077），宋夏分画绥德城界至时，绥德城折克隽以及近羌议地界首领杨巴凌等，即欲以两地中间立堠开壕为界。②

夏金沿边也开挖有界壕，夏天庆八年，即宋泰和元年（1201）冬，"浚界壕，深广各三丈，东接高丽，西达夏境，列屯戍兵数千里，防其复至。"③

设立封堠。封堠，本为"禹治水所穿凿处，皆青泥封记，使玄龟印其上。今人聚土为界，乃遗事也，此封堠之始矣"④。后来多指"备敌候望之事也"⑤。夏𫔷都元年，即宋嘉祐二年（1057年）八月壬申，宋知并州庞籍言："经略司已令殿中丞孙兆议定横阳河为府州界，然后三分，许一分与夏国，若不听，即绝之，请严禁陕西和市。"从之。仍诏定新立封堠里数，绘图以闻。三分许一，盖当时夏人侵界六十里，只令退四十里也。⑥ 双方通过约定横阳河为府州界，并立封堠标识。

夏天祐民安元年，即宋元祐五年（1090）三月，在宋夏边界划分中，宋廷指示边臣，"除塞门寨东西北三面各取二十里为界外，其兰州并界定西城堡寨，及本路义合与河东吴堡寨比接诸城边面齐截去处，于城外打量二十里，照直为界，择地卓立封堠，修建堡铺"⑦。由于城外无山川河流，只好"照直为界"，并"卓立封堠"，同时修建堡铺，加强管理。

封堠主要是边界标识，而界壕除边界标识外，还具有阻拦防御功能。为此，在宋夏沿边划界中，封堠和界壕交替互用。夏天赐礼盛国庆二年，即宋熙宁四年（1071）九月，夏国主秉常遣使阿克尼、威明科荣等入贡，表乞绥州城，愿依旧约。宋朝诏答曰："昨览边臣所奏，以夏国去秋自绝朝廷，深入

① 《续资治通鉴长编》卷一〇九，仁宗天圣八年正月甲戌条。
② 《续资治通鉴长编》卷二三〇，神宗熙宁五年二月辛酉条。
③ （宋）宇文懋昭：《大金国志校证》卷二〇《章宗纪》，中华书局1986年版，第278年。
④ （宋）高承撰：《事物纪原》卷七，上海古籍出版社1992年版。
⑤ （清）钱绎撰：《方言笺疏》卷一二，上海古籍出版社2017年版，第405页。
⑥ 《续资治通鉴长编》卷一八六，仁宗嘉祐二年八月壬申条。
⑦ 《续资治通鉴长编》卷四三九，哲宗元祐五年三月癸未条。

环庆路，杀掠熟户，侵逼城寨，须至举兵入讨……所言绥州，前已降诏，更不令夏国交割塞门、安远二寨，绥州更不给还，今复何议！止令鄜延路经略司定立绥德城界至外，其余及诸路，并依见今汉蕃住坐，耕作界至，立封堠，掘壕堑，内外各认地分樵牧耕种，贵彼此更无侵轶。"① 又如夏大安三年，即宋熙宁十年（1077）夏四月，秉常遣人于熙河界内掘坑，画十字，立草封为堠，都总管长孙良臣以闻，神宗令鄜延路移牒戒约之。②

封堠作为边界线的标识，由双方共同管辖，若年代久远，漫漶损毁，任何一方修缮，需照会对方，达成共识后方可动工。夏大安元年，即宋熙宁八年（1075）十一月，麟、府沿边界堠累年不加堍饰，宋朝边臣没有牒会西夏宥州，遽兴修治，引起西夏的不满，遣兵摧毁之。③

树立界碑。1987 年陕西省吴旗县长官庙乡白沟村后梁山出土三块夏金划界碑，皆青砂石质，竖长方形，现为吴旗县文管所藏。第一块高 68 厘米，宽 46 厘米，厚 6.5 厘米，刻"正隆四年（1159 年）五月""韦娘原界堠""宣差兵部尚书光禄""分画定"；第二块高 65 厘米，宽 54 厘米，厚 4 厘米，刻"正隆四年五月""界堠""宣差兵部尚书光禄""分画定"；第三块高 65 厘米，宽 46 厘米，厚 4 厘米，内容同第二块碑。④ 值得注意的是第二块碑和第三块碑在"界堠"上方并无文字，有关专家推测这两块碑当为未使用的碑，故无地名文字。⑤ 碑中"宣差兵部尚书光禄"当为萧恭，据《金史》载"正隆四年，迁光禄大夫，复为兵部尚书，是岁，经划夏国边界"⑥。根据考古资料发现，金朝不仅在夏金边界使用划界碑，在其他地方也在使用划界碑，只是各种碑石的形制和内容样式不同。

---

① 《续资治通鉴长编》卷二二六，熙宁四年九月庚子条。
② 《西夏书事》卷二四。
③ 《续资治通鉴长编》卷二七〇，神宗熙宁八年十一月甲申条。
④ 杜建录：《党项西夏碑石整理研究》，上海古籍出版社 2015 年版，第 120 页。
⑤ 牛达生：《西夏考古论稿》，上海古籍出版社 2013 年版，第 201 页；姬乃军：《陕西吴旗出土金与西夏划界碑》，《文物》1994 年第 9 期。
⑥ 《金史》卷八二《萧恭传》；《金史》卷五《海陵纪》。

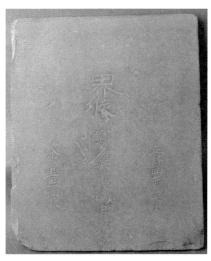

陕西吴旗出土夏金划界碑（吴旗县文管所藏）

留置隔离带。在宋夏边界划分的过程中，为了减少摩擦，双方约定在边界线地带再留出一定区域为缓冲地带，被称为"两不耕地"，就是说边界线双方都各往后退一步，都不耕种放牧。宋夏缘边地区预留两不耕之地作为隔离带比较普遍，这种隔离带有宽有窄，宽阔的地方有数十里，狭窄的地方也有三五里。由于允许两界蕃民砍樵放牧，故时有交侵事件发生。① 两不耕之地多以二十里为限，双方各留十里，有时根据具体情况，适当予以增减。宋元祐五年（1090），知熙州范育上言：臣勘会昨夏国纳款之初，曾具奏陈乞先议画疆，后给四寨。续准朝差官按视，及依绥州体例分画。本路以新边疆界有难依绥州去处，乞兰州以黄河外二十里为界，其余城寨，于见今弓箭手已开崖巉口铺耕种地土外，以二十里为界。续准朝旨，于定西城以北二十里，相照拶边堡寨接连取直，合立界至；兼蒙降到甲、乙、丙、丁图子，及回答夏国诏书，许一抹取直，内定西城以东，合与秦州隆诺特堡一抹取直。本路已依准朝旨条画逐件利害及彩画地图，奏闻去讫。（定西城外直打量二十里为界，

---

① 《续资治通鉴长编》卷二二八，神宗熙宁四年十二月甲寅条。

乃五年三月十八日诏书。）……将应通远界城寨，并据见今坐团口铺及弓箭手崖嶮耕种地土之外，别留十里或七里生地为界。其质孤、胜如二堡外，打量二十里或十五里，一半为熟地，其中修建堡铺；一半为生地，其边卓立封堠。如此，则隆诺特以西悉依旧界，更不侵占西界生地，定西以北，努扎川谷不毁，却已修崖嶮，及不迁动见住户，又不退缩着汉界土，彼我各守自来界至，其存留生地更不耕种，止为两界隔限。质孤、胜如系自来城堡，亦据可守之地分画。①

在宋夏划界中，无论两不耕隔离带是宽还是窄，双方预留的距离是一致的。夏天祐民安元年，即宋元祐五年七月乙酉宋朝《赐夏国主诏》明确指出："绥德城本无存留草地，诏自今既欲于汉界留出草地，即于蕃界亦当依数对留，应见今合立界至处，并须明立封堠，内外汉蕃各对留草地十里，不令耕种，仍各于草地以里，自择安便处修建堡铺，如熟地内不可修建，即于草地内修立，各不得逼近界堠，其余疆画未尽事，已令押伴官委曲开谕进奉使副讫，及已诏鄜延路经略司。"②

宋夏沿边东起横山，西至天都山、马衔山，长达两千余里。大量的两不耕之地，带来了双方官府和边民的侵耕、盗种，熙丰以来宋朝开边拓土，耕垦的荒地大量是原来两不耕的隔离区。《吕惠卿家传》云：自师出无功之后，敌势益张，人心惴恐，并边退缩不复敢耕，而新疆葭芦、吴堡间号木瓜原者，膏腴特甚，皆昔西人恃以强国者。惠卿遣知石州赵宗本相视之，得地可耕者甚广。乃雇五县耕牛，发将兵护其外而耕之，旬日种地529顷。又耕麟、府、丰州地730顷，弓箭手与民之无力者与异时两不耕者960顷，边民始复有稼穑之利，而秋成则以籴之官中，边计赖之以纾。③

---

① 《续资治通鉴长编》卷四五二，哲宗元祐五年十二月壬辰条。
② 《宋大诏令集》卷二三六《政事·四裔九·西夏四》，中华书局2009年版，第920页。
③ 《续资治通鉴长编》卷三四四，神宗元丰七年三月庚申条。

3. 西夏边界盈缩

宋夏以横山为界，横山即古桥山，清人顾祖禹云："桥山南连耀州，北抵盐州，东接延州，绵亘八百余里。盖邠、宁、环、庆、延、绥、鄜、坊诸郡邑，皆在桥山之麓。宋人所称横山之险，亦即桥山北垂矣。"① 西夏时期的横山即"古桥山北垂"。

横山之地对西夏极端重要，夏人赖以为生，宋人称其为西夏右臂。西夏占领横山地区，居高临宋，使得宋鄜、延、环、庆、泾、原、秦、陇所以不能弛备也。西夏占据横山山界当自德明始，在这之前，西夏仅占据银、夏、绥、宥等州，因山界在宋朝手中，无险可守，在与宋军对垒时，往往远遁沙漠。自得横山山界以后，如虎添翼，凭险据守，聚兵就粮，从而化劣势为优势，变被动为主动。诚如宋将刘平所指出的："其后灵武失守，而赵德明惧王师问罪，愿为藩臣，于时若止弃灵、夏、绥、银，与之限山为界，则无今日之患矣。而以灵、夏两州及山界蕃汉户并授德明，故蓄甲治兵，渐窥边隙。鄜延、环庆、泾原、秦陇所以不能弛备也。"②

因此，宋朝要制服西夏，必须先占据横山。宋庆历年间，边帅范仲淹与韩琦"日夜计议，选练兵将，渐复横山，以断贼臂"③。既而夏景宗李元昊纳款，其议遂寝。宋神宋熙丰间，又大举进筑，经啰兀、灵武、永乐三大战役，以"官军、熟羌、义保死者六十万人，钱、粟、银、绢以万数者不可胜计"④ 的沉重代价，才夺取了横山地区的一半⑤。神宗死后，哲、徽二帝继续进筑，夏元德元年，即宋宣和元年（1119），总领六路边事童贯以种师道、刘仲武等

---

① （清）顾祖禹：《读史方舆纪要》卷五二《陕西一》。
② 《宋史》卷三二五《刘平传》。
③ 《续资治通鉴长编》卷一三八，仁宗庆历二年十一月辛巳条。
④ 《宋史》卷四八六《夏国传下》。
⑤ 《续资治通鉴长编》卷二八五，熙宁十年十月丙戌载宋神宗手诏曰："夏人所恃以强国者，山界部落数万之众耳，按其地志，朝廷今已据有其半。"

为将，率鄜延、环庆之兵出萧关，取永和砦、割沓城、鸣沙会，大败夏人而还。至此，宋朝夺取了全部横山之地。西夏失去横山后，"疆地日蹙，兵势亦衰"，正如宋人所指出的，西夏"每于横山聚兵就粮，因以犯塞，稍入吾境，必有所获，此西人所以常获利。今天都、横山尽为我有，则遂以沙漠为界；彼无聚兵就粮之地，其欲犯塞难矣"①。与此同时，宋神宗经略熙河，用武力打败青海东部及甘南的吐蕃势力，夺取熙河湟鄯地区，砍断西夏的左臂。至此，西夏南部疆域大大缩减，是西夏自元昊开国以来疆域最蹙时期，也是军事形势上最困难的时期。

就在宋朝步步为营，进筑横山，西夏"疆地日蹙，兵势亦衰"，甚至难以支撑的时候，各政权对峙形势发生急遽变化。辽朝属国女真从白山黑水间迅速崛起，相继和辽、宋朝展开激烈的争战。为了拆散夏辽联盟，夏元德五年，即金天会元年（1123），完颜宗望至阴山，以便宜与夏国议和，金朝愿意许以割地议和，以沮救辽之心。

次年（1124），西夏正式开始向金奉誓表，以事辽之礼称藩，请受割赐之地。金朝宗翰承制，割下寨以北、阴山以南、乙室耶剌部吐禄泺西，赐给西夏。② 也就是金朝答应将天德、云内、金肃、河清四军及武州等八馆之地割让给西夏，以此为代价换取西夏攻打麟州，牵制宋朝河东之兵。金朝给西夏的是一个大概的区域，没有明确的边界线，尤其是武州之地，更是夏宋疆域矛盾的焦点所在，宋朝认为，金朝"割拓跋故地云中二千里遗之，止以朔、武二州归我"③。即不包含武州和朔州，而西夏则认为包含这两个州，为此，宋夏间还发动了战争。

金夏间也因土地问题发生了一些摩擦，夏元德八年，即宋靖康元年、金天会四年（1126）三月，西夏大军从金肃、河清出发，渡过黄河后一路攻取

① 《续资治通鉴长编》卷五〇〇，哲宗元符元年七月甲子条。
② 《金史》卷三《太宗本纪》。
③ 《文献通考》卷三一五《舆地考一》。

了天德、云内、武州、河东等八馆之地。四月，金朝就派兀室统领数万骑以出城打猎为名，偷袭至天德，打败西夏军队，重新占领该地。当时，西夏派使臣至金求和，但是金朝却把西夏的使臣给扣押下来，致使金夏关系极度恶化。①

当然金朝需要西夏牵制辽、宋，西夏为了生存和发展，不但不愿和金人翻脸，而且利用金宋战争，乘机扩大领土。夏大德二年，即宋绍兴六年，金天会十四年（1136）七月，西夏取西宁州，守将弃城逃遁。② 次年，夏崇宗李乾顺派遣使者"以厚币入金，表乞河外诸州"，金朝遂将乐州、廓州等地割让西夏。③ 若加上金朝划定疆界④，西夏不但恢复了宋朝进筑的疆土，而且占据了河外西宁、湟、鄯三州，使西夏疆域远远超过此前任何一个时期。

（二）边防体系

1. 监军司

监军司，西夏文作"𗼨𗤅𗟩"，读音"遏尼足啰"⑤，主要职责是镇守地方，保卫边疆。景宗元昊称帝立国之初，置左厢神勇、石州祥祐、宥州嘉宁、韦州静塞、西寿保泰、卓啰和南、右厢朝顺、甘州甘肃、瓜州西平、黑水镇燕、白马强镇、黑山威福十二个监军司，共有兵力二十万（后增为三十多万）。具体布防情况是："自河北至午腊蒻山七万人，以备契丹；河南洪州、白豹、安盐州、罗落、天都、惟精山等五万人，以备环、庆、镇戎、原州；左厢宥州路五万人，以备鄜、延、麟、府；右厢甘州路三万人，以备西蕃、

---

① 《宋史》卷四八六《夏国传下》。
② 《西夏书事》卷三四。
③ 《金史》卷七八《刘筈传》。
④ "自麟府路洛阳沟距黄河西岸，西历暖泉堡，鄜延路米脂谷至累胜寨，环庆路威边寨逾九星原至委布谷口，泾原路威川寨略古萧关至北谷口，秦凤路通怀堡至古会州，自此距黄河，依见流分熙河路尽西边，以限楚、夏之封，或指定地名有悬邈者，相地势从便分画"（《金史》卷二六《地理志下》）。
⑤ 《番汉合时掌中珠》（乙种本），《俄藏黑水城文献》第10册，第33页。

回纥。"① 作为边防最高指挥机构的监军司（后期在监军司之上设置经略司），设有统军、副统军和监军使各一员，均由"贵戚豪右"充任，下设都指挥使、教练使、左右侍禁等数十员，不分蕃汉均可充任。一个监军司大致辖一至两个州的防务。州设州主、通判等职，另有巡检、钤辖、大小头领、布阵、殿后头领等军职，率所部军卒屯守州城，与州主司（州主、通判）共同负责州城防务。夏戬都六年，即宋嘉祐七年（1062），西夏毅宗李谅祚"改西寿监军司为保泰军，石州监军司为静塞军，韦州监军司为祥祐军，左厢监军司为神勇军"②。同时，在灵州西平府设翔庆军。③将监军司改名为军，并不是把其改制成地方州一级行政区划，其亦兵亦民部落兵制下军民合一的性质没有改变。

夏拱化五年，即宋治平四年（1067），西夏绥州及左厢神勇军驻地石州先后为宋占领，监军司应向西移置，与原宥州监军司距离缩短，故撤去宥州监军司。原来甘州以西只有瓜州监军司，为防御回纥，后增设沙州监军司，并将甘肃军司西移至肃州。南院、南地中、北地中三个监军司的增置，则是将朝廷直接调遣的一部分兵力变成监军司管属。啰庞岭监军司，是因天盛年间任得敬专权而特设，故西夏《天盛律令》明确记载，唯此监军司不属经略司管辖。当时任得敬经营灵州，特设大都督府啰庞岭监军司也就隶属于大都督府。④

《天盛改旧新定律令》中规定石州、东院、西寿、韦州、卓啰、南院、西院、沙州、罗庞岭、官黑山、北院、年斜等十二种监军司当全部派二正、一副、二同判、四习判等九人，肃州、瓜州、黑水、北地中、南地中五种监军司均一正、一副、二同判、三习判等遣七人。⑤

---

① 《宋史》卷四八五《夏国传上》。

② 《宋史》卷四八五《夏国传上》；《续资治通鉴长编》卷一九六，嘉祐七年六月癸未条；"改西市监军司为保泰军，威州监军司为静塞军，绥州监军司为祥祐军，左厢监军司为神勇军"。和《宋史》有出入，待考。

③ 《元史》卷六〇《地理志》。

④ 鲁人勇：《西夏地理志》，宁夏人民出版社 2012 年版，第 99 页。

⑤ 《天盛改旧新定律令》卷一〇《司序行文门》。

监军司的驻地统计表①

监军司名称	监军司所在治所						其他
	陈炳应	汤开建	李昌宪	鲁人勇	杨蕤	张多勇	
1. 左厢神勇	明堂川（榆林河东岸驼山）	夏州东弥陀洞（榆林西，海流图庙一带）	夏州弥陀洞（今榆林市东）	原驻银州东北，迁夏州，更名为东院	改东院，疑为榆林附近红石峡一带	驻夏州（今榆溪河谷地带）（宁西），车斜（宁西）监军司是左厢神勇监军司的延续	刘华：元昊为巩固天都地区，将横山的左厢神勇军司移驻于天都山
2. 石州祥祐	银夏州之间	绥州祥祐—石堡城，在银夏州之间波罗堡	初驻绥州，治平四年迁石州（今米脂县西北），为东院军司	石州	陕西横山县石马洼一带	初驻绥州，治平四年迁石州（今米脂县西北）	

① 本表格在张多勇《西夏监军司的研究现状和尚待解决的问题》一文的基础上略作增补，见《西夏研究》2015年第3期，第17—19页。

续表

监军司名称	监军司所在治所						
	陈炳应	汤开建	李昌宪	鲁人勇	杨蕤	张多勇	其他
3. 宿州嘉宁	夏州西南120里无定河西岸		治长乐泽（内蒙古鄂托克旗东南城川古城）	古鄂托克旗城川古城，左厢移至夏州，撤去	城川古城	内蒙古鄂托克旗东南城川古城	
4. 韦州静塞	中宁县韦州镇		中宁县韦州镇	同心县韦州旧城	宁夏韦州古城	同心县下马关兴红城水村古城	
5. 西寿保泰	柔狼山—西使城（定西）—柔狼山	西使城（定西）—柔狼山	天都—西使城—天都（同心县喊叫水乡）	驻地在今宁夏同心县喊叫水乡境内	西使城，后移居吴山北	西使城—天都山—柔狼山北兴仁—西安州。	刘华：宁夏海原县兴仁镇
6. 卓罗和南	甘肃省永登县庄浪河东，今红城子		喀罗川（庄浪河）西	甘肃省永登县旧城庄浪河南	甘肃省永登县	罗城滩古城（永登县中堡镇河对岸大营湾村罗城滩社）	

续表

监军司名称	监军司所在治所						其他
	陈炳应	汤开建	李昌宪	鲁人勇	杨蕤	张多勇	
7. 右厢朝顺	冷龙岭口仁多泉城（门源县北）	先在天都山，后迁凉州	凉州	凉州西北永昌城，中期更名为西凉府	罗庞岭，在阿拉善左旗		甄自明：内蒙古鄂托克旗乌仁都克西石城
8. 甘肃甘肃	今张掖		治删丹县（山丹县）即北院	初驻甘州（张掖），中期移肃州更名甘州	甘肃张掖	甘肃民乐县南丰乡铁城村西铁城子遗址	
9. 瓜州西平	安息县双塔堡		安息县双塔堡	瓜州（安西县东南）	甘肃安西附近	锁阳城	
10. 黑水镇燕	额济纳旗黑水城	额济纳旗黑水城	额济纳旗黑水城	额济纳旗黑水城	额济纳旗黑水城	额济纳旗黑水城	

续表

监军司名称	监军司所在治所						其他
	陈炳应	汤开建	李昌宪	鲁人勇	杨浤	张多勇	
11. 白马强镇	吉兰泰盐池北	灵州西南贺兰山、白马强镇、祥庆，啰博贝为同一监军司	贺兰山后	今内蒙古阿拉善左旗吉兰泰盐场东，中期改称北院	吉兰泰西勃兔古城	阿拉善左旗察汗克日木古城	
12. 黑山威福	西夏东北境，河套南北	宁夏中卫县城北25里黑山嘴	今内蒙古乌拉特中旗西部	今内蒙古巴彦淖尔盟临河县高油房古城	即北院，内蒙古乌加河一带	内蒙古巴彦淖尔市乌拉特中旗新忽热古城	宋耀良、石坚军：高油坊古城，是兀剌海为兀剌海（斡罗孩）
13. 祥庆	西平府，今宁夏灵武	即白马强镇，啰博贝监军司	即白马强镇，博贝军司				

续表

监军司名称	陈炳应	汤开建	李昌宪	鲁人勇	杨蕤	张多勇	其他
			监军司所在治所				
14. 天都	从西寿保泰分出,宁夏海原西						刘华:宁夏海原县西安乡张湾村麻张台古城
15. 中寨	宁夏同心县葫芦河谷地		治灵州东关镇(今灵武市西南十里)				
16. 弥峨州	黑水城东南		治今内蒙古乌特拉后旗境				
17. 贺兰	贺兰山克夷门		即白马强镇				
18. 清远	韦州和盐池南					环县甜水堡南三公里古城堡	

监军司所在治所

监军司名称	陈炳应	汤开建	李昌宪	鲁人勇	杨蕤	张多勇	其他
19. 北院			即为甘州监军司	即白马强镇	即黑山威福	巴彦淖尔市临河区新华镇古城村（高油坊古城）	
20. 卓啰					嘉宁军司，城川古城	黑山威福	孙伯君：宁夏监军司，在榆林东宁西峰
21. 北地中				疑今省嵬城，中期增置		宁夏石嘴山市惠农区庙台乡省嵬村的省嵬城	
22. 南地中				疑灵州东关镇，中期以后改置翔庆军	白马强镇，吉兰泰西勃免古城		

续表

监军司名称	陈炳应	汤开建	李昌宪	鲁人勇	杨蕤	张多勇	其他
23. 啰庞岭			通往卓啰和南及西蕃的道路"阿罗把岭"		疑为右厢朝顺,疑在阿拉善左旗一带	天祝县松山镇松山旧古城,	
24. 甘州	张掖	张掖	张掖	张掖	张掖		
25. 肃州				甘州甘肃军司西移至肃州			
26. 南院				驻天都山(海原南华山)	海原县西安乡	即清远监军司	
27. 沙州				沙州(敦煌),中期增设	甘肃敦煌		

续表

监军司名称	陈炳应	汤开建	李昌宪	鲁人勇	杨蕤	张多勇	其他
					监军司所在治所		
28. 西院					疑甘肃武威	吴忠市利通区古城乡古城村七、八队间的古城湾	
29. 东院					左厢神勇改名	宥州嘉宁监军司改名	

2. 沿边堡寨

西夏立国前主要是宋代沿袭堡寨，李继迁夺取盐州和灵州后，据有盐州下虎寨、人头堡、赤柽堡、苦井堡，灵州清边寨、清远军威堡、折姜会、青岗寨、自马堡，麟州浊轮寨、军马寨。景宗元昊立国后，为了巩固边防，开始在缘边地区大量修建堡寨。这些堡寨军事防御功能不尽相同，有的是控扼对宋战略要路，"非闲慢无用之地。既得所欲，则意在渐逼城垒，隔绝应援"①。

有的断绝宋与吐蕃交通，避免腹背受敌。景祐二年（1035），西夏取瓜、沙、肃三州。"元昊既还，欲南侵，恐唃厮啰制其后，复举兵攻兰州诸羌，侵至马衔山，筑城凡川"②。

有的为防遏沿边蕃部叛逃。宋朝采取招抚蕃部以制夏的方略，以金帛田土、高官厚禄大量招诱夏界蕃部。对此，西夏除采取安抚措施外，还加强沿边堡寨及其所属哨卡的建设，以防蕃部族帐叛逃，并用法律的形式规定堡寨官及哨长、哨卒在这方面的职责③。

有的为控御蕃部族帐，使其有依托而不致经常迁徙不定。天圣二年（1024），定州省嵬山，在怀远西北100余里，土地膏腴，向为蕃族樵牧地。德明于山之西南麓筑城，以驭诸蕃④。还有"南牟倚天都山、葫芦河形胜，自李宪残破，宫殿皆毁，蕃部族帐迁徙无依，梁氏使乙埋修复之。近天都创立七堡，量兵为守"⑤。

有的为了和宋朝争夺横山山界。庆历年间陕西之战后，宋朝确立进筑横

---

① 《续资治通鉴长编》卷四四三，哲宗元祐五年六月丁酉条。
② 《宋史》卷四八五《夏国传上》。
③ ［苏］克恰诺夫俄译、李仲三汉译、罗矛昆校订，《西夏法典》第四章，宁夏人民出版社1988年版。
④ 《西夏书事》卷一〇。
⑤ 《西夏书事》卷二六。

山、蚕食西夏领土的用兵方略，对西夏政权带来了极大的威胁，为了保住横山天险，宋朝每筑一城一寨，西夏除发兵以死相争外，还主动筑戍要害，和宋朝相抗衡，"乾顺见中国进筑不已"，遂于沿边"多筑堡栅"，以致国内"困于版筑"①。

有的为了躲避宋朝的杀掳。夏天赐礼盛国庆四年，即宋熙宁六年（1073）四月，宋神宗对执政曰："向因五路出兵，西人潜筑城邑，为伏藏之所。"②

有的为发展和保障沿边贸易。大中祥符八年（1015），夏人"筑堡于石州浊轮谷，将建榷场，诏缘边安抚司止之"③。

有的为了护耕。天圣初年，宋朝州官互讼窟野河西职田，久不决，转运司乃奏窟野河西田并为禁地，官私不得耕种。"及元昊之叛，始插木置小寨三十余所于道光、洪崖之间，盗种寨旁之田"。④

上述堡寨均为西夏统治者或老百姓直接修筑的，除此而外，还有一些其他方面的堡寨。有的是从宋朝手中夺取的，宋夏陕西之战期间，元昊占领大量宋朝沿边堡寨，著名的有栲栳、塞门、安远、黑水、承平、长宁、南安，等等，金正隆（1156—1160）末，金人攻宋，"宋人入秦、陇，夏亦乘隙攻取荡羌、通峡、九羊、会川等城寨"⑤；有的是宋朝从西夏夺取后又送还的，夏天仪治平二年，即宋元祐二年（1087），宋哲宗诏鄜延经略司，把攻取的葭芦、米脂、浮图、安疆四寨"并行给赐"。

西夏沿边堡寨的数量是相当可观的，前揭仅元昊立国前夕，就在沿边山险之地修筑了300余处⑥，如果加上以后不断修筑和从宋朝手中夺取的，为数就更多了。假如我们按比较保守的数字即400余处估计，则平均每个边州约有

---

① 《宋史》卷三五四《何常传》。
② 《续资治通鉴长编》卷二四四，神宗熙宁六年四月丁酉条。
③ 《宋史》卷四八五《夏国传上》。
④ 《续资治通鉴长编》卷一八五，仁宗嘉祐二年正月壬戌条。
⑤ 《金史》卷一三四《西夏传》。
⑥ 《续资治通鉴长编》卷一三二，仁宗庆历元年五月甲戌条。

四五十处，是北宋沿边州军所属堡寨的一到两倍①。西夏沿边堡寨数量之所以如此之众，可能与其分大小两种有关，所谓大寨，即筑城建池、重兵戍守的堡寨，大率"各相去二三十里，每寨实有八百余人，马四百匹"②。占地面积一般在 5000 平方米左右，四边或三边开有寨门，有的凿有护寨壕③。夏大安三年，即宋熙宁十年（1077）二月，宋神宗诏鄜延路经略司："如西界修小堡寨，更不牒问；若违誓诏，修建城池，当牒问即奏候朝旨。"④ 这种有别于小堡寨的"城池"就是大寨。小寨主要是简易的栅栏，为数众多，如元昊为侵耕窟野河西地，"插木置小寨三十余所于道光、洪崖之间"⑤。方圆不过几十里地的窟野河西地，就设置了 30 多个小寨，沿边堡寨的数量自然就相当多了。⑥

3. 更口哨卡

更口哨卡主要设于边界，起到边防检查作用。西夏法律规定，守更口者由检主管、检人构成，并由边检校统管。当沿边盗贼入寇者来，守检更口者知觉后报城堡营垒军溜等说敌军动向。⑦ 这里的"更口"即为汉文文献中的"界口"，负责边境守烽火，敌人军情大小、有多少越过。⑧ 北宋"麟、府、丰州管下堡寨、烽台、口铺，并差禁军或弓箭手、蕃兵守坐，欲依例给钱米有差"。西夏亦大抵如此，差检人即蕃部军卒戍守。如果"检主管自己不往巡检，放逸检人，受贿，一齐不往巡检，在期限内局分更口上有无住滞者，检主管、检人等于所在处退避，在住滞出不出罪状上增加一等，视其赃数量，

---

① （宋）王存：《元丰九域志》及《宋史·地理志》。
② 《续资治通鉴长编》卷四七一，哲宗元祐七年三月甲午条。
③ 陈炳应：《西夏文物研究》，宁夏人民出版社 1985 年版，第 102 页。
④ 《续资治通鉴长编》卷二八〇，神宗熙宁十年二月丙戌条。
⑤ 《续资治通鉴长编》卷一八五，仁宗嘉祐二年二月壬戌条。
⑥ 杜建录：《西夏沿边堡寨述论》，《宁夏社会科学》1993 年 5 期。
⑦ 《天盛改旧新定律令》卷四《敌军寇门》。
⑧ 许伟伟：《西夏边防的基层军事建置问题》，《西夏研究》2019 年第 1 期。

与枉法贪赃罪等，依其重者判断"①。

有的设在险要，起到军事防御作用。景宗元昊立国前夕，兵至马衔山②，占据凡川会、宽谷关两个关隘，构筑兰州—定西防线。这里的"更口"不是一般意义上的哨卡，而是军事堡垒。

4. 烽堠

烽火又称烽燧、狼烟台、烽台等，它是我国古代军事防御体系重要设施之一，在军事信息传递方面有着不可替代的重要作用。《史记·索引》"烽见敌则举，燧有难则焚；烽立昼，燧立夜"。《史记·正义》载"昼日燃烽，以望火烟；夜举燧，以望火光之"。军事通信是军队为实施指挥，运用通信工具或者其他方式进行的信息传递。但一定会遵从对军事通信的基本要求：迅速、准确、保密、连续。"昼放烟至夜即放火，凡烟火一昼夜须行二千里。"可见烽堠传递信息的速度是相当快捷、迅速。烽堠在传递信息的时候不仅要求快捷，更要讲求信息的准确，使信息接收者准确了解敌情的变化。

史载西夏通过"昼举烟扬尘，夜篝火为候"传递军情。③《天盛改旧新定律令·敌动门》规定："边境守烽火，敌军来立便迅速出击时，邻近依续军将接烽火迁家。告牲畜主等处烽火语中断者，使与敌人军情大小、有多少越过，大小巡检失察相同判断。"④ 古代中原地区以举烽数量传递敌情缓急和越境人

---

① 《天盛改旧新定律令》卷四《边地巡检门》。
② "南侵至马衔山，筑城瓦川、凡川会，留兵镇守，绝吐蕃与中国相通路"《续资治通鉴长编》卷一一九，仁宗景祐三年辛未条。
③ 《宋史》卷四八六《夏国传下》。
④ 《天盛改旧新定律令》卷四《敌动门》。

数的多少①，西夏应大抵如此。

目前遗存的西夏烽堠有如下特点：一是多建筑在地理位置险要的山巅处，或视野宽广的平原荒漠地带。若发现敌情，通过报警烽火迅捷地将信息传递出去。如马营沟口墩烽火台遗址位于甘肃武威市天祝藏族自治县抓喜秀龙乡红疙瘩村三组南侧山顶；四方墩烽火台遗址位于甘肃武威市民勤县昌宁乡阜康村东北8000米处荒沙滩上；陕西境内的头道川烽火台遗址，基本沿头道川河及其支流分布，建于河谷两侧高地或山峁上。

二是兼顾军事防御，具有通信、防守、储存、居住等多重功能。西夏讲求"战斗为务"，烽堠的修筑讲求就地取材，多以夯土版筑，其中有土坯砖砌修补，有用石头垒砌而成。在夯土修筑的过程中，有的烽燧夹有木椽、芨芨草、石块等，可以增强夯土层的坚韧程度，起到加固作用。根据考古发现，在一些烽堠旁边有营盘、壕沟等遗址。如［G04012·007］墩子山烽火台遗址，相距10米处有壕沟围绕一周，沟口宽3米，深0.6—0.8米，增加了烽堠的防御性。《天盛改旧新定律令·季校门》中规定："诸院军卒因巡逻远近烽堠者，因不在，属实，则由所在首领只关分析，其官马、坚甲、杂物、武器可由辅主校验。"反映西夏烽堠定由专人管理，定期轮换，如果用兵时，还会加派人员。②

---

① 筑邮亭者圜之，高三丈以上，令侍杀。为辟梯，梯两臂，长三尺，连门三尺，报以绳连之。椠再杂，为县梁。聋灶，亭一鼓。寇烽、惊烽、乱烽，传火以次应之，至主国止，其事急者引而上下之。烽火以举，辄五鼓传，又以火属之，言寇所从来者多少，且弇还去来属次，烽勿罢。望见寇，举一烽；入境，举二烽；射妻，举三烽一蓝；郭会，举四烽二蓝；城会，举五烽五蓝；夜以火，如此数。守烽者事急。（辛志凤、蒋玉斌等译注：《墨子译注》，黑龙江人民出版社2003年版，第555页）。
唐举警烽之法有四：1. 凡寇贼入境，马步兵五十人以上，不满五百人，放烽一炬；2. 得蕃界事宣，又有烟尘，知欲南入，放烽两炬；若余寇贼，则五百人以上，不满三千人，亦放两炬。3. 蕃贼五百骑以上，不满千骑，审知南入，放烽三炬，若余寇贼，三千骑以上，亦放三炬。4. 若蕃贼千人以上，不知头数，放烽四炬；若余寇贼，一万人以上，亦放四炬。凡放警烽报贼者，三应三灭。（程喜霖：《汉唐烽堠制度研究》，三秦出版社1990年版，第288页）。
② 唐《烽式》规定"凡边境用兵，加卫兵五人兼守烽城"。西夏应大抵如此。

名称	编号	时代	地理位置	材质	位置	形状	保存现状
黑水墩烽火台遗址①	G04012·002	西夏	甘肃武威市民勤县昌宁乡阜康村	夯土版筑	沙石冈上	呈覆斗状	塔塌严重
四方墩烽火台遗址	G04012·003	建于汉，西夏沿用	甘肃武威市民勤县昌宁乡阜康村东北8千米		荒沙滩上	四棱台形	并竖立一木制三角架
红圪塔北墩烽火台遗址	G04012·004	建于西夏	甘肃武威市天祝藏族自治县抓喜秀龙乡红圪塔村二组北3千米处	夯土版筑	处乌鞘岭与马牙雪山之间的金强河上游	呈四棱柱形	南侧有一座营盘遗址与烽火台相连
红圪塔南墩烽火台	G04012·005	建于西夏	甘肃武威市天祝藏族自治县抓喜秀龙乡红圪塔村二组北0.2千米处	夯土版筑	同上		夯土层中夹筑石块

---

① 史金波总主编、俄军主编：《西夏文物·甘肃编》（第一编·遗址卷上），中华书局、天津古籍出版社2014年版，第17页。

续表

名称	编号	时代	地理位置	材质	位置	形状	保存现状
马营沟口墩烽火台遗址	G04012·006	建于西夏	甘肃武威市天祝藏族自治县抓喜秀龙乡红岘塔村三组南侧山顶	夯土版筑	同上		
墩子山烽火台遗址	G04012·007	建于西夏	甘肃武威市天祝藏族自治县抓喜秀龙乡红岘塔村三组北2千米处墩子山顶	夯土版筑	同上		10米处有壕沟一周，宽3米，深0.6—0.8米
桦杨墩烽火台遗址	G04012·011	建于汉，西夏沿用	甘肃武威市凉州区长城乡五墩村七组东北0.5千米	夯土版筑			
双塔烽燧遗址	G04012·012	建于汉，西夏沿用	甘肃武威市古浪县泗水镇双塔村杨家山坡组居民区东北1千米处	夯土版筑		正四棱台体	

续表

名称	编号	时代	地理位置	材质	位置	形状	保存现状
庙墙石烽燧遗址	G04012·014	建于汉，西夏沿用	甘肃武威市民勤县大滩乡北西村五社西北2千米处	上部土坯砌筑，下部夯土版筑		呈四棱台形	
土塬墩烽火台遗址	G04012·015	建于西夏	甘肃武威市民勤县泉山镇复明村三社内	夯土版筑		四棱台形	
汰井墩烽燧台遗址	G04012·016	建于汉，西夏沿用	甘肃武威市民勤县夹河乡南坪村三社东南5千米处	夯土版筑		四棱马蹄形	
营墩烽火台遗址	G04012·017	建于西夏	甘肃武威市民勤县东坝镇新华村四社东2千米处	夯土版筑		呈四棱台形	
塌墩子烽火台遗址	G04012·018	建于西夏	甘肃武威市天祝藏族自治县松山镇鞍山村王家涝坝东南3千米处	夯土版筑		顶部呈火山口形	

续表

名称	编号	时代	地理位置	材质	位置	形状	保存现状
五分墩烽火台遗址	G04012·020	建于西夏	甘肃武威市天祝藏族自治县松山镇鞍山村鲁家游坝东南3.5千米处	夯土版筑			夯土层中夹有木椽
红土墩烽火台遗址	G04012·021	建于西夏	甘肃武威市天祝藏族自治县松山镇鞍山村西南5千米处	夯土版筑	处毛毛山南麓松山草原	平面呈正方形	夯土层间夹有木柱、木条、树枝等
沙嘴墩烽火台遗址	G04012·022	建于汉代,西夏沿用	甘肃武威市民勤县双茨科乡小新村三社东5千米处	用土坯加筑		呈馒头状土堆	土坯层中间夹发芨草
天井墩烽火台遗址	G04012·024	建于西夏	甘肃武威市天祝藏族自治县松山镇达隆村东南4千米处	夯土版筑		平面呈正方形	夯土层间夹筑发芨草

续表

名称	编号	时代	地理位置	材质	位置	形状	保存现状
大鱼沟烽燧遗址	G04012·026	建于西夏	甘肃武威市古浪县干城乡大鱼村六组居民区东侧5千米处墩洼山顶上	夯筑		四棱台体	
长山边山墩烽火台遗址	G04012·027	建于西夏	甘肃武威市天祝藏族自治县松山镇松山村南3.8千米处长山山顶	夯土版筑		呈四棱锥形	中间夹杂木椽
高岭墩烽火台遗址	G04012·029	建于西夏	甘肃武威市古浪县新堡乡高岭村居民区南0.8千米处		祁连山东端高岭山顶	夯筑圆台体	
抹山墩烽火台遗址	G04012·030	建于西夏	甘肃武威市民勤县收成乡流裕村四社2.5千米处抹山上	夯土版筑		呈四棱台形	

续表

名称	编号	时代	地理位置	材质	位置	形状	保存现状
黄山湾烽火台遗址①			张掖市甘州区平山湖蒙古乡红泉村以南17公里处	黄土夹细砾石夯筑，外围砌大石块		椭圆形	烽火台西北侧有4座燧体，随山势呈S形分布。有西夏褐釉剔花纹瓷器残片
红旗烽燧遗址②	M06012·040	建于西夏	内蒙古乌拉特后旗巴音前达门苏木乌兰哈稍嘎查红旗水库西南1千米处	石块垒砌		略呈正方形	

① 史金波：《西夏时期张掖》，《西夏学》第十三辑，甘肃文化出版社，2016年第2期，第5—6页。
② 史金波总主编，塔拉、李丽雅主编：《西夏文物·内蒙古编》（第一编·遗址卷上），中华书局，天津古籍出版社2014年版，第275页。

续表

名称	编号	时代	地理位置	材质	位置	形状	保存现状
羊市塔1号烽火台①		宋夏交替使用	内蒙古准格尔旗纳日松镇羊市塔村东南3.1千米处	黄土夯筑，实心	高山顶部	整体呈圆锥形	附近有灰陶片等遗物
羊市塔2号烽火台		宋夏交替使用	内蒙古准格尔旗纳日松镇羊市塔村西北2.3千米处	黄土夯筑，实心		整体呈圆锥形	
羊市塔3号烽火台		宋夏交替使用	内蒙古准格尔旗纳日松镇羊市塔村西南4.4千米处	黄土夯筑，实心		整体呈圆锥形	
羊市塔4号烽火台		宋夏交替使用	内蒙古准格尔旗纳日松镇羊市塔村北4.2千米处	黄土夯筑，实心	周边为丘陵、沟壑地貌	整体呈圆锥形	附近散布有灰陶片、黑瓷片等遗物

① 张文平、甄自明：《内蒙古自治区境内唯一的一组北宋末遗存——鄂尔多斯市准格尔旗北末丰州城及其防御体系》，《草原文物》2018年第2期，第103—104页。文中还记载了"川掌1—2号烽火台、大路峁1—4号烽火台、双山梁烽火台、石窑沟烽火台、五字湾烽火台、四道散包烽火台、李家渠烽火台、布尔洞沟烽火台、二长渠烽火台"等烽火台。

续表

名称	编号	时代	地理位置	材质	位置	形状	保存现状
纳林庙 1 号烽火台		宋夏交替使用	内蒙古准格尔旗纳日松镇纳林庙村南 1.9 千米处	黄土夯筑，空心	周边为丘陵、沟壑地貌	整体呈圆锥形	附近散布有灰陶片、黑瓷片等遗物
纳林庙 2 号烽火台		宋夏交替使用	内蒙古准格尔旗纳日松镇纳林庙村东北 2.7 千米处	黄土夯筑，空心	周边为丘陵、沟壑地貌	整体呈圆锥形	
松树墕 3 号烽火台		宋夏交替使用	内蒙古准格尔旗纳日松镇松树墕村东北 1.6 千米处	黄土夯筑，空心	周边为丘陵、沟壑地貌	呈不规则形	附近散布有陶片、黑瓷片等遗物
松树墕 4 号烽火台		宋夏交替使用	内蒙古准格尔旗纳日松镇松树墕村东北 2.1 千米处	黄土夯筑，空心	周边为丘陵、沟壑地貌	呈不规则形	
桃树庄烽火台遗址①	A246-1	宋夏交替使用	白马崾崄乡前桃树庄村西南 2 公里		墩墩梁山顶上	夯筑圆锥台	

① 国家文物局主编：《中国文物地图集》陕西分册（榆林地区·定边县），西安地图出版社 1998 年版，第 741 页。

续表

名称	编号	时代	地理位置	材质	位置	形状	保存现状
左崾崄烽火台遗址	A246-2		白马崾崄乡左崾崄村南1公里		位于山顶上	筑圆锥台	有宋代白釉瓷片及西夏黄釉瓷片
铁角城烽火台遗址	A246-3		白马崾崄乡铁角城村西500米	夯筑坞墙	小河交汇处向阳山坡上	方锥台形	
白狼岔烽火台遗址	A246-4	北宋（西夏）	樊学乡白狼岔村南1公里		高山岗上	圆锥台	
童庄烽火台遗址	A246-5		樊学乡童庄村南700米		山顶上	方锥台	共南北两座
石城子烽火台遗址	A246-6	北宋（西夏）	樊学乡石城子村			圆锥台形	村四面山顶各有一烽火台
石涝沟烽火台遗址	A246-7		王盘山乡石涝沟村北500米		山岗上	夯筑方锥台	

三是连续呈线状排列。烽堠的修筑主要功能就是传递信息，因此在可视的范围内接连排列十余座乃至数十座。至于各个烽堠之间的距离，因地理环境的差异有所变化，唐代"凡烽堠所置，大率相去三十里。若有山冈隔绝，须逐便安置，得相望见，不必要限三十里。其逼边境者，筑城以置之"①。西夏烽堠之间的距离亦是有远有近。

四是既有对前代沿用，又有自己新修筑。西夏地处西北，自来是中原王朝和边疆少数民族交通要道，汉唐以来，留下了大量的烽堠。西夏立国后，多对这些烽堠加以修缮，继续发挥作用，如四方墩、桦杨墩烽火台，就是沿用了汉代的烽燧遗址，经过修缮加固后继续使用。西夏自己还新筑了大量烽堠，《黑水守将告近禀帖》记载黑水守将任勇任职以来，就监造了"自黑水至肃州边界瞭望传信烽堠十九座"②。

另外，西夏与宋、金的疆域多次发生变化，几个政权之间的烽堠也多次更换控制权，现存遗址中，既有西夏遗存，又有北宋或金朝遗存，如头道川10余座烽火台遗址就属于这种情况。③

5. 驿传

驿传由国家建立，是通过人力或畜力传递信息的通信系统，是烽火外又一传递军事信息的重要方式。西夏的驿传是在前代的基础上发展起来的，汉唐时期河西地区驿传系统完备，所谓"一驿过一驿，驿骑如星流。平明发咸阳，暮及陇山头。"④ 西夏立国后，构筑起以都城兴庆府为中心的驿路，直通宋辽等国。和平时期，双方使节奔走驿路，为各自国家的利益折冲斡旋，一旦烽火再起，这条驿路又成为宋夏军队北上南进、军粮转输、军令传递的主

① （唐）李林甫等著，陈仲夫点校：《唐六典》卷五《职方郎中员外郎》，中华书局1992年版。
② 聂鸿音：《西夏文献论稿》，上海古籍出版社2012年版，第119页。
③ 国家文物局主编：《中国文物地图集·陕西分册》（榆林地区·定边县）（下册），西安地图出版社1998年版，第741页。
④ 《全唐诗》卷一九八《岑参》，中华书局2018年版。

要路径。

《西夏地形图》所绘宋夏之间的国信驿路由保安军北向，经万全砦抵界首工井，在此分作两路，一路经罗堆岭、乌池、白池，一路经北宋洪州、破娘岭、广井、席经流，至人头同前一路汇合，经苦井、古雨岔口或宁令口，自吕渡过黄河，经永州、静州抵达兴庆府。该图在古雨分山口处注"夏贼犯边之路"，表明这条国信驿路也是西夏南下的主要军事通道，其军事意义相当重要。

《武经总要》前集卷十八将这条驿路称为长城岭路。"长城岭路，自军北归娘族六十里过长城岭北至秦王井驿，入平夏，经柳泊岭并铁巾、白池、人头堡、苦井、三分山谷口、河北九驿，至故灵州怀远镇七百里（今为建兴州），此路至秦王井在山谷口行，险狭。自秦王井地势渐宽平，经沙渍（碛），少水泉，可掘沙为井。夏国宥州界并沙碛，地坤湿，掘丈余则有水，若因大风，寻复湮塞。保安军至贼界三十里，此路可行师。"这段文字描述驿路所经地名同《西夏地形图》所标示者略有出入，但具体内容基本一致。

西夏与辽朝的驿路在李德明时就已开通，曾巩《隆平集》云："至德明攻陷甘州，拔西凉府，其地东西二十五驿，南北十驿。自河以东，北十有二驿，而达契丹之境。至曩宵破瓜、沙、肃州，遂尽得河西之地。"[①]《西夏地形图》记载，从兴庆府出发，向东经今横城渡过黄河，途经马练驿、吃啰驿、启哆驿、卒李驿、瓦井驿、布袋驿、连袋驿、陌井驿、乳井驿、咩逋驿、梁凌驿、横水驿等 12 个驿站，经鄂尔多斯沙漠而进入契丹境内，最终达临潢府。黑水镇燕军至黑山威福军有东西向的驿路相连，并从黑山威福军经龟头山、新山谷进入兴庆府。

通过驿路紧急传递的主要是重大军情，诸如敌人大军已动，我方情势危急，力不堪任而求取援兵；引导敌人族类投降，须兵迁往迎接；他国使节来

---

① （宋）曾巩：《隆平集》卷二○《夏国》。

投诚；敌军于我方境内种地、放牧、居住；边城溜不聚集等，依法派使人持十万火急"敕燃马牌"递送情报。① 此外，十恶中谋逆、失孝德礼、背叛；唐徕、汉延等大渠渠坏，遣草工、笨工等前去修理，颁行圣旨的使人也可以持"敕燃马牌"。

（三）西夏兵种

早期党项部落游牧为生，弓马娴熟，骑马射箭男子多寡是衡量部落强弱最主要依据，部落既无兵民之别，也无兵种之别。内迁后特别是立国前后，定居农耕生活的出现，生产技术的发展和生活环境的变化，西夏的兵种日趋完备，逐渐由单一兵种向骑兵、步兵、炮兵、水兵及强弩兵等多兵种渐次发展。

1. 骑兵

骑兵是党项传统的兵种，也是西夏最精锐的军事力量。《旧唐书·党项羌传》记载："其种每姓别自为部落，一姓之中复分为小部落，大者万余骑，小者数千骑，不相统一。"② 其部族的大小和强弱就是以骑的数量来衡量。立国后"凡正军给长生马、驼各一"，从制度和兵员方面保障了西夏骑兵的数量和质量。其中"牧主正军有：官马、弓一张、箭六十枝、箭袋、枪一枝、剑一柄、囊一、弦一根、长矛杖一枝、拨子手扣全。正辅主有：弓一张、箭二十枝、长矛杖一枝、拨子手口全。负担：弓一张，箭二十枝，长矛杖一枝、拨子手口全。农主正军有：官马、剑一柄、弓一张、箭三十枝、枪一枝、囊一、拨子手扣、弦一根、矛杖长一枝"③。由此可知，凡投入战斗的正军基本上都是骑兵。

---

① 《天盛改旧新定律令》卷一三《执符铁箭显贵言等失门》。
② 《旧唐书》卷一九八《党项羌传》。
③ 《天盛改旧新定律令》卷五《军持兵器供给门》。

西夏骑兵多为轻骑，轻骑者，轻装骑兵也，其披、甲、袋以毡加褐布、革、兽皮等为之。① 轻骑兵作战时充分利用轻装马匹的机动性，通常不与敌军正面交战，而以侧击、迂回、包围、追击、劫掠等作战方式。夏天赐礼盛国庆元年，即宋熙宁三年（1070），为报复宋朝鄜延、环庆接纳西夏蕃部，西夏轻骑夜过边濠进犯镇戎军，杀掠三川寨、独家堡。② 夏大安七年，即宋元丰四年（1081）宋神宗五路大军进攻西夏，梁太后问策于廷，少壮派将领纷纷请战，要御敌于国门之外，与宋朝大军一决雌雄。一位老将曰："不须拒之，但坚壁清野，纵其深入，聚劲兵于灵、夏而遣轻骑抄绝其馈运，大兵无食，可不战而困也。"③

骑兵中的精良者是重甲骑，就是人和马都披铁甲，称为"甲骑"或"铁骑"，这种骑兵具有较强的防护力和集团冲击力，杀伤性极强。西夏"用兵多立虚砦，设伏兵包敌，以铁骑为前军，乘善马，重甲，刺斫不入，用钩索绞联，虽死马上不坠"，在战场上能给敌军造成极大的冲击力和心理威慑力，所谓"遇战则先出铁骑突阵，阵乱则冲击之，步兵挟骑以进"④。

西夏铁骑又名铁鹞子，"鹞子"其俗称海东青，青鹞子，因其身材短小、行动迅捷、挚猛异常。以鹰鹞名之于军队，不独西夏才有，辽代更是用猎鹰来命名其军事机构，有铁林军详稳司、大鹰军详稳司、鹰军详稳司、鹞军详稳司等，也反映了西夏与辽代的猎鹰文化。铁鹞子军在元昊初期已经存在，夏天授礼法延祚四年，即宋庆历元年（1041），西夏"贼始纵铁鹞子冲突，继以步奚挽强注射，锋不可当，遂致掩覆"⑤。西夏大安八年，即宋元丰五年（1082）永乐城之役，西夏也用铁鹞子和宋朝对阵。西夏大军渡无定河时，宋将曲诊言"此鹞子军也！当其半济击之，乃可以逞。得地则其锋不可当也"。

---

① 《天盛改旧新定律令》卷五《军持兵器供给门》。
② 《西夏书事》卷二二。
③ 《宋史》卷四八六《夏国传下》。
④ 《宋史》卷四八六《夏国传下》。
⑤ 《续资治通鉴长编》卷一三二，仁宗庆历元年七月癸丑条。

主帅徐禧认为王师不鼓不成列，结果西夏铁骑登岸后，宋军一战即溃，奔逃入城，城陷后全军覆没。

西夏铁鹞子不同于金人的"拐子马"，"拐子马"是马匹相连，铁鹞子是单个人马绞联，"虽死马上不坠"，灵活机动，"百里而走，千里而期，最能倏往忽来，若电击云飞"①。

西夏铁骑之所以屡战屡胜，一是骑术高超。西夏人平时耕牧，战时出征，"人人能斗击，无复兵民之别"。宋朝边帅范仲淹曾指出，"自古兵马精劲，西戎之所长也"。② 二是战马精良。③ "马者甲兵之本，国之大用"④，西夏控扼河西陇右，自来是宜于养马之地，唐五代党项马就是驰名中原的产品，"求珠驾沧海，采玉上荆衡，北买党项马，西擒吐蕃鹦。"⑤ 党项马和沧海珠、荆衡玉、吐蕃鹦一样，是当时著名商品。由于马是战略物资，西夏限制大量出口，宋朝得不到最好的党项马，一优一劣形成鲜明差距。⑥

铁骑改变了西夏的作战方式，从游击骚扰转变为正面交战，从最初的"铁骑三千，分十部"护卫国主，后来西夏对外作战，动辄投入数万骑兵。夏延嗣宁国元年，即宋皇祐元年（1049），夏人诈以五百户驱牛羊叩边诈降，随后以骑三万临境上。⑦ 夏天祐民安三年，即宋元祐七年（1092），西夏梁太后自将兵攻环州洪德寨，"自辰刻至未时以来，贼军铁鹞子数万迫近洪德寨"⑧。

---

① 《宋史》卷一九〇《兵四·河东陕西弓箭手》。
② 《续资治通鉴长编》卷一三五，仁宗庆历二年正月壬戌条。
③ 宋翰林学士丁度曾言："中国抗夷狄，可以智胜，不可以战斗，盖地形武技与中国异也。羌戎上下山阪，出入溪涧，中国之马不如之。隘险倾侧，且驰且射，中国之技不如之。风雨罢劳，饥渴不困，中国之人不如也。"（《续资治通鉴长编》卷一二七，仁宗康定元年六月辛亥条）。
④ 《后汉书》卷二四《马援列传》。
⑤ （唐）元稹撰：《元稹集》卷二三《乐府·估客乐》，中华书局2009年点校本。
⑥ 严耕望先生指出，通观历代，凡是能控有今陕西中北部及甘肃地带的朝代，总能居于强势；凡是不能控有这一地区的，总是居于弱势；其故就在骑兵。因为骑兵在古代战争上犹如第二次世界大战前的坦克机械化部队，与第二次世界大战后的原子武器核子武器，以步兵对抗骑兵，总是失败的。（严耕望：《治史三书》，辽宁教育出版社1998年版，第12页）。
⑦ 《续资治通鉴长编》卷一六六，仁宗皇祐元年二月甲戌条。
⑧ 《续资治通鉴长编》卷四七九，哲宗元祐七年十二月壬申条。

2. 步兵

步兵是西夏仅次于骑兵的重要兵种,人数众多,包括有独立建制的步兵、附属于骑兵的步兵以及其他辅助性作战人员三类。与容易受到山川地理局限的骑兵和水军相比,步兵无论何种地形、何种时间,都能迅速地投入战斗,故战略战术地位都非常重要。

西夏最精锐的步兵在横山,由"山间部落"组成。《宋史·夏国传》曰:元昊"苦战倚山讹,山讹者,横山羌,平夏兵不及也"。《宋史·兵志》亦称:"西贼有山间部落,谓之'步跋子'者,上下山坡,出入溪涧,最能逾高超远,轻足善走。"这些步兵善于在沟壑纵横的山地作战,所谓"山谷深险之处遇敌,则多用'步跋子'以为击刺掩袭之用"①,步兵除常规作战或军事任务外,还经常接受一些突击偷袭、攻城拔寨的任务。

附属于骑兵的步兵通常是步骑结合,协同作战。西夏战斗时先用铁骑突阵,冲击敌军阵脚,打乱敌军阵型,步兵随后"挟骑以进",或"继以步奚挽强注射",即步骑并用,"用铁鹞子以驰骋平原,用步跋子以逐险山谷"②。夏拱化三年,即宋治平二年(1065)九月,谅祚将步骑数万入庆州,进攻大顺,结果中流矢而还。

西夏还有一些辅助性步兵。元昊年少时期,"好衣长袖绯衣,冠黑冠,佩弓矢,从卫步卒张青盖。出乘马,以二旗引,百余骑自从"③,其身边护卫就

---

① 夏贞观十三年,即宋政和三年(1113年)秦凤路经略安抚使何常的奏言,对西夏的骑兵和步兵有很形象的描述:"自古行师用兵或骑或步,率因地形,兵法曰:'蕃兵惟劲马奔冲,汉兵惟强弩趋角,盖蕃长于马,汉长于弩也。'今则不然,西贼有山间部落谓之'步跋子'者,上下山坡,出入溪涧,最能逾高超远,轻足善走,有平夏骑兵谓之'铁鹞子'者,百里而走,千里而期,最能候往忽来,若电击云飞。每于平原驰骋之处遇敌,则多用铁鹞子以为冲冒奔突之兵;山谷深险之处遇敌,则多用步跋子以为击刺掩袭之用。此西人步骑之长也。"从这段描述来看,西夏军队最为精锐的两个兵种当为铁骑兵和步跋子。(《宋史》卷一九〇《兵四·河东陕西弓箭手》)

② 《西夏纪》卷二二。

③ 《宋史》卷四八五《夏国传》。

有骑兵和步卒，各司其职。西夏军抄组合中，负责辅助正军的辅主和负担，他们不配备马匹，但配有简单的作战兵器，自然可划入步兵行列。除此之外，戍守州城堡寨的军士中也有大量步兵。

3. 弓弩兵

西夏在战争中善于利用地理优势，以铁鹞子驰骋平原，以步跋子逐险山谷，但宋军也并不是就此一味地挨打，用弓弩防守步兵，用陌刀阻挡骑兵，这两种战术可以在一定程度上有效地压制西夏。于是，西夏大力发展强弩兵。

强弩兵是弓兵，善于远距离作战。大量党项人游牧为生，骑马射箭有着天然的优势。同时西夏又出产良弓，谓之"神臂弓"，"似弓而施干镫。以镫距地而张之，射三百步，能洞重札，谓之'神臂弓'，最为利器"。① 夏崇宗乾顺时，晋王嵬名察哥建言："自古行师，步骑并利。国家用铁鹞子以驰骋平原，用步跋子以逐险山谷，然一遇陌刀法，铁骑难施；若值神臂弓，步奚自溃，盖可以守常，不可以御变也。夫兵在审机，法贵善变，羌部弓弱矢短，技射不精，今宜选蕃汉壮勇，教以强弩，兼以标牌，平居则带弓而锄；临戎则分番而进，以我国之短，易中国之长。如此，无敌于天下矣。"乾顺是其策，封晋国王，使掌兵政。② 弓箭是西夏士兵配备的常规武器，士卒平时带弓而锄，战时分番而进。战场上铁鹞子率先突阵，强弩兵随后万箭齐发，杀伤力极大。

4. 炮兵

宋夏时期为冷兵器向火器过渡时期，虽名为炮兵，实际上发射的不是火炮，而是石炮。相传上古时期鲧发明了城郭，人们开始修建城寨，城寨在军事防守中起到了重要的作用，当时在军事战斗中使用的刀枪剑戟都不能攻破

① （宋）沈括：《梦溪笔谈》卷一九《器用·神臂弓》，上海古籍出版社 1978 年版。
② 《西夏纪》卷三一。

城防，于是开始把粗壮的树干放在车上去撞击城墙，后来为了方便作战，又制造了抛石机，进可攻退可守。

西夏的"旋风炮"便是古代抛石机的一种，军事作用为攻打城堡要塞。与中原传统的抛石装置不同，西夏人是将旋风炮安置在骆驼上，发射的石块拳头大小，灵活机动。《宋史·夏国传》记载，西夏军队中"有炮手二百人号'泼喜'，陟立旋风炮于橐驼鞍，纵石如拳"①。其实这是一种抛石装置。西夏又从宋朝学会制造火炮。即"火蒺藜"，它当与抛石战车结合使用。夏永安元年，即宋元符元年（1098）十月，夏国梁太后亲率40万大军进攻宋朝平夏城，"连营百里，建高车日'对垒'，载数百人，填堑而进、飞石激火、昼夜不息"。火蒺藜由铁蒺藜和火药混在一起制成弹药，使用时用抛石战车投射出去。火蒺藜除了拥有其他炮弹燃烧爆炸的特点外，里面包裹的铁蒺藜也十分具有杀伤性，不但容易射杀敌人，散在敌方通道上也会阻碍敌人军马行动，在作战时形成"飞石激火、昼夜不息"的场面。

炮兵除了进攻外，还用于城防，《黑水守将告近禀帖》记载，"黑水守城管勾执银牌都尚内宫走马没年仁勇禀：守城军粮、兵器及炮大小五十六座、司更大鼓四面、铠甲等应用诸色原未足，所不全者，多多准备，已特为之配全。"② 西夏法律规定，若城中战盾、石炮等毁坏，要及时维修。③

5. 水兵

黄河贯穿西夏全境，出于渡河作战的需要，西夏借鉴宋、辽、金，也建有自己的水军，并参与对北宋袭扰。夏天赐礼盛国庆元年，即宋熙宁三年（1070）河东报称："西贼水军恐于石州渡河，令吕公弼遍为之备。"④ 夏天祐

① 《宋史》卷四八六《夏国传下》。
② 聂鸿音：《关于黑水城的两件西夏文书》载于《西夏文献论稿》，上海古籍出版社2012年版，第119页。
③ 《天盛改旧新定律令》卷四《修城应用门》。
④ 《续资治通鉴长编》卷二二一，神宗熙宁四年三月癸卯条。

民安二年，即宋元祐六年（1091）宋熙河兰岷路经略司奏称，兰州沿边安抚司申报："有西界水贼数十人浮渡过河，射伤伏路人，寻斗敌生擒九人。"① 天圣五年（1027 年）五月，管勾麟府路军马王应昌也曾向朝廷提议："麟州界外西贼以水合渡河入岚州劫掠，窃虑异日或深入为寇，乞下并代总管司，令每至河凌合时，羌兵屯戍巡托，以遏奸谋。"② 可见西夏的水军规模较小，配备的也是浑脱、皮筏和木船③，没有巨舰之类的大型装备④，并未对宋辽构成威胁。

6. 兵员

西夏偏居西北一隅，其境"东尽黄河，西界玉门，南接萧关，北控大漠，地方万余里"。疆域内自然环境恶劣，人口稀少，人口规模制约着西夏军队的规模和兵力总量。西夏的兵力是一个动态变化的总量，会随着国家的日益繁阜不断变化。总体上来讲，西夏兵力总量经过三个重要阶段。⑤

第一阶段为元昊即位之初，主要是李继迁和李德明发展为其奠定的基础，此时大概由李德明时期的十万人发展到十五万人。曾巩《隆平集·夏国赵保吉传》中记载："在德明时，兵十余万而已，曩霄（即元昊）之兵逾十五万。"王称《东都事略·夏国传》记载："曩霄有兵十五万八千五百人。"军队单位近乎精确到百。范仲淹亦称："其众总十五万，又选豪族善弓马三千人选直，伪号六班直。"

第二阶段为西夏立国前后，《续资治通鉴长编》记载，"自河北至午腊蒻

① 《续资治通鉴长编》卷四六四，哲宗元祐六年八月癸丑条。
② 《宋会要辑稿》，中华书局 2006 年版，第 7664 页。
③ 《宋史》卷四四七《徐徽言传》。
④ "辽重熙十五年（1046 年），为西南面招讨使，西征夏国。蒲奴以兵二千据河桥，聚巨舰数十艘，仍作大钩，人莫测。战之日，布舟于河，绵亘三十余里。遣人伺上流，有浮物辄取之"（《辽史》卷八七《萧蒲奴传》）。
⑤ 杜建录：《论西夏的人口》，《宁夏大学学报》2003 年第 1 期；赵斌、张瑞丽：《西夏开国人口论考》，《民族研究》2002 年第 6 期。

山七万人，以备契丹；河南洪州、白豹、安盐州、罗落、天都、惟精山等五万人，以备环庆、镇戎、原州；左厢宥州路五万人，以备环、延、麟、府；右厢甘州路三万人以备西蕃、回纥；贺兰驻兵五万、灵州五万人、兴州兴庆府七万人为镇守，总三十余万"。立国前的对外征战，使西夏的疆域面积迅速扩大，包括夏、银、绥、静、宥、灵、盐、会、胜、甘、凉、瓜、沙、肃等州，以及旧堡镇号为州的洪、定、威、怀、龙等州。① 另外，沿边蕃部也大量被西夏占有，仅延州北面的东菱、金明、万刘诸族胜兵就有数万之多，② 这样就使得西夏军队急剧扩大到37万—40万。

夏大安八年，即宋元丰五年（1082），西夏倾全国之力，调民为兵，十丁取九，得30万人，赍百日粮，屯泾原之北，俟官军出塞而击之。③ 虽然此役西夏不可能投入全部兵力，但30万人，大体反映了西夏总兵力的情况。

第三个阶段为西夏中后期，兵员多达60万至70万。由于战势的变化，为了保证兵源，西夏将服役年龄由15岁至60岁，延长到15岁至70岁。成书于中后期的《天盛改旧新定律令》卷六《抄分合除籍门》规定："诸转院各种独诱年十五当及丁，年至七十入老人中。"男孩从十岁开始就要登记注册，作为预备役，如果"年及十至十四不注册隐瞒时"，隐1至3人徒3个月，3至5人徒6个月，6至9人徒1年，10人以上一律徒2年。年十五以上隐瞒不注册时，对隐瞒者的处罚更重。由此看来，西夏中后期兵员增加到六七十万是完全可能的。

这里需要指出的是，西夏不同时期的兵员总额还应包括一部分女兵。西夏女兵谓之"麻魁"，她们或从军出征，或戍守城堡，或负责后勤杂役和打扫战场。夏大庆二年，即宋宝元元年（1038）宋将任福等袭破西夏重镇白豹城，

① 《续资治通鉴长编》卷一二〇，仁宗景祐四年十二月癸未条。
② 《续资治通鉴长编》卷一二六，仁宗康定元年二月癸丑条。
③ 《续资治通鉴长编》卷三二九，神宗元丰五年九月甲申条。

"禽伪张团练并蕃官四人，麻魁七人"。① 这里被俘的"麻魁"，就是与正军一起戍守白豹城的女兵。西夏法典《天盛律令》对女兵戍守城寨有明确的反映："守大城者，当使军士、正军、辅主、寨妇等众人依所定聚集而住，城司自己□□当提举。"② 如果"守营、垒、堡城者军溜等中，军士、寨妇等本人不往，向大小头监行贿，令某处住，往者、收留者罪相等，正军、辅主等一律十杖，寨妇笞二十，与行贿罪比较，按重者判断"。

---

① 《续资治通鉴长编》卷一二八，仁宗康定元年九月壬申条。
② 《天盛改旧新定律令》卷四《弃守大城门》。

四、兵器装备

西夏兵器名目繁多，按用途可分为进攻性兵器、指挥用具、防守器械和军马用具等。其中格斗类兵器居多，如刀、枪、剑、棍、叉、斧、钩、锤等。上述各式各类兵器，按照不同兵种和首领级别配备，"团练使上，帐、弓、矢各一，马五百疋，橐驼一，旗鼓五，枪、剑、棍棓、秒袋、雨毡、浑脱、锹、镢、箭牌、铁笊篱各一。"①

（一）进攻兵器

1. 短兵器

在冷兵器时代的长兵器和短兵器其实并没有非常严格的尺寸标准，《周礼·考工记》只提到长兵器最长不超过人的身长三倍，但短的究以多长为标准，没有具体尺寸。同时，历代兵器很多，形制、性能都不一样。为了便于研究，我们把等于身长或超过身长，在战斗时用两手操持的兵器列为长兵器。相反，凡不及身长，而以单手操持战斗的，则划为短兵器。② 长、短兵器相互配合，缺一不可，所谓"长以卫短，短以救长"。

---

① 《辽史》卷一一五《西夏外纪》。
② 韦镇福等：《中国军事史》（第 1 卷）《兵器》，解放军出版社 1983 年版，第 15 页。

（1）剑

剑是短兵器，素有"百兵之君"的美称。《释名·释兵》记载："剑，检也，所以防检非常也，又言敛也，其在身拱时，时敛在臂内也。其旁鼻曰镡，镡寻也，带所贯寻也。其末曰锋，锋末之言也。"① 由于古代战争首先在较远距离互射，之后是用长武器进行格斗，只有单兵作战，或双方混战在一起时才使用短剑，因此，《释名》解释其为"防检非常"。

西夏的剑锻铁而成②，其形制大小不一，有的长而直，"剑尖收起缩小，圆形护手盘，手柄上缠有饰带"；③ 有的则比较短小。1975 年在银川市西夏陵区六号陵墓室中出土了一把铁剑，其剑身长约 88 厘米，刃部最宽处约为五厘米，厚约一厘米五，剑柄呈管状的椭圆形，剑柄有鋬，径 2.8 厘米、长 3.6 厘米。④ 1993 年，在宁夏海原县的临羌寨古城遗址中，出土了一把铁剑，剑已严重锈腐，剑鞘、剑柄、圆形护手盘已失，剑形为直剑，剑尖收起缩小，手柄上留有缠饰带的痕迹，剑长 73.6 厘米，剑刃长 70 厘米，刃宽 4.2 厘米。⑤

西夏直柄铁剑（宁夏博物馆藏）

除了长剑之外，西夏还有一种又短又弯的宽剑。黑水城出土西夏素描画中的剑就有两类，一类是又宽又长的双刃剑，顶端稍窄，剑柄附有平衡饼；另一类是又短又弯的宽剑。⑥ 这种又短又弯的宽剑，当是西夏匕首或短刀。

---

① （汉）刘熙：《释名》卷七《释兵》，中华书局 1985 年版，第 113 页。

② 西夏文"剑"释："铁全从土；剑者武斗也，敌对有之兵器，为砍斗之谓。"（《文海》69.242）

③ ［俄］А·Л·捷连吉耶夫－卡坦斯基著，崔红芬、文志勇译：《西夏物质文化》，民族出版社 2006 年版，第 141 页。

④ 《大夏寻踪：西夏文物集萃》，中国社会科学出版社 2004 年版，第 120 页。

⑤ 李进增：《两件西夏兵器考略》，《西夏研究》2010 年第 1 期。

⑥ ［俄］А·Л·捷连吉耶夫－卡坦斯基著，王克孝、景永时译：《西夏书籍业》，宁夏人民出版社 2000 年版，第 148 页。

《宋名臣言行录》载,韩琦驻守延安时,西夏曾派刺客夜"携匕首入寝门",韩琪问是何人所派,刺客答道,是国相张元所派,最终因刺客不忍,只是取走了金带,并没取韩琦性命。[1]

榆林窟第 2 窟东壁西夏的《商人遇盗图》,描绘两个商人在途中遭遇手持剑的强盗。商人戴幞头,穿圆领长袍,而强盗头裹青巾,上身披软甲,外罩长袍前襟以腰带扎起,人物形象十分生动。[2] 反映出西夏的剑不仅是兵器,还是强盗打劫的凶器。

1977 年甘肃武威西郊林场西夏墓出土的《五男侍》木版画,描绘五位成年男子前后站立一行,脸一致侧向墓主人一边,分别拱手佩剑,拱手背包袱、双手捧脸盆、双手捧唾盂、拱手肩披长巾,是分别侍候男主人洗漱、更衣的侍者。[3] 可见佩剑已和洗漱、披巾一样成为日常生活的一部分。

西夏人掌握了冷锻硬化技术,"夏人剑"在当时享有很高的社会声誉,被太平老人《袖中锦》誉为"天下第一"[4],晁补之曾作歌称赞。[5] 宋钦宗也非常喜爱"夏国剑",并且随身佩带。[6]

我国古代无论是武将文臣,还是王公贵族,都有佩剑的习俗。对统治者

---

① (宋)朱熹:《宋名臣言行录·后集》卷一《尘史》,文渊阁四库全书本。

② 敦煌研究院编:《中国石窟:安西榆林窟》,文物出版社 1997 年版,图版第 133。

③ 汤晓芳:《西夏艺术》,宁夏人民出版社 2003 年版,第 43 页。

④ (宋)太平老人:《袖中锦·天下第一》:"天下第一监书、内酒、端砚、洛阳花、建州茶、蜀锦、定磁、浙漆、吴纸、晋铜、西马、东绢、契丹鞍、夏国剑、高丽秘色、兴化军子鱼、福州荔眼、温州桂、临江黄雀、江阴县河豚、金山咸鼓、简寂观苦笋、东华门把鲊,京兵,福建出秀才、大江以南大夫、江西湖外长老、京师妇人皆为天下第一,他处虽效之,终不及。"(丛书集成初编,商务印书馆 1936 年版)。

⑤ 晁补之《鸡肋集》载:宋代文学家苏轼在广陵曾见到宋将缴获的西夏剑,喜爱之极,并专门邀请了好友晁补之为西夏剑赋诗一首:"往年身夺五刀剑,名玉所摆犀札同。晨朝携来一府看,窈指私语惊庭中。红妆拥坐花照酒,青萍拨鞘堂生风。螺旋铓锷波起脊,白蛟双挟三苍龙。试人一缕立褫魄,戏客三招森动容。东坡喜为出好砺,洮鸭绿石如坚铜。收藏入匣人意定,峨眉稍进琉璃钟。太平君子尚小毖,戒惧邺小毋并蜂。舞干两阶庶可观,跳空七剑今何庸。"((宋)晁补之:《鸡肋集》卷一〇,四部丛刊本,1985 年,第 113 页)。

⑥ 《宋史·王伦传》载:"汴京失守,钦宗御宣德门,都人喧呼不已,伦乘势径造御前曰:臣能弹压之。钦宗解所佩夏国宝剑以赐。"(《宋史》卷三七一《王伦传》)

来讲，剑往往是身份和地位的象征。《隋书·礼仪志》载："一品，玉具剑，佩山玄玉。二品，金装剑，佩水苍玉。三品及开国子男，五等散品名号侯虽四、五品，并银装剑，佩水苍玉；侍中已下，通直郎已上，陪位则像剑。带真剑者，入宗庙及升殿，若在仗内，皆解剑。"①

深受中华传统文化影响的西夏也不例外，护卫国主的"帐门后宿属：正军有：官马、披、甲、弓一张、箭百枝、箭袋、银剑一柄、圆头木橹一、拨子手扣全、五寸叉一柄、囊一、弦一根、斧凿头二、长矛杖一枝"②。节亲、宰相、经略、内宫骑马、驸马等可以佩戴镶金宝剑，其他大小官员一律不得佩，否则犯僭越之罪。③ 夏毅宗谅祚曾遗赠宋使杨定"宝剑、宝鉴及金银物"④，宝剑成为收买人心的信物。

西夏剑还是一种驱魔辟邪的常用法器。1990 年维修宁夏贺兰县宏佛塔时出土的《玄武大帝图》，主尊玄武大帝披发搭肩，身穿黑色铠甲，腰束宽带，右手持剑。两侧侍卫持黑旗、执剑鞘的文臣与侍女共 12 人。或持黑色大旗、或握剑、或执金瓜。⑤《护法力士图》1990 年维修宁夏贺兰县宏佛塔时出土，画中力士，身青色，持宝剑，右手握长把三股叉法器。⑥

剑又是西夏的刑具。西夏死刑有绞、斩两种，斩首用剑。如犯故意杀人罪，是"庶人自互相杀时，杀一人、二人，一律造意、杀人者等以剑斩，有怨出力相助者等无期徒刑，而从犯徒十二年"⑦。

（2）刀

刀也是西夏短兵器，主要用于劈砍与格斗。由刀身和刀柄组成。刀身单

---

① （唐）魏征：《隋书》卷一一《礼仪志》。
② 《天盛改旧新定律令》卷五《军持兵器供给门》。
③ 《天盛改旧新定律令》规定："诸大小官员、僧人、道士诸人等敕禁：不允有金刀、金剑、金枪，以金骑鞍全盖全□，并以真玉为骑鞍。其中节亲、宰相及经略、内宫骑马、驸马，及往边地为军将等人允许镶金，停止为军将则不允再持用。"（《天盛改旧新定律令》卷七《敕禁门》）。
④ 《宋史》卷四八六《夏国传下》。
⑤ 汤晓芳：《西夏艺术》，宁夏人民出版社 2003 年版，第 34 页。
⑥ 汤晓芳：《西夏艺术》，宁夏人民出版社 2003 年版，第 35 页。
⑦ 《天盛改旧新定律令》卷一《为不道门》。

面侧刃、厚脊，便于砍杀而且不易折断。《释名．释兵》解释："刀，到也，以斩伐到其所也。其末曰锋，言若蜂刺之毒利也；其本曰环，形似环也；其室曰削，削峭也，其形峭杀裹刀体也。"①

　　党项内徙前就开始用"刀"砍杀，唐贞观八年（634），行军大总管李靖奉诏击吐谷浑，拓跋部首领拓跋赤辞屯驻狼道峡。廓州刺史久且洛生遣使谕以祸福，拓跋赤辞曰："浑主以腹心待我，不知其他，若速去，且污吾刀。"②拓跋赤辞在作战中便使用"刀"。西夏立国后，景宗李元昊为了笼络党项豪酋野利氏，曾赏赐宝刀给驻守天都山的"天都大王"野利遇乞。可是这把御赐宝刀，竟然成了宋将种世衡反间杀害野利遇乞的工具。种世衡收买夏人苏吃囊，盗得遇乞宝刀。然后散播谣言说野利遇乞投宋被杀，在边境祭奠遇乞，并留下宝刀。元昊看见刀后，乘机夺取遇乞兵权，并赐其死。③

　　内蒙古出土多种西夏铁刀，其中准格尔旗出土的西夏铁刀，宽背、直刃、刃横断面呈三角形。通长 39.4 厘米，刃宽 4.8—6.5 厘米，把长 8 厘米。④ 伊金霍洛旗牛其屹台窖藏西夏铁刀呈平背直刃，残长 13.5 厘米，宽 1.2 厘米。伊金霍洛旗公尼召乡根皮庙出土西夏铁刀则是弧背凹刃，背较厚，残长 8.5 厘米。⑤ 根据长短、形制来判断，以上出土的西夏刀应该都为手刀，即短柄铁刀，有护手。这种刀坚重有力，适合于近战劈砍对方。

　　党项民族狩猎放牧，短刀是其随身携带之物，既能刺敌防身，又能割肉食鲜。西夏武将佩带的蹀躞带中，短刀就是一个不可或缺的工具，武官"金涂银束带，垂蹀躞，佩解结锥、短刀、弓矢韣，马乘鲵皮鞍，垂红缨，打跨钹拂"，"每举兵，必率部长与猎，有获，则下马环坐饮，割鲜而食，各问所

① （汉）刘熙：《释名》卷七《释兵》，中华书局 1985 年版，第 110 页。
② 《新唐书》卷二二一《党项传》。
③ 《宋史》卷三三五《种世衡传》。
④ 伊克昭盟文物工作站：《准格尔旗发现西夏窖藏》，《文物》1987 年第 8 期。
⑤ 高毅、王志平：《内蒙古伊金霍洛旗发现西夏窖藏文物》，《考古》1987 年第 12 期。

见，择取其长。"① 天圣七年（1029）秋九月，宋安抚使派牙将张岊诘问党项
首领阿遇违约之故，阿遇辞穷，留张岊共食，席间阿遇用佩刀割肉让张岊吃，
张岊引吻就刀而食。②

西夏文小铜刀（内蒙古博物院藏）　　　　　西夏文小铜刀（吉林省博物院藏）

西夏的刀除自己锻造外，还有来自西域回鹘的，史载回鹘土产，珠玉为
最，其人"善造宾铁刀剑、乌金银器。多为商贾于燕，载以橐它（即骆驼）
过夏地，夏人率十而指一，必得其最上品者。"③

除铁刀外，西夏还有铜刀，形制较小，《西夏文物》收录 3 把，分别是长
18.6 厘米，刃宽处 1.7 厘米，刀柄一侧刻划西夏文四字，汉译"口阿口人"，
柄尾穿孔；长 11.8 厘米，刃宽处 1.5 厘米，无柄，尾部穿孔，一侧刻划西夏
文 4 字，汉译"此经典说"；长 19.5 厘米，柄宽 1.8 厘米。有穿，刀柄一侧刻
西夏文三个字，汉译"夏长苟（夏奴年）"，藏中国历史博物馆④。

（3）锤

锤是打击兵器，有铜制的，也有铁制的。这类兵器个别使用，不是军队
常备武器，没有一定的形制。一般使用这类兵器的将领比较勇猛，因此在中
国古代文学作品中往往夸大锤的大小和形制。

1993 年于宁夏海原县临羌寨出土了一种西夏武器，被定名为尚方令锤。

---

① 《宋史》卷四八五《夏国传》。
② 《西夏书事》卷一一。
③ （宋）洪皓撰：《松漠纪闻》卷一，文渊阁四库全书影印本 407—697。
④ 史金波、白滨、吴峰云：《西夏文物》，文物出版社 1988 年版，第 300 页。

该武器通长44厘米，铜铁合铸而成。锤的头部与底部为铜质八棱球形。柄为铁柄，圆柱形。握柄处环饰一铜质构件，上有兽面纹，似为虎形。

流星锤，又名飞锤，为手执打击兵器。一般在绳索的两端各系一锤，锤多为带角多面体铁锤。这种锤平时暗藏于身，用时一手投掷一锤，一手提后面一锤，以备不测。如果是单锤，在作战时，持此兵器者握于一定位置用力做圆周运动，当达到一定速度后，突然放松绳索，锤就直接抛去击中目标，再用绳索收回，是一种很难防御的攻击性武器。1993年出土于宁夏海原县临羌寨的流星锤，铜铁合铸，呈多棱锤形，径3.8厘米，锤上端铸有铁环，用来拴系绳索与锤头相连。①

铜流星锤
（西夏银川西夏陵区管理处藏）

（4）铁链夹棒

"铁链夹棒"又名"连挺""连枷""连枷"，初为农具，后逐渐发展为击打兵器。《释名》曰："枷，加也。加杖于柄头，以扦穗而出其谷也。"② 该兵器是以革条编索或铁链连接两节坚木棒而成，手持的一节木棒较长，另一节木棒相对较短，这样长短相差以免在劳动和攻击的时候伤到自己的手或身体。

铁连枷早在春秋时期就已经被运用于军事上，主要是作为守城御敌的常用器械，用来攻击匿藏于墙壁之外的入侵者。《墨子》卷一四《备城门》："城上二步一渠，渠立程丈三尺，冠长十尺，辟长六尺。二步一苔，苔广九尺，袤十二尺。二步置连挺、长斧、长椎各一物。"③ 至唐代杜佑《通典》卷一五

---

① 王志平、王昌丰、王爽：《西夏博物馆》，宁夏人民出版社2006年版，第104页。
② （汉）刘熙：《释名》卷七《释用器》，中华书局1985年版。
③ 方勇译注：《墨子》之《备城门》，中华书局2015年版，第485页。

二《兵五·守拒法》中记载"连梃,如打禾连枷状,打女墙外上城敌人"①。

到了宋代,连枷的兵器功能发生了一次蜕变,不但在城墙上御敌,而且成为地面攻防兵器,利用连枷中间有链条,曲线击打盾牌前后隐藏的敌兵。宋朝行军打仗采用稳妥防御的战术,注重阵图、阵法的运用,在阵图运用的过程中,用铁连枷隔着盾牌攻击来犯之敌。夏天授礼法延祚四年,即宋庆历元年(1041),知并州杨偕遣阳曲县主簿杨拯献《龙虎八阵图》及所制神盾、劈阵刀、手刀、铁连枷、铁简等,且言"《龙虎八阵图》有奇有正,有进有止,远则射,近则击以刀盾"②。西夏则通常采用主动进攻的战术,运用铁连枷攻击隐藏于盾牌之后的敌军。

宋曾公亮《武经总要前集·器图》载:"铁链夹棒。本出西戎,马上用之,以敌汉之步兵。其状如农家打麦之枷,以铁饰之,利用自上击下"③,文中记载的所谓"西戎",应指长期与北宋对抗的西夏。该铁链夹棒充分利用战马奔驰的冲击力,发挥精良的骑术,以重器打击身着优质甲胄的汉军,特别是'自上击下'来攻击步兵头部,是少数民族作战的技术优势。④也就是说真正将铁连枷从城防用具推广至战场的应该是西夏。《天盛改旧新定律令》记载的战具有"弓箭、枪剑、刀、铁连枷、马鞍、装箭袋、金、银、种种铁柄、披、甲、编连碎段"⑤,可见西夏铁连枷兵器不是个别使用,而是作为常规战具。

北宋铁连枷兵器在宋夏争战中广泛使用,边将狄青作战时,曾纵蕃落马二千出贼后,前后合击。"贼之标牌军为马军所冲突,皆不能驻。军士又纵马上以铁连枷击之,遂皆披靡,相枕藉死,贼遂大败。"⑥还有就是邠宁广锐都

---

①　(唐)杜佑撰,王文锦、王永兴等点校:《通典》卷一五二《兵五》,中华书局1996年版,第3897页。

②　《宋史》卷一九七《兵志十一》。

③　(宋)曾公亮:《武经总要前集》卷一二《守城》。

④　马明达:《说剑丛稿》(增订本),中华书局2007年版,第173页。

⑤　《天盛改旧新定律令》卷七《敕禁门》。

⑥　《曾巩集》卷五二《南丰先生集外文卷下》。

虞候吴逵与西夏没藏讹庞家奴王文谅因买马发生争斗，引发庆州发生兵乱，吴逵率众力战，用铁连枷杀贼首领。① 边帅韩琦认为，"马枪止试左右盘弄，而不较所刺中否，皆非实艺"。为此建议"凡马上使枪，左右十刺，得五中木人为及等。马上铁鞭、铁简、棍子、双剑、大斧、连枷之类，并是一法，每两条共重十斤为及等，但取左右实打有力者为中"②。加大连枷之类兵器的训练和校阅。

（5）骨朵

骨朵是一种特殊的棍棒兵器，亦名"骨朵子""胍肫""金瓜"，以铜铁或硬木制为蒜头或蒺藜状，贯于棍棒首端。考古界对早期这种带有装柄圆孔，套接在柄把顶端而成的复合器具，称为棍棒头，有圆球形、瓜棱形、多芒星形、多瘤形等多种式样。③ 唐宋以后，骨朵逐渐用于仪仗，为了更加壮观、威严，通常在骨朵上面涂以金银色，所以称为"金瓜""立瓜""卧瓜"。

《武经总要前集》中对骨朵种类、形制、用途等有详细记载："蒺藜、蒜头骨朵二色，以铁若木为大首。迹其意，本为胍肫，大腹也，谓其形如胍而大。后人语讹，以胍为骨，以肫为朵。其首形制不常，或为蒺藜，或为蒜首，俗以随宜呼之。短柄铁链皆骨朵类特形制小异尔。"④

骨朵作为兵器，其形象在宋、辽、金壁画中屡见不鲜。赤峰市敖汉旗辽代三号墓墓门两侧，各画有一契丹门吏，均半侧身相对而立，其服饰、所执兵器均相同。门吏髡发，只留鬓上两绺发结成辫从耳后下飘。身着蓝色圆领窄袖长袍，足蹬黑靴，"双手执瓜状骨朵，柄上有竹节式纹饰"。⑤ 库仑辽代二

① 《续资治通鉴长编》卷二二〇，神宗熙宁四年二月庚辰条。
② 《续资治通鉴长编》卷一三二，仁宗庆历元年五月丙寅条。
③ 田广林、刘安然、周海军：《关于那斯台遗址出土棍棒头性质的再讨论》，《辽宁师范大学学报》2017年第3期。
④ （宋）曾公亮：《武经总要前集》卷一三《器图》。
⑤ 张文静：《赤峰市敖汉旗羊山辽墓壁画研究》，中央民族大学2011年硕士学位论文，第28—29页。

号墓壁画中有几名侍卫手中都持有骨朵①，有趣的是左边的一位侍者将骨朵挂于腋窝下面，身体向右微微倾斜做休息状，表情十分轻松。河南宜阳县韩城镇仁厚村北发现的宋墓墓室顶部和四壁满绘壁画，其中墓门东侧绘一门吏，保存基本完好，该门吏头戴黑色直脚幞头，身着圆领红色袍服，腰围白色抱肚，手持兵器骨朵。②

骨朵是辽朝常规性兵器，每正军一名，"弓四、箭四百、长短枪、骨朵、斧钺、小旗"等③。金代将骨朵列为仪卫兵器，"左右卫将军、宿直将军，展紫，金束带，各执玉、水晶及金饰骨朵"④。文献记载的西夏常规兵器和仪卫兵器中虽没有骨朵，但在图像中多有描绘，敦煌莫高窟第 409 库西夏壁画《西夏皇帝供养像》中，皇帝身后有八个侍从，分别为皇帝张伞盖、执扇、捧弓箭、举宝剑、执金瓜、背盾牌。着圆领窄袖袍，腰束带，有护髀。⑤ 俄罗斯艾尔米塔什博物馆藏黑水城出土《西夏皇帝和众侍从》图，绘有一手持短骨朵的侍从。⑥

西夏笃信佛教，骨朵作为仪卫武器，不仅在世俗生活中出现，在佛教绘画中也有所描绘。俄藏西夏绢本彩绘《骑白马的多闻天》图中，在多闻天王前面开道的两名小侍卫，头戴黑色幞头，身着绿色铠甲，外披红色长袍，下身穿白色长裤，足登黑色长靴，二人做奔跑状，长袍随之飘起，肩上各扛有一长骨朵，骨朵杆部为赤色，骨朵头呈金黄色，形制非常清晰。⑦

2. 长兵器

长兵器是相对短兵器而言的，古代长兵器与短兵器的划分没有严格的尺

---

① 王健群、陈相伟：《库伦辽代壁画墓》，文物出版社 1989 年版，第 42 页。
② 洛阳古代艺术博物馆：《河南古代壁画馆·壁画品鉴》，中州古籍出版社 2014 年版，第 101 页。
③ 《辽史》卷三四《兵卫志》。
④ 《金史》卷四一《仪卫志上》。
⑤ 汤晓芳：《西夏艺术》，宁夏人民出版社 2003 年版，第 8 页。
⑥ 《俄藏黑水城艺术品》（一），上海古籍出版社 2008 年版，第 17 页。
⑦ 《俄藏黑水城艺术品》（一），上海古籍出版社 2008 年版，第 60 页。

寸标准，这里将等于或超过身长、多用双手操持的冷兵器列为长兵器。和短兵相比较，长兵器具有主动攻击、先发制人等特点。[①]

（1）枪、矛

枪、矛，属于直刺或扎挑类，有"百兵之王"之美誉。矛，又称稍、槊、鏦、䂎、铩、鋋，在我国出现较早，唐以后矛逐渐被枪所替代，通常被合称为枪矛，属"五兵"之一。[②] 原始社会时期，将经过打磨的石器或是坚硬锋利的骨头安装在木棍上，作为狩猎工具，极大提高了狩猎的杀伤力。至春秋战国时期，青铜矛、铁矛等金属矛成为战争的主要兵器。至唐宋时期，由于枪比矛轻便而锋利，步兵使用的矛被枪所替代，随后骑兵用的马槊也改为枪，后来亦统称为枪矛。宋朝是我国兵器集大成者，在《武经总要》中详细记载了双钩枪、单钩枪、环子枪、素木枪、鸦颈枪、锥枪、梭枪、槌枪和大宁枪等9种枪制，称为"枪九色"，并配有插图。[③]

枪是西夏军队装备的常规兵器，主要在农主、牧主、使军、诸臣僚、内宿后卫、神策内外侍等类属正军中配备，而独诱、帐门后宿的正军及其所有类属的辅主和负担的装备没有枪，帐门后宿属还配备了叉和凿斧头等不同式样兵器。[④] 西夏法律规定枪的式样、长短必须统一，杆部"一共长十一尺，务求一律"[⑤]。宁夏银川市西夏区西夏陵区八号陵甬道口内出土，一枝铁矛，一端有圆形鐏，径2.5厘米，另一端尖锐，通长57厘米，现藏宁夏回族自治区博物馆，[⑥] 该矛也可以称为西夏铁枪，枪头加上枪杆，其长度约为3.9米。[⑦]

---

① 于孟晨：《中国古代兵器图鉴》，西安出版社2017年版，第1页。

② 杨泓：《中国古代兵器通论》，紫禁城出版社2005年版，第111页。

③ （宋）曾公亮：《武经总要前集》，《器图》。

④ 《天盛改旧新定律令》："帐门后宿属：正军有：官马、甲、披、弓一张、箭百枝、箭袋、银剑一柄、圆头木橹一、拔子手扣全、五寸叉一柄、囊一、弦一根、凿斧头二、长矛杖一枝。"（《天盛改旧新定律令》卷五《军持兵器供给门》）

⑤ 《天盛改旧新定律令》卷五《军持兵器供给门》。

⑥ 史金波、白滨、吴峰云：《西夏文物》，文物出版社1988年版，图版202。

⑦ 史金波：《西夏度量衡刍议》，《固原师专学报》2002年第2期。史金波先生推算西夏一寸约为3.12厘米，接近唐制。

宋代西北地区的蕃枪当与西夏枪接近，为了便于作战，宋朝曾下令"在京府界，诸路马军枪手并改充弓箭手，兼习蕃枪"①。在军事训练中亦要求"步射执弓、发矢、运手、举足、移步，及马射、马使蕃枪、马上野战格斗，步用标排，皆有法象，凡千余言，使军士诵习焉"②。

（2）棍棒

棍棒类兵器因其无刃，通常归于砸击型兵器，宋代棍棒的形制多样，一般"取坚重木为之，长四五尺，异名有四：曰棒、曰榆、曰杵、曰杆，有以铁裹其上者，人谓河藜棒。近边臣于棒首镞锐刃，不作倒双钩，谓之钩棒。无刃而钩者，亦曰铁栎。植钉于上如狼牙者，曰狼牙棒。本末均大者为杵，长细而坚重者为杆，亦有施两鐏者，大抵皆棒之一种"③。

西夏棍棒属于常规兵器，史载"团练使以上，帐一、弓一、箭五百、马一、橐驼五、旗、鼓、枪、剑、棍棓、秒袋、披毡、浑脱、背索、锹钁、斤斧、箭牌、铁爪篱各一"④。西夏榆林窟第29窟南壁门东侧上层第三男供养人身后有三名男侍从，其中右侧侍从身穿长袖上衣，着小口窄裤，头扎巾，肩负长竿。⑤ 该侍从所持的长竿应该就是棍棒类兵器，按照棍棒与侍从的身高比例来看，棒长约2米。

3. 抛射兵器

抛射兵器主要指利用物体惯性，使其在空中独立飞行一段距离后杀伤敌人的冷兵器，按飞行动力的形式可划分为手抛兵器、抛掷器械和弹射器械。

（1）弓箭

华岳在《翠微北征录》中提到"军器三十有六，而弓为称首；武艺一十

---

① 《宋史》卷一九〇《兵志四》。
② 《宋史》卷一九五《兵志九》。
③ （宋）曾公亮：《武经总要前集》，《器图》。
④ 《宋史》卷四八六《夏国传》。
⑤ 汤晓芳：《西夏艺术》，宁夏人民出版社2003年版，第16页。

有八，而弓为第一"①，这是当时对兵器的一种共识，也反映了冷兵器时代，弓箭对于双方军队的影响。西夏弓制造经历了从少到多，从粗到精的过程。宋至道元年（995），宋太宗令卫士数百辈射于崇政殿庭，召李继迁使人张浦观之。士皆引满平射，有余力，浦大骇。上笑问浦："戎人敢敌否？"浦曰："蕃部弓弱矢短，但见此长大，人固已逃遁，况敢拒敌乎！"上因谓浦曰："戎人皆贫窭，饮食被服粗恶，无可恋者。继迁何不束身自归，永保富贵？"②

宋太宗意在昭示弓强人壮，欲令李继迁不战自降，令张浦骇然的并非宋军膂力，而是其劲弓。鉴于"蕃部弓弱矢短"，西夏特别重视对宋朝兵器的购置和制造技术的学习，大中祥符二年（1009）李德明曾派使臣专门向宋朝上书请求购买弓矢以及弩等物品，希望通过购买宋朝的武器装备自己，宋以"弩在禁科"③ 为由，拒绝了西夏的要求。西夏退而求其次，利用派遣使臣入京的机会，暗中在汴京仿造军器携归，大中祥符五年（1012），宋真宗专门下诏禁止。④

西夏立国后，随着社会经济的发展，包括弓箭在内的兵器制造技术迅速提升，出产良弓成为西夏兵器制造一大亮点，其中有用竹牛角"制弓极佳，尤且健劲"⑤。普通良弓"每副三贯七十钱"⑥，竹牛角之类制作的弓稀缺珍贵，"每张数百千，时边将有以十数献童贯者。"⑦ 元朝初年，西夏遗民以治弓见长，"小丑（唐兀人朵罗台的祖父）以业弓进，赐名怯延兀兰，命为怯怜口

---

① （清）华岳撰，马君骅点校：《翠微南征北征录合集》卷七《弓制》，黄山书社 2014 年版，第 225 页。

② 《续资治通鉴长编》卷三七，太宗至道元年三月己巳条。

③ 《续资治通鉴长编》卷七二，真宗大中祥符二年十一月丙子条。

④ 《续资治通鉴长编》卷七九，真宗大中祥符五年十一月丙午条。

⑤ "西夏有竹牛重数百斤，角甚长而黄黑相间，用以制弓极佳，尤且健劲……索价甚高，人皆不能辨，惟辛太尉道宗知此竹牛也。为弓则贵，为他则不足道。"（（宋）康与之：《昨梦录》，《丛书集成初编》，中华书局 1991 年版）。

⑥ 史金波：《西夏军事文书研究》，甘肃文化出版社 2021 年版，第 459 页。

⑦ （宋）庄绰：《鸡肋篇》卷上，中华书局 1997 年版。

行营弓匠百户。"① "夏人常八斤，以善造弓知见于帝，因每自矜曰：'国家方用武，耶律儒者，何用？'楚材曰：'治弓尚须用弓匠，为天下者岂可不用治天下匠耶？'帝闻之甚喜，日见亲用。"②

西夏弓箭主要由以下部分组成：

箭，亦称"矢""镝"，以弓弩发射，以锋刃杀伤敌人。箭由镞、羽、杆、栝组成，箭镞是用来杀伤敌人的，箭羽是用来保证箭飞行的稳定性和方向性，箭杆是连接箭镞和箭羽的部分，栝是用来瞄准的。箭的材质比较简单，有木质、铜质、铁质，到了汉代以后，军队基本就使用铁镞之箭作为重要战争装备了。西夏的"弓，皮弦；矢，沙柳干，中之必贯甲"③，这种柳干箭的效果非常接近宋代大量使用的木羽箭。④ 西夏柳木箭"每枝价一百十六钱"⑤。

夏大安七年，即宋元丰四年（1081）宋将李宪率兵攻打西夏，"大军过毫谷川，秉常僭号'御庄'之地，极有窖积，及贼垒一所，城甚坚完，无人戍守，惟有弓箭、铁杆极多，已遣逐军副将分兵发窖取谷及防城弓箭之类。"⑥ 1993 年在宁夏海原县贾埫乡马营村南临羌寨遗址中发现很多铁制的箭头，这些铁杆箭头残长分别在 4.9—13.6 厘米之间，箭杆多已经锈腐，从箭头上的痕迹看属于冷锻工艺。⑦ 同时出土的还有一些箭镞的鎏金冒，"冒"孔内留有木质遗物，长约 3.2 厘米。西夏榷场交易中的"鹿射箭"，能够公开通过榷场进行交易。三棱箭可以最大限度地保持箭端的锐利，同时飞行时阻力小，方向性好，有效地保证了箭射出后的稳定性和准确性。

弓矢囊，亦称弓矢鞬、弓箭葫芦，是专门用来盛放弓和箭的工具。《天盛

① 《元史》卷一三四《朵罗台传》。
② 《元史》卷一四六《耶律楚材传》。
③ 《宋史》卷四八六《夏国传下》。
④ "木羽箭。木羽者，以木为干羽。咸平初军校石归送上之。箭中人，虽干去镞留，牢不可拔，戎人最畏之"（《武经总要前集》卷一三《器图》）。
⑤ 史金波：《西夏军事文书研究》，甘肃文化出版社 2021 年版，第 459 页。
⑥ 《续资治通鉴长编》卷三一六，神宗元丰四年九月乙未条。
⑦ 李进兴：《两件西夏兵器考略》，《西夏研究》2010 年第 1 期。

改旧新定律令》称作"箭袋"，"牧主正军有：官马、弓一张、箭六十枝、箭袋、枪一枝、剑一柄、囊一、弦一根、长矛杖一枝、拨子手扣全。"① 善射军士配备一百枝箭，"不足数者须增足箭一百枝，务使全备。并应与箭筒一副一齐准备。"② 西夏箭袋材质有多种，质地不同价格不同，其中"桦皮每副二贯七百十六钱；羊皮每副五贯五百三钱"③。还有其他材料和贴金、镂刻等工艺。戴"金帖起云镂冠、银帖间金镂冠、黑漆冠，衣紫旋襕，金涂银束带，垂蹀躞，配解结锥、短刀、弓矢鞴"④ 的武将，其"弓矢鞴"就非同一般。

弓箭袋除了用于盛放弓箭外，还可以做行军打仗时宿营的枕头，又可作为听筒，来侦察敌军的远近。沈括《梦溪笔谈》中记载了"古法以牛革为矢服，卧则以为枕，取其中虚，附地枕之，数里内有人马声，则皆闻之。盖虚能纳声也"⑤。

弦，即弓弦，用于发射弓矢。牛筋或皮质制成，以牛筋最佳，也有用羊皮制作。史载西夏"人能寒暑饥渴，长于骑射而不能枪刀，出战用双日，避晦日，赍粮不过一旬。弓弩用柳杆皮弦，雨雪则不能施"⑥。牛筋弦比较贵，"五百二十钱。羊皮二百五十钱；牛皮二百六十钱"⑦。

拨子手扣，西夏文义为"拨子手扣置全"，其中第一、四字音译。据下文推断，可能为射箭用指拨一类，暂译如此。⑧《天盛改旧新定律令》规定：各种独诱类属正军配备官马、甲、披、弓一张、箭三十枝、枪一枝、剑一把、长矛杖一枝、全套拨子手扣。负担配备弓一张、箭二十枝、剑一把、长矛杖

---

① 《天盛改旧新定律令》卷五《军持兵器供给门》。
② 《天盛改旧新定律令》卷五《军持兵器供给门》。
③ 史金波：《西夏军事文书研究》，甘肃文化出版社 2021 年版，第 459 页。
④ 《宋史》卷四八五《夏国传下》。
⑤ 沈括：《梦溪笔谈》卷一九《器用》，上海古籍出版社 1978 年版。
⑥ （宋）曾巩：《隆平集》卷二〇《夏国传》。
⑦ 史金波：《西夏军事文书研究》，甘肃文化出版社 2021 年版，第 459 页。
⑧ 《天盛改旧新定律令》卷五"注释"。

一枝，"若发弓箭，则拨子手扣亦当供给"①。由此可见，"拨子手扣"是弓箭的配套装备，如果西夏的军士不配备弓箭，就不用配备拨子手扣；如果配备弓箭，就须配备拨子手扣。纵观中国古代射箭工具发展历史，这样的全套工具无非臂韝和扳指两种。其中护手工具为扳指或者是包括扳指在内的全套工具。护臂的工具为持弓手的护手，也就是臂韝。2003 年，在鄯善县吐峪沟乡洋海夏村的古代墓葬群中，曾发现 4 件时代相当于商代的古代臂韝实物。在编号为IM90 的 B 型墓葬中，还发现有一件以整块羊皮仿人手指制作而成的皮质扳指。

宋朝也有关于弓箭配套的保护手指装备名包指，《东坡外集》载"王诜又送弓一张，箭三十枝，包指一个与某"。②《续资治通鉴长编》载：监察御史王巖叟尝言：创袍、市巾、买弓、修箭、添弦、换包指、治鞍辔、盖凉棚、画象法、造队牌、缉架、儩椅桌、团典纸墨、看厅人催直、均菜缗、纳羁粒之类，其名百出，不可胜数。③

（2）弩机

弩是有机械装置的弓，它比弓射程远，精度高，持久力强，杀伤力大，但其装置复杂，操作更费时费力，主要由弩弓、弩臂和弩机组成。尽管弩比弓产生得晚，但其材料、功能、性质、形制有些相似，后世往往将二者混在一起不加区别，通常以弓弩总称，或以弓代之。

1993 年，宁夏海原县贾埫乡马营村南临羌寨遗址中发现很多弩机和铁制的箭头。有两种制式，其中一类为汉代，记载有东汉阳嘉年号等铭文 27 字，另一面有"十禾"二字，出土时其弩、悬刀、牙均失落，仅发现用于穿轴固在机身的"郭"。郭长 12.7 厘米，高 3.3 厘米，宽 3.6 厘米，弓力为四石，射程约合今 180 米，在西夏的城寨遗址中发现刻有汉代铭文的机弩，该机弩或为

---

① 《天盛改旧新定律令》卷五《军持兵器供给门》。
② （宋）苏轼：《东坡外集》卷八六《重编东坡先生外集》，明万历三六年康丕杨维杨府暑刻本。
③ 《续资治通鉴长编》卷三六一，神宗元丰八年十一月丙午条。

汉代就遗留于当地，或者西夏使用旧物，因无法断定不能妄加揣测；第二类
为西夏制式，这类制式较多，铜质杂多，有黄铜、红铜、青铜等，大小不一，
出土时较完整，悬刀、牙均在，其中里有铁质卡簧锈固在内，有的弩机在悬
刀上砸刻"皇王""杨志"的汉字铭文，也有西夏铭文的弩机，郭的两端呈燕
尾形，郭长 11.4 厘米。①

西夏铭文铜弩机　　　　　　　　　　　西夏鎏金铜盖弓帽
（银川西夏陵区管理处藏）　　　　　　（银川西夏陵区管理处藏）

1965 年 5 月和 1966 年，宁夏博物馆分别对石嘴山市庙台公社南约 1 公里
的西夏遗址省嵬城进行二次考古挖掘，共开探沟、探方面积 330 多平方米，并
对南城门址进行了清理。清理出大量的宋朝钱币、铁门钉、铁片、铁斧、刀、
弩机牙等物，其中弩机牙长 4 厘米。②

西夏弓弩的代表是被宋人誉为"最为利器"的神臂弓。神臂弓虽名为弓，
实际上是一种弩机，宋朝对于神臂弓的记载颇多，在沈括《梦溪笔谈》卷十
九《器用》中有记载，"熙宁中，李定献偏架弩，似弓而施干镫。以镫距地而
张之，射三百步，能洞重札，谓之'神臂弓'，最为利器。李定本党项羌
[酋]，自投归朝廷，官至防团而死。诸子皆以骁勇雄于西边。"③ 朱弁《曲洧
旧闻》卷九："神臂弓，盖熙宁初百姓李宏造，中贵张若水以献，其实弩也。
以㮿为身，檀为弰，铁为镺镫，铜为机，麻索系札，丝为弦。上命于玉津园

---

① 李进兴主编：《西夏天都海原文史》，第一届西夏学国际学术研讨会材料，1995 年，第 5 页。
② 宁夏回族自治区展览馆：《宁夏石嘴山市西夏城址试掘》，《考古》1981 年第 1 期。
③ （宋）沈括：《梦溪笔谈》卷一九《器用·神臂弓》，上海古籍出版社 1978 年版。

试之，射二百四十步有畸，入榆半笴。有司锯榆，张呈。上曰：此利器也。诏依样制造，至今用之。"① 《翠微北征录》亦载："神臂弩：桩牙里一尺八寸，葫芦头四寸，镫二尺，桩长二尺三寸，角檐长四尺五寸。"② 由于李宏和李定为西夏归明人李谦子③，他们熟悉西夏"神臂弓"，归宋后献于朝廷，宋人记录时，混淆二人姓名。

西夏神臂弓传入宋朝后，被宋人吸收改造后，成为克敌制胜的利器。宋洪迈《容斋三笔·神臂弓》载："弓之身三尺有二寸，弦长二尺有五寸，箭木羽长数寸，射二百四十余步，入榆木半笴。神宗阅试，甚善之，于是行用，而他弓矢弗能及。绍兴五年，韩世忠又侈大其制，更名克敌弓，以与金虏战，大获捷胜。"④ 也就是说，神臂弓的射程非常远，能达 240 余步，约合 372 米以上，仍能"入榆半笴"。到南宋初，经过韩世忠等众人的改进，神臂弓逐渐演变成克敌弓，可以"一人挽之，而射可及三百六十步"，使其射程得以大幅度地提高。而且效果也得到了明显改善，可以贯穿重甲，对铁骑兵有很大的杀伤力，"每射铁马，一发应弦而倒，金人震骇，若有鬼神"。⑤

与大型弓弩相比，神臂弓又非常机动灵活，操作简便，一人就可以发射，非常适合于战争。如《武经总要》中所记载的"二弓弩"，"以七十人张发一枪三刃箭，射及三百步。"⑥ 其他如手射弩、豆子弩等除操作复杂外，射程还不及神臂弓。因此神臂弓传入宋朝后在战争中屡屡发挥奇效，夏大安七年，即宋元丰四年（1081），宋将环庆经略使高遵裕至灵州城下，鄜延、环庆两路合一军，凡兵及夫三十万有奇。宋军初战不利，形势颇急，泾原路主帅刘昌祚令中军射神臂弓，又自出阵射之，凡数百发，射中首领仁多厓丁，贼稍北，

① （宋）朱弁：《曲洧旧闻》卷九《神臂弓》，中华书局 2002 年版。

② （清）岳华撰，马君骅点校：《翠微南征北征录合集》卷八《弩制》，黄山书社 2014 年版，第 228 页。

③ 《三晋石刻大全·吕梁市汾阳市卷》上编，三晋出版社 2017 年版，第 190—191 页。

④ （宋）洪迈：《容斋三笔》卷一六《神臂弓》。

⑤ （宋）徐梦莘：《三朝北盟会编》，绍兴二十一年八月，大化书局 1979 年版。

⑥ （宋）曾公亮：《武经总要前集》卷一三《器图》。

乘胜掩击，获印二、马一百四十匹，器甲倍之。① 夏天祐民安八年，即宋绍圣四年（1097）七月，吕惠卿遣副总管王愍统制诸将入界，二十九日至宥州，转战而南 70 余里，壁于秦王井，夏人复来攻，愍以神臂弓却之，全师振旅还，夏人登高不敢追。获器械 50 余件，牛羊 15000 余头。②

因此，宋朝廷对于神臂弓的重视到了极其严格的程度，远远超过了对其他武器装备的管理范围，将其列入机密武器，"诸神臂弓若官司置藏不密，致私传习并私习学，制造者以违制论并许人告"③，如果私自营造、私习以及军士毁弃、战阵亡失等，"罪轻者，流二千里，许人告。将校、节级不觉察，杖一百"。④

（3）火铳

火铳，为金属管形射击火器。古亦称炮，是由突火枪发展而成。《宋史·兵志十一》："突火枪，以巨竹为筒，内安子窠，如燃放焰绝，然后子窠发出，如炮声，远闻百五十余步。"该突火枪是运用射击原理发射弹丸的最早管形射击火器，中国兵器发展史上均将其视为近代枪炮之鼻祖。

1980 年 5 月甘肃省武威市城内针织厂厂房工程建设中，出土了一批窖藏文物，其中就包含了一尊保存完好的铜火铳。这尊铜火铳长 100 厘米，重108.5 公斤，由前膛、药室和尾銎三部分组成。火铳前膛长 17.5 厘米，炮口内径 1.0 厘米，外沿铸固籍，药室外突呈椭圆形，腹尾 85 厘米，上有小孔可置引火线，尾銎中空，口大底小，如喇叭形，两侧各有一 1.5 厘米的对称方孔，用来安装铁栓，连接支架，并起耳轴的作用。整个铜炮造型简单，制作粗糙。同时出土的 1 枚实心铁弹丸，弹面周围已经蚀损，呈不规则圆形，直径约 9 厘米，重 0.35 公斤，置于炮药室内。火铳的药室内，还发现 0.1 公斤黑

---

① 《续资治通鉴长编》卷三一九，神宗元丰四年十一月癸未条。
② 《续资治通鉴长编》卷四九〇，哲宗绍圣四年八月丙戌条。
③ 戴建国点校：《庆元条法事类》卷八《漏泄传报》，黑龙江人民出版社 2002 年版，第 148 页。
④ 戴建国点校：《庆元条法事类》卷八〇《毁失官私物·杂敕》，黑龙江人民出版社 2002 年版，第 909 页。

火药，出土后大部分已经散失。火药有粉末和颗粒两种，经检验分析，已失去爆炸性能。[①]

2002 年秋，宁夏银川市发现了另外 1 件铜火铳。基本形制与武威出土西夏铜火铳一样，也由前膛、药室、尾銎 3 个部分组成，全长 24 厘米，管壁厚达 0.8 厘米，重 1.5 公斤。前膛呈直筒状，长 13 厘米，内径 2.2 厘米，管口和靠近药室处各铸有一道加固箍，药室上应有引火线孔，但因锈蚀分辨不清；尾銎中空，呈喇叭状，长 6 厘米，尾端口径 4 厘米。从长度和重量来判断，应属于手铳。与该火铳出土的文物还有，大量北宋钱币，西夏"天盛元宝""皇建元宝"以及西夏特点的高足白瓷碗底，黑釉和白釉剔刻花残皮。因为非考古发掘，无正式的考古报告。[②]

（4）旋风炮

《宋史·夏国传》记载，西夏军队中"有炮手二百人号'泼喜'，陡立旋风炮于橐驼鞍，纵石如拳"[③]。这是利用杠杆原理将石块抛射出去的机械。《武经总要》中记载了单梢炮、双梢炮、五梢炮、七梢炮、旋风炮、虎蹲炮、柱腹炮、独脚旋风炮、旋风车炮、卧车炮、车行炮、旋风五炮、合炮、火炮等 10 余种。但其中最小的炮也要四十余人操作，才能成功发射，是一种大型武器。

与宋朝各类炮相比较，西夏的"旋风炮"是经过改良的抛射器，便于携带，并像旋风一样旋转自如，随意攻击任意方向的敌人，打破了以往抛石机单向抛射的禁锢，极大地推动了战场的适用性。

4. 攻城器械

攻城器械包括兵车、攻城槌、飞桥、云梯、巢车以及配合城池防御的辅

---

① 党寿山：《甘肃文物述略·武威塔儿湾出土的西夏瓷器》，《文物》2001 年第 10 期。
② 牛达生、牛志文：《西夏铜火铳：我国最早的金属管形火器》，《寻根》2004 年第 6 期。
③ 《宋史》卷四八六《夏国传下》。

助性器材，如铁蒺藜、拒马等，是大规模战争和争夺城池的必备兵器。

（1）对垒高车

对垒高车，大型攻城器械，高约数丈，可载数百人，填壕而进，俯以临城，又为云梯洞子各种攻具，以资捍御。① 该攻城武器与我国传统的"望楼""巢车"相似，② 西夏高车当是仿制改造而成。夏天祐民安八年，即宋绍圣四年（1097），宋朝在石门峡口好水河畔筑平夏城和灵平砦，作为进攻西夏的前沿阵地。夏崇宗李乾顺与国母梁太后亲率数十万大军进围平夏城，昼夜攻击14 日，无法破城，乃造对垒高车，填壕而进。然忽大风骤起，震折高车，夏师崩溃。梁太后恸哭流涕，裂面而还。③

（2）云梯等攻城器

云梯也是一种攻城兵器，最早时名为"钩援"。春秋时期，鲁人公输班将其进一步改进，又名飞梯等。该器具由两个部分组成，一是在一架可以推动的车上架起一个木棚，上面用生牛皮等材料加固，士兵在棚内推车快速向敌人城墙接近，木棚可以抵御城上弓矢檑木等攻击；二是将两个各长二丈以上的梯子连接在一起，并固定在车架上，通过转轴可折叠或拉伸。当云梯到了城墙下面，快速地拉伸折叠的梯子，搭成梯架，士兵通过梯架登上城墙，夺取攻城战争的胜利。

云梯形制多样，但基本原理大体相同，西夏云梯形制亦应如此。夏天授礼法延祚三年，即宋康定元年（1040）九月，知庆州任福破白豹城时，由西夏投诚来的蕃族杜文广带路并设计制造攻城云梯④，说明西夏人在立国初就掌握了云梯制作技术。夏大安十年，即宋元丰七年（1084）春正月，西夏大举

---

① 《续资治通鉴长编》卷五三〇，哲宗元符元年十月乙亥条。
② "凡望楼，与城望楼为一，所以下望楼中。事攻城，欲利推徙，故以车载。其制，以坚木为车坐，并辖长一丈五尺，下施四轮，轮高三尺五寸，上建望竿，长四十五尺，上径八寸，下径一尺二寸。上安望楼。……余制及候望法皆约城中望楼也"（《武经总要前集》卷十《攻城法》）。
③ 《续资治通鉴长编》卷五三〇，哲宗元符元年十月乙亥条。
④ 《宋会要辑稿》方域一八，第 9639 页。

攻兰州，云梯革洞，百道并进，由于兰州有备，十昼夜不能克，军中粮尽，乃解围。①

西夏还有一种名为鹅车的辅助攻城器械。鹅车是古代攻城常用的战车，前身是洞屋。洞屋也称洞子，如同一小屋，外面蒙上一层铁皮，底下有四轮，能够有效掩护攻城军士的身体。后来洞屋又与云梯整合，形如鹅状，兼顾防守与攻击。宣和年间（1119—1125），西夏进围震威城时，就造木鹅梯冲以攻，飞矢雨激，昼夜不止。②

（二）防御装备

1. 卫体武器

（1）铠甲

西夏甲胄材质有毡、皮革、铁、铜等，毡、皮容易腐烂，不能长久保存，没有实物出土，目前所见为金属甲片。2001年宁夏永宁县闽宁村西夏7号墓出土9件铁甲片，有的呈圆角长方形，有的呈圭形，微向外鼓，上有穿孔，分大、小、中型三种，大者分别长8.5厘米、宽4厘米；长8.2厘米、宽4.2厘米；长7.5厘米、宽4厘米；长6.2厘米、宽3.2厘米；长5厘米，宽5厘米。中者分别长6.8厘米、宽3厘米；长6.6厘米，宽3.2厘米．小者分别长5.2厘米、宽2.3厘米；长5.4厘米、宽2.3厘米。③ 这些形状、大小不同的铁甲片应该是铠甲的不同部位。

① 《西夏书事》卷二七。
② 《宋史》卷四四六《朱昭传》。
③ 宁夏文物考古研究所编著：《闽宁村西夏墓地》，科学出版社2004年版，第60—61页。

西夏铜甲片（银川西夏陵区管理处藏）

银川西夏陵区出土 52 件甲片，铜质，有的鎏金，呈柳叶形。这些甲片共有两种类型，一种长 9.9 厘米、宽 2.1 厘米，一端圆，一端平，圆端有 3 组钻孔，每组二孔，平端上有一孔，两孔中有两组钻孔，每组二孔。另一种长为 5.8 厘米，宽 1.8 厘米，圆端钻孔与长片相同，中部有一孔，平端两孔。这些甲片制作精美，薄厚均匀，孔眼一致。① 这些甲片出土于西夏帝陵墓室，鎏金不仅色彩鲜艳美观，更是身份和地位的象征，当是帝王的铠甲。这里的鎏金同"镏金"，就是把溶解在水银里的金子涂刷在银胎或铜胎甲片上的一种镀金方法。

西夏瘊子甲最为著名，"皆冷锻而成，坚滑光莹，非劲弩可入"② 。锻法与青唐吐蕃基本一致，"其始甚厚，不用火，冷锻之，比原厚三分减二，乃成。其末留箸头许不锻，隐然如瘊子，欲以验末锻时厚薄，如浚河留土笋也，谓之瘊子甲。"相传镇戎军府内存有一件宝器，是件用木匣盛着的铁甲。当宋朝名将韩琦任泾原路经略安抚使时，为了测试该瘊子甲的强度，在五十步之外的地方，用强弩射之，结果弓箭不能入。偶然有一支箭射了进去，穿透铁甲，乃是甲之钻孔，且箭头被甲的钻孔刮起一层铁皮，足见甲坚如此。③

----

① 史金波、白滨、吴峰云：《西夏文物》，文物出版社 1988 年版，图版 220。
② 《续资治通鉴长编》卷一三二，仁宗庆历元年五月甲戌条。
③ （宋）沈括撰：《梦溪笔谈》卷一九《器用》。

　　锁子甲，又称为"锁甲"，以金属环联缀甲片或完全由金属环套扣而成之铁甲。其甲五环相互，其中一环受镞，诸环共护，故箭不能入。该甲是由西域传入中国，三国时期已有明确记载，为唐代十三种甲之一。① 内蒙古额济纳旗附近出土的西夏锁子甲，其制作工艺与唐黑漆锁子甲记载相同，整件甲都用小铁环缀合而成，胸背甲皆两层，阔 65 厘米，掩臂单层，长 32 厘米，宽 21 厘米，裙单层，长 11 厘米，高 6.5 厘米。② 从这件甲的形制来看，应该是骑兵甲。该甲陈列于西夏陵博物馆内，保存完整、制作精美，甲全身连在一起，使用轻便，结构简单，防护面积大，大大提高了西夏部队的防护性。

　　西夏法典《天盛改旧新定律令》详细地规定了番甲的大小和构造，"甲：胸五，头宽七寸，长一尺二寸；背七，头宽一尺一寸，长一尺五寸；腰带约长三尺二寸；肋二，宽七寸；末尾三，宽一尺四寸，长九寸，头宽一尺；裙六，长一尺七寸，下宽一尺九寸，头宽一尺四寸；臂十七，前手口宽七寸半，长二尺，头宽一尺二寸，Δ 目下四，长五寸，口宽一尺一寸。"③ 其形制尺寸与唐宋略同。④

　　甲是西夏正军必备的战具，黑水城出土西夏军籍文书记录正军吉祥有"番杂甲：胸五、背六、肋三、结连接八、衣襟七、臂膊套十、手头护二、项遮一、都目下三、喉一、衣裙十二、更兜二、关子三、裹节袋绳索等全套"⑤。若丢失、损坏须赔偿，骑兵甲每副七十一贯一百二十钱；步兵甲每副四十二贯四百一钱，这在当时是十分昂贵的。

───────────

　　① （唐）李林甫等撰，陈仲夫点校：《唐六典》卷二二《少府军器监》，中华书局 2008 年版，第577 页。
　　② 王志平、王昌丰、王爽：《西夏博物馆》，宁夏人民出版社 2006 年版，第 110 页。
　　③ 《天盛改旧新定律令》卷五《季校门》。
　　④ 西夏的长度计量单位有寸、尺、丈等，史金波先生根据西夏首领印测算出，西夏时期一寸约合 3.12 厘米，与专家考证的唐代约为 3.11 厘米，宋代约为 3.16 厘米相比较，西夏尺寸接近唐制，与宋制也相去不远。(史金波：《西夏度量衡刍议》，《固原师专学报》2002 年第 2 期)。
　　⑤ 史金波：《西夏文军籍文书考略》，《中国史研究》2012 年第 4 期。

（2）马甲

马甲，亦称披、马铠、马具装，战马之防护装备。先秦驾车战马多披由大型皮甲片编缀之护颈及护身组成的皮质马甲。秦汉以后，骑兵兴起，马甲主要是对战骑的保护。晋代盛行重甲骑兵，马甲也趋于完备，有皮甲和铁甲之分，主要由护首之"面帘"、护颈之"鸡颈"、护胸之"当胸"，护身之"马身甲"，护臀之"搭后"及树立之"寄生"等六个部分组成。可以说，战马除耳目口鼻尾及四肢裸露外，主要部位均有护甲。明清以后，为减轻战马负担，一般不再使用重装马具。

西夏出产良马，注重重甲马具，《天盛改旧新定律令》规定："披者，'河'六，长一尺八寸，下宽三尺九寸；头五，长一尺五寸，头宽一尺七寸，下宽九寸；背三、长九寸，下宽一尺七寸；喉二，长宽同六寸；末尾十，长二尺八寸，下宽二尺九寸，头宽一尺七寸；盖二，长七寸，下宽一尺，头宽八寸。"① 黑水城出土西夏军籍文书记录："番杂披：红丹色麻六、颈五、肩护一、胸三、喉嗓二、末十马头套等全"②，印证了法律层面的规定。

2. 防御装备

（1）盾牌

盾牌，亦作楯、干、牌、伐等，遮挡箭矢锋刃的防护性兵器。宋夏时期，骑兵用的盾牌，体型较小，"施于马射，左臂系之，以扦飞矢"。在榆林窟第29窟南壁门东侧上层第三身男供养人后有侍从三人。画面前居中一人穿窄袖短胯衫，裤腿束在行縢（绑腿）中，秃发，身体微微向前倾斜，右臂提起，臂上系一小圆盾牌。③

古代战争不乏使盾的记载，盾牌一般不超过 3 尺长，多为长方形、梯形

---

①　《天盛改旧新定律令》卷五《季校门》。

②　史金波：《西夏文军籍文书考略》，《中国史研究》2012 年第 4 期。

③　汤晓芳等：《西夏艺术》，宁夏人民出版社 2003 年版，第 16 页。

和圆形。较大的盾叫吴魁、吴科。盾后有把手，便于作战时士卒手执，因此盾不会太大或太重。大型的盾称为"彭盾""旁盾"，一般"高约八尺，牌长可蔽身，内施枪木，倚立于地"。用于守城、水战、布营、布阵的盾为大型盾，叫橹，是防守的战具，非一两士卒可执。宋代盾多以木或金属制成，外面用皮革包起来，使之更加坚固。"以络编版谓之木络；以犀皮作之曰犀盾；以木作之曰木盾，皆因所用名也。彭牌，彭旁也，在旁排敌御攻也。"[1] 西夏士兵装备有"箭牌"，[2] 晋王察哥曾提出加强战备，"选蕃、汉壮勇，教以强弩，兼以摽牌，平居则带弓而锄，临戎则分番而进。以我国之短，易中国之长，如此则无敌于天下矣。"[3] 夏天授礼法延祚三年，即宋康定元年（1040），景宗元昊攻破金明寨，俘虏李士彬，随后长驱直入，进攻延州。鄜延路总管刘平统军救援，夜至三川口西十里扎营，遣骑兵先趋延州争门。结果被元昊包围在三川口，刘平与鄜延都监黄德和、巡检万俟政结阵东行，陷入元昊的偃月阵。元昊令步兵涉水为横阵，冲击官军，不胜。复蔽盾而前，令骁将扬言独当裨将郭遵，遵挥铁杵碎其脑，两军皆奋呼搏击，刘平右颈左耳中矢。[4] 文献记载西夏的盾有"后毡木橹"和"圆头木橹"[5] 两种，顾名思义，该盾主体木质，其上蒙以毡、皮，增强盾牌的防护效果和坚固性。夏元德八年，即宋靖康元年（1126），西夏大军介胄来，以毡盾自蔽，大举进攻震威城，昼夜进攻不止，守将朱昭战死。[6]

敦煌莫高窟第 409 窟皇帝出行图中，簇拥在皇帝身边的 8 名侍卫，手中各执仪卫兵器，其中最靠前的一名侍卫和最靠后的一名侍卫，均双手各执一骨朵，身后背一大圆盾牌，可见守卫的侍卫要承担更多的防护任务。[7]

① （汉）刘熙：《释名》卷七《释兵》，中华书局 1985 年版。
② 《宋史》卷四四六《朱昭传》。
③ 《西夏书事》卷三一。
④ 《宋史》卷三二五《郭遵传》。
⑤ 《天盛改旧新定律令》卷五《季校门》。
⑥ 《宋史》卷四四六《朱昭传》。
⑦ 汤晓芳等：《西夏艺术》，宁夏人民出版社 2003 年版，第 8 页。

(2) 蒺藜

蒺藜，有铁、瓷、木等质地。铁蒺藜，亦称"渠答"，俗称扎马钉、冷角、铁菱角，因其形体如蒺藜（一种蔓生草本植物）而得名，是常用的防御性器具。其构造简单，一般有四根外伸的尖锐铁峰，每根长4至5厘米，多数中央有孔，可以用绳索串联，便于携带、布设、收取。常在敌人通过的土质较硬的道路上或浅水底布设，对敌人马起扎、滞、阻的作用。布设时，其铁锋总有一锋朝天，以刺伤敌人马脚掌。战国时期就已经开始使用铁蒺藜作战，当时的野战、城市防守、坑道战等都布防有蒺藜。唐代把铁蒺藜叫"铁菱"，由军器监统一制作生产。西夏文《六韬·虎韬》："三军据守可用：木蒺藜，高低二尺五寸，百二十具。败步骑，要穷寇，遮走北。狭路微径，张黑铁蒺藜，芒四寸，广八寸，长六寸以上，千二百具，败步骑。突暝来前促战，白刃接，铺两镞蒺藜，地罗，参连织女，各间隔一尺二寸，一万二千枚。"① 可见，中国古代战争中很早就使用铁蒺藜，且铁蒺藜在战争中使用数量非常大，种类也比较多。②

《武经总要》"铁蒺藜"条记载，"铁菱角如铁蒺藜布水中刺人马足"，"铁蒺藜并以置贼来要路，使人马不得骋。"③ 宋朝除了在防守中大量使用铁蒺藜，同时将其开发成攻击性武器，如"蒺藜火球，以三枝六首铁刃，以火药团之，中贯麻绳，长一丈二尺，外以纸并杂药傅之。又施铁蒺藜八枚，各有逆鬃，放时烧铁锥烙透令焰出"④。

铁蒺藜是西夏军队必备的防御战具⑤，内宿后卫配有官马、披、甲、弓一张、箭百枝、箭袋、枪一枝、剑一柄、圆头木樽一、长矛杖一枝、拨子手扣

---

① 贾常业：《西夏文译本〈六韬〉解读》，《西夏研究》2011年第2期。
② 刘旭：《中国古代兵器图册》，北京图书馆出版社1986年版，第210页。
③ 《武经总要前集》卷一二《守城》。
④ 《武经总要前集》卷一二《守城》。
⑤ 《天盛改旧新定律令》规定："箭袋、弓、箭、枪、剑、木樽、革、囊、弓弦、矛杖、砍斧、铁蒺藜、锹镢、披、甲、缚袋等各种杂物，虚报一种至十种，十杖。"

全、五寸叉一柄、弦一根、囊一、凿斧头二、铁笕篱一。① 这里的铁笕篱或为铁蒺藜。

宋夏战争中，双方都用铁蒺藜御敌。夏毅宗谅祚曾亲率军数万攻大顺，守将蔡挺料城坚不可破，而柔远城恶，亟遣总管张玉将锐师守之。先布铁蒺藜于大顺城旁水中，骑渡水多踬，惊言有神。②

西夏褐釉瓷蒺藜（隆德县文物管理所藏）

瓷蒺藜一般为球形，有平底，表面有乳钉，其功能有两种，一种和铁蒺藜同；另一蒺藜上有一小孔可以装上火药、引线、点燃后扔向敌人，火药爆炸后可以达到杀伤的效果。陕西榆林考古挖掘时发现"瓷蒺藜里面装有黑火药，并有引线"③。1994年甘肃省武威市文管会在长城乡西湖村征集到一枚西夏瓷蒺藜，保存基本完好，为平底球形状，直径18厘米，高10厘米；上部弧形顶端开一小孔，直径1.2厘米，为装置火药及置引火线的小孔。外表为彩色绿釉。球上有逆刺16个，分上中下三层，上下各4个，中间为8个，逆刺长约3厘米。中间为空心药室，内装有小铁块，重达2.5公斤。④

---

① 《天盛改旧新定律令》卷五《军持兵器供给门》。
② 《宋史》卷三二八《蔡挺传》。
③ 《探秘榆林镇北台长城博物馆瓷蒺藜》，《榆林日报》2012年8月27日。
④ 黎大祥：《武威文物研究文集》，《武威发现西夏瓷制火蒺藜》，甘肃文化出版社2002年版，第233页。

3. 锹镢

锹、镢，既是常用农具，也是军事装备。锹亦称"削""椑""梟""铧""舌"等，主要用于翻挖土沙。镢，又称镐，一般有单斜面和双斜面刃。镢的顶端有长方銎，銎中安装长把木柄。最初为石刃，春秋战国时期已有金属刃，主要用于深刨土地，或者开山、劈木头等。夏汉双解词语集《番汉合时掌中珠》记有"镢枕""锹"。① 榆林窟第三窟内室东壁南端西夏生产工具图，就有锹、镢、锄、犁耙等，这些农具的刃皆为铁制，形状与近代农具相似。可见西夏时期的农耕技术与工具，与中原十分接近。②

《六韬·农器》将镢、锸、斧、锯、臼、杵列为"攻城器也"③。《武经总要·守城》记载："常置城上锹镢铲斧牛皮以应缓急。"④ 凡诸攻不利，必引水灌城，"若水已入城，则于新筑墙外，作船20支。选勇士每船30人，质其父母妻子，各授弓弩短兵锹镢。遣瞑夜从门衔枚并出，决贼堤。"⑤ 后唐长兴四年（933）秋七月，发大军进攻夏州，州城为赫连勃勃蒸土所筑，坚如铁石，后唐军攻之不克，乃穴地道至城下，铲凿不能入。⑥

锹、镢在宋夏争战中发挥重要作用，夏天祐民安八年，宋绍圣四年（1097），宋于石门峡好水川之阴筑城，控扼西夏韦州、灵、夏诸隘。梁氏太后举国来争，分头暴集，人各携草一束，锹镢一具，填壕而过，劚掘城身。左骁骑使姚雄奋勇迎击，流矢注肩，战益厉。夏兵引却，被斩三千余级，俘虏数万，城遂成，赐名平夏。⑦ 夏雍宁三年，即宋政和六年（1116）冬十一月，夏崇宗乾顺大举来攻，时久无雪，先使数万骑绕城践尘涨天，潜穿壕为

---

① 《俄藏黑水城文献》第10册《番汉合时掌中珠》，上海古籍出版社1999年版。
② 王静如：《敦煌莫高窟和安西榆林窟中的西夏壁画》，《文物》1980年第9期。
③ 贾常业：《西夏文译本〈六韬〉解读》，《西夏研究》2011年第2期。
④ （宋）曾公亮：《武经总要前集》卷一二《守城》。
⑤ （宋）曾公亮：《武经总要前集》卷一二《守城》。
⑥ 《旧五代史》卷一三二《李仁福传》。
⑦ 《西夏书事》卷三〇。

地道入城，靖夏城城陷，尽屠之，以报仁多泉之役。①

（三）运输装备

1. 战马

冷兵器时代，战马是宝贵的军用物资和战略资源。西夏盛产良马，党项人进入河西陇右后，在传统畜牧业的基础上，又继承汉唐以来的养马技术，培育出的"党项马"从中唐开始就驰名中原，唐朝著名诗人元稹有生动的描述："求珠驾沧海，采玉上荆衡，北买党项马，西擒吐蕃鹦。"② 党项马和沧海珠、荆衡玉、吐蕃鹦一样，是当时著名商品。宋初在缘边市马，以"陕右诸州最盛，河东、川峡仅居其半"。西夏频繁遣往宋、辽、金的贡使，也大量以马、驼作为贡品。因此，对马的牧养尤为重视。③

党项马速度快，耐力好，西夏谚语讲"快马星速无伦比"，"路长骑马显威力"④，宋人何常在介绍西夏"铁鹞子"时提到"有平夏骑兵谓之'铁鹞子'者，百里而走，千里而期，最能倏往忽来，若电击云飞"⑤。宋范雍诗云："七百里山界，飞沙与乱云。虏骑择虚至，戍兵常忌分。啸聚类宿鸟，奔败如惊麇。难稽守边谣，应敌若丝棼。"⑥

冲击力强是西夏战骑的又一优势，每"用兵以铁骑为前军，乘善马，重甲，刺斫不入。"庆历年间（1041—1048）西夏取得三大战役胜利原因之一，就是一开始就纵铁鹞子冲散宋军，随后步兵挽强弓射击，锋不可当，最后导致宋军大败。所谓"每于平原驰骋之处遇敌，则多用铁鹞子以为冲冒奔突之

---

① 《宋史》卷四八六《夏国传下》。
② （唐）元稹：《元稹集》卷二三《乐府·估客乐》，中华书局 2009 年版。
③ 《天盛改旧新定律令》卷一九《畜利限门》。
④ 陈炳应：《西夏谚语——新集锦成对谚语》，陕西人民出版社 1993 年版，第 9 页。
⑤ 《宋史》卷一九〇《兵四·河东陕西弓箭手》。
⑥ （宋）田况撰，张其凡校：《儒林公议》卷下《范雍赋诗言夏事》，中华书局 2017 年版，第 71 页。

兵"①。夏天祐民安三年，宋元祐七年（1092 年）十二月，西夏铁鹞子数万迫
近洪德寨②，可见规模之大。

西夏的战骑人马重甲，兵士和战马钩连在一起，形成一个个移动的"铁
林""铁塔""铁浮图"，势不可挡。由于"用钩索绞联，虽死马上不坠，遇
战则先出铁骑突阵，阵乱则冲击之，步兵挟骑以进"③。宋人范镇《东斋记
事》记载："铁鹞子，贼中谓之'铁林'，骑士以索贯穿于马上，虽死不堕，
以豪族子弟亲信者为之。"④ 这种方法比金朝的"拐子马"更具有灵活性和独
立性，金朝的"拐子马"是"三马相连，一马仆，二马不能行"。

2. 骆驼

骆驼主要产于阿拉善与鄂尔多斯戈壁荒滩，性驯耐渴，行步稳健。沙漠
中既不能行舟，又不能通车，且气候干燥，水草匮乏，故行路运货，多用骆
驼。宋太平兴国六年（981），王延德出使高昌，就途经鄂尔多斯渡过黄河，
穿越乌兰布和沙漠，"沙深三尺，马不能行，行者皆乘橐驼。"

将骆驼用于军事是一大特点，《宋史·夏国传》记载："凡正军给长生马、
驼各一。"⑤ 骆驼主要驮运军用物资，西夏"泼喜"炮就是用骆驼运载的，
"有炮手二百人号'泼喜'，陟立旋风炮于橐驼鞍，纵石如拳"。⑥

夏延嗣宁国元年，即宋皇祐元年（1049），辽兴宗率军伐夏，北路军突入
西夏的右厢地区，"至西凉府，获羊百万，橐驼二十万，牛五百"，辽军一次
俘获二十万头橐驼，足见牧养数量之多。⑦ 甘肃庆阳出土了一方西夏浮雕砖
《骆驼图》，图中的人物手持木棍，牵赶着一头骆驼。骆驼非常写实，头胸的

---

① 《宋史》卷一九〇《兵四·河东陕西弓箭手》。
② 《续资治通鉴长编》卷四七九，哲宗元祐七年十二月丁卯条。
③ 《宋史》卷四八六《夏国传下》。
④ （宋）范镇：《东斋记事》卷二，中华书局 1980 年版。
⑤ 《宋史》卷四八六《夏国传下》。
⑥ 《宋史》卷四八六《夏国传下》。
⑦ 《续资治通鉴长编》卷一六八，仁宗皇祐二年三月庚子条。

毛刻画细致，昂首抬腿，做行进状。另外，灵武窑出土有一尊褐釉卧式的瓷骆驼，形态逼真，两座驼峰高高耸立。①

3. 船只

黄河从西夏蜿蜒流过，西自青海，东迄天德（今内蒙古包头西），将两岸分割成若干地理单元，因此沿河摆渡和水运成为西夏又一重要交通运输方式。《天盛改旧新定律令》记载有来遣沟、坚金、来哕、草丘、红有、五儿、鼻捕、三波、特奴、菊主、啰嵬、旁契、旌竖、嗓连、定远县、卖住、石口、大都督府、连子旁、水木、黑谢、树黄、贺兰沟、荆棘口等 24 个渡口。②《西夏地形图》中也标有郭家渡、吕渡、顺化渡等渡口。除民用外，木船广泛用于军事交通和物资运输。

4. 浑脱

浑脱，亦称"浮囊""皮囊""熟囊"，浑脱泅渡是西夏最具特色的渡河方式。浑脱，本指将牛羊皮完整脱下，这里作名词，即完整的皮囊。③《武经总要》曰："浮囊者，以浑脱羊皮吹气令满，系其孔，束于腋下，浮渡。"④宋雍熙元年（984），王延德等使高昌途经西夏"茅女喝族，族临黄河，以羊皮为囊，吹气实之，浮于水"⑤。西夏军队的装备中，每人都配浑脱，遇水作

---

① 汤晓芳等：《西夏艺术》，宁夏人民出版社 2003 年版，第 84、132 页。
② 《天盛改旧新定律令》卷一七《库局分转派门》。
③ 羊皮浑脱制作方法是：宰杀山羊后，不开膛剖肚，而是从颈口取出骨肉，使皮张完好无损，将羊皮浸泡三四天，待有异臭后取出晾晒一天，去毛洗净，然后将原皮的四肢用细麻绳扎紧，从颈口灌进食盐半斤，水少许，胡麻油半斤，再扎住颈口，置于烈日下曝晒四至五日，待皮呈红褐色，柔软而不龟裂即可。使用时解开一肢上的麻绳，吹满空气，然后束紧，挟在腋下泅渡过河。牛皮浑脱不吹气，而是填满干草之类的轻泡物，可供数人泅渡。
④ （唐）杜佑撰，王文锦、王永兴点校：《通典》卷一六〇《兵·军行渡水附》，中华书局 1996 年版，第 4126 页。
⑤ 《宋史》卷四九〇《高昌国传》。

渡具，平居或行军盛饮水，一举两得。① 浑脱便于携带，西夏往往用于小股部队偷袭，熙河兰岷路经略司曾上言："兰州沿边安抚司申：有西界水贼数十人浮渡过河，射伤伏路人，寻斗敌，生擒九人。"② 这种泅渡工具也被宋人使用，苏辙指出："访闻河北道顷岁为羊浑脱，动以千计。浑脱之用，必军行乏（泛）水，过渡无船，然后须之。"③

明人叶子奇《草木子》记载：北人杀小牛。自脊上开一孔，遂旋取去内头和骨肉，外皮皆完，"谓之浑脱"④。西夏《文海·杂类》释"浑脱者皮不割全剥则谓浑脱"⑤。除了用小牛外，还用羊制作。

5. 皮筏

皮筏为木排和浑脱相结合的水运工具。将十几只乃至数百只充气皮囊固定在木排上，制成羊皮筏或牛皮筏，皮囊浮于水面，用来渡河或长短途运输。宋王延德路过黄河渡口，看见党项人"以羊皮为囊，吹气实之浮于水，或以骆驼牵木筏而渡"⑥。

---

① 《宋史》卷四八六《夏国传下》："凡正军给长生马、驼各一。团练使以上，帐一、弓一、箭五百、马一、橐驼五，旗、鼓、枪、剑、棍棓、钞袋、披毡、浑脱、背索、锹锸、斤斧、箭牌、铁笊篱各一"；《天盛改旧新定律令》记载牧主、农主、帐门后宿、内宿后卫、神策内外侍等所属正军皆配备囊，如"农主正军有：官马、剑一柄、弓一张、箭三十枝、枪一枝、囊一、拨子手扣、弦一根、矛杖长一枝"。这里的"囊"就是"浑脱"。
② 《续资治通鉴长编》卷四六四，哲宗元祐六年八月癸丑条。
③ （宋）苏辙：《栾城集》卷四一，文渊阁四库全书影印本。
④ （明）叶子奇：《草木子》卷四下《杂俎篇》，中华书局1959年版，第82页。
⑤ 史金波、白滨、黄振华：《文海研究》，中国社会科学出版社1983年版，第333、546页。
⑥ 《宋史》卷二四九《王延德传》。

五、后勤保障

西夏的部落社会和半农半牧经济形态，使其军事后勤保障兼具部落自给和官府保障两种方式。立国前部落自给为主，立国后随着社会的发展和制度的完善，粮秣补给由部落自给转向多渠道筹措，兵器补给由贸易、战争转向自主制造。

（一）后勤管理机构及其职能

1. 立国前军事后勤

早期党项活动范围东接临洮、西平，西拒叶护，南北数千里，处于山谷间，织牦牛尾及粘羖毛以为屋。服裘褐，披毡以为上饰，牧养犛牛、羊、猪等做食物，不知稼穑。① 各部落的生活物资也是他们的军事物资，如所骑乘的马匹，居住的帐房，食用的牛羊，手中武器都是最原始的后勤物资，平时是生产生活物资，战时是武器装备和粮饷，由大小首领掌握调度。

在社会生产落后的状况下，劫掠就成为其有效的后勤补给方式，获取战利品和分配战利品是部落首领发动战争的重要社会活动，魏、周之际，数次

---

① 《隋书》卷八三《党项传》。

侵扰内地。隋开皇十六年（596），再次寇会州，隋朝发陇西兵讨之，大破其众。① 内迁后，党项劫掠仍然不断，"凌犯为盗，日入慝作，谓之'刮城门'。居人惧骇，鲜有宁日"。②

拓跋部建立夏州节度政权后，专门设立军事后勤保障机构，如后唐定难军节度押衙白全周因"仕节度数政，备历辛勤，兼主回圄重务，助其府库，赡以军人"，且其子白友遇，"在军乘马"，次子白友琅，不仕，主持回易，亦赡军用。③

2. 立国后军事后勤相关机构

西夏立国时，在中央设文武两班，④ 在地方上设监军司，委豪右分统其众，这种建立在部落制基础上的统军体制，"每举兵，必率部长与猎，有获，则下马环坐饮，割鲜而食，各问所见，择取其长"。⑤ 还没有专门的军事后勤保障机构。但相关的机构中，具有军事后勤保障的职责。枢密作为最高军事机关，包括后勤保障在内的行军打仗的保障自然是分内的事。此外，群牧司、监军司、经略司以及陆续设置的铁工院、木工院、转运司都有军事后勤保障职责。

群牧司是西夏的最高畜牧管理机构，负责牧场管理、官畜繁殖、调拨供给。官牧场公畜成年后，由群牧司调配给军队以及马院、行宫司、皇城司、三司。行宫司、皇城司等机构御用马驼老弱不堪使用时，又转拨给群牧司，

---

① 《隋书》卷八三《党项传》。
② 《旧唐书》卷一五一《范希朝传》。
③ 杜建录：《党项西夏碑石整理研究》，上海古籍出版社2015年版，第42页。
④ 《宋史》卷四八五《夏国传上》载："其官分文武班，曰中书，曰枢密，曰三司，曰御史台，曰开封府，曰翊卫司，曰官计司，曰受纳司，曰农田司，曰群牧司，曰飞龙院，曰磨勘司，曰文思院，曰蕃学，曰汉学。"
⑤ 《宋史》卷四八五《夏国传上》。

"入杂分用中",① 作为一般公务用畜和肉畜。

监军司属于军事机构,除管理所部丁壮的军马,还有监管所属部落牧养的官畜的职责。② 这里需要指出的是,西夏军事指挥系统前后有所变化,立国初期监军司为地方最高军事机构,但在天盛(1149—1169)年间或此前,又出现了经略司和边地经略使的设置,它的地位仅次于中书、枢密,高于其他诸司,沿边重大军务、财务都要报请经略司批准。此后的监军司系统的官牧业也被称作经略司系统。③ 经略司兼有重要的军事后勤保障职责。

转运使一职设于唐代,唐末五代主要负责军用物资的传输转运,宋初职能发生变化,太平兴国二年(977)八月,宋太宗罢节镇领支郡制度后,"边防、盗贼、刑讼、金谷、按廉之任皆委于转运使。"④ 景宗元昊立国初尚未设置转运司,根据《天盛改旧新定律令》的记载,至少天盛年间(1149—1169)或此前,开始按地域设置转运司,负责军用物资在内的财赋的征收和转运⑤,其中京畿中兴府、大都督府设都转运司,其品级和群牧司、农田司平行,属中等司;西院、南院、寺庙山、肃州、瓜州、沙州、黑水、官黑山、卓啰等地设置转运司,其品级和地边城司平行。

铁工院,西夏末等司,专门管理西夏冶炼业务的部门,或类似隋唐之掌冶署,"掌熔铸铜铁器物之事"。景宗李元昊立国初年,在夏州东部弥陀洞往东七十里设有铁冶务,制造兵器,距河东麟府界黄河约七八十里。⑥ 明道元年

---

① 《天盛改旧新定律令》卷一九《供给驮门》:群牧司牧场"旧驯之公骆驼年年当分离,当托付行宫司","行宫司之公骆驼中之老弱不堪骑用者,当交群牧司,入杂分用中"。

② 西夏实行亦兵亦民的部落兵制,沿边监军司在实施军事防务的同时,又协助群牧司管理所属部落牧养的官畜,包括派员参与群牧司对官畜的校验。

③ 《天盛改旧新定律令》卷一九《畜患病门》规定:马、牛、驼、羊四种官畜患病时,"隶属于经略者,当速告经略处,不隶属于经略者,当速告群牧司"。

④ (元)马端临:《文献通考》卷六一《职官十五》。

⑤ 《天盛改旧新定律令》卷一五《渠水门》:"税户家主纳冬草、条等时,转运司大人、承旨中当派一库检校,当紧紧指挥库局分人,使明绳捆长短松紧,当依法如式捆之。五十日一番当计量"。

⑥ (宋)范仲淹,李勇先、刘琳、王蓉贵点校:《范仲淹全集》,《附录二年谱》,中华书局2020年版,第811页。

（1032），宋仁宗遣杨告为旌节官告使，前往兴州册元昊为西平王，杨告在会见元昊时，"闻屋后有数百人锻声"①，说明此时的西夏不仅掌握了冶铁技术，而且具备了较大的生产规模，为西夏军事的强大奠定了一定的物质基础。

铁工院锻熔铸的器具既有兵器，又有生产生活用具，根据工艺的要求，大致分为粗件锻打（打粗事）、细件锻打（打细事）、水磨打造（打水磨事）、生铁熔铸（熔生为熟）四类。② 法律规定，打镬头、斧头、钉七寸、五寸、四寸、熟勿、铁凿、铁杙、奈杵、斩刀、屠刀等粗件一斤耗八两；打三寸、二寸、常留、灯柱、火炉、火锹、铁罐、火筋、熨斗、镰、城叉、锯、推耙、辔衔铁、镫、锁簧、钩细、铡刀、钥匙、锹头等细件，一斤耗减十两，打黑铁、锅、刀剑、剪刀、边条、耙叶、锡罐、大小铁叶、金木护胸、辔头钉子、枪下刃等水磨件，一斤耗减十一两；熔生为熟，十斤耗减一斤。③

西夏以兵器制造为主的冶铁技术有两大特点，一是掌握了"淬火"和"回火"工艺，淬火是将钢加热到临界点温度以上，保温后进行快速冷却的热处理方法。回火是将淬火后的钢重新加热到临界点温度以下，保温后冷却，目的是改善淬火后的钢的性能，消除其内应力。通过这两道工序的配合，大大增强了兵器的韧性。

二是使用先进的鼓风设备，甘肃安西榆林窟第3窟的西夏壁画"千手观音变"中绘有一幅西夏锻铁图，反映了当时西夏锻铁铸造的生产场面。图中有一人在拉风箱，两人在锻铁。风箱为木制，约有一人多高，有两扇木门，门上各有拉杆，一人坐于风箱前，用双手交替推拉这两扇木门给冶铁炉连续鼓风。④ 这种竖式双扇风箱比韦囊鼓风更进了一步，可以为冶铁提供持续的高温，是后世抽拉风箱的前身，在当时处于领先地位。因此，西夏的兵器制作

① 《续资治通鉴长编》卷一一一，仁宗明道元年十一月癸巳条。
② 陈炳应：《〈天盛鼎新律令·物离库门〉译释》，李范文编《首届西夏学国际学术会议论文集》，宁夏人民出版社1995年版。
③ 《天盛改旧新定律令》卷一七《物离库门》。
④ 徐庄：《西夏双木扇式风箱在古代鼓风器发展中地位》，《宁夏社会科学》2008年第1期。

在当时已达到了相当高的水平，其中"夏人剑"被宋太平老人誉为"天下第
一"，夏人甲"坚滑光莹，非劲弩可入"。

西夏有弓箭匠、披铠匠、枪柄匠、箭袋匠、铁匠、炮工等，也是归相关
官营手工业生产部门管辖，进行军工生产。其中木工院，当有制造枪柄的职
责，法律规定"枪式者；杆部一共长十一尺，务求一律"①。

（二）军需供给及其管理

1. 后勤物资

（1）肉乳。肉乳是西夏军队行军打仗的重要粮秣。早期党项不知稼穑，
牧养牦牛、马、驴、羊、猪以供食。尽管还有一定的谷物做补充，但主食是
肉类。内迁后，大量党项人仍以游牧为生，继续保持肉食乳饮的生活习俗。
每次打仗驱羊马同行就有供给饮食的需要。宋将韩琦曾言："诚以昊贼据数州
之地，精兵不出四五万，余皆老弱妇女，举族而行。"② 这些举族而行的老弱
妇女，会大大增加食物的消耗量，驱赶牛羊就是最好的选择。李继迁起兵地
斤泽被曹光实夜袭，李继迁仅以身免，其母亲、妻子、羊马器械万计被宋军
所获。这些数以万计的牛羊就是李继迁的粮饷。

乳制品也是西夏重要的食品之一，主要有母牛、母羊和母骆驼乳加工的
奶酪和酥油，可随军携带。《文海》记载"酪，奶酪也，酿奶酪熟酪也"③。
《天盛改旧新定律令》规定"种种酥十两中可耗减二两"又"油酥一斛中可
耗减一斗"④。库存的乳制品很大部分是供给军队的。

（2）粮食。党项内迁后特别是立国前后，占据河套平原、河西走廊以及
横山山界亦农亦牧区，在先进的农耕文明影响下，逐渐学会农耕，他们的饮

---

① 《天盛改旧新定律令》卷五《军持兵器供给门》。
② 《续资治通鉴长编》卷一三一，仁宗庆历元年二月丙戌条。
③ 史金波、白滨、黄振华：《文海研究》，中国社会科学出版社 1983 年版，第 453 页。
④ 《天盛改旧新定律令》卷一七《物离库门》。

食结构也逐渐发生变化。西夏的粮食作物主要有水稻、小麦、大麦、荞麦、糜、粟、黍、黄谷、青稞、大豆、小豆、豇豆、豌豆、荚豆、荜豆、红豆、黑豆、赤豆、绿豆等。①

粮食作物易于保存，西夏对外作战时多携带粮饷，而不是驱赶牛羊。"出战率用只日，避晦日，赍粮不过一旬"②。用兵宋朝沿边，多点集后到横山就粮。宋朝夺取了横山之地后，西夏"疆地日蹙，兵势亦衰"，正如宋人所指出的，西夏"每于横山聚兵就粮，因以犯塞，稍入吾境，必有所获，此西人所以常获利。今天都、横山尽为我有，则遂以沙漠为界；彼无聚兵就粮之地，其欲犯塞难矣"③。

西夏部队开始带几日或者一旬的粮草，一旦进入敌境内，就开始劫掠而行，就粮草于敌，深谙《孙子兵法》之道："善用兵者，役不再籍，粮不三载，取用于国，因粮于敌，故军食可足也。国之贫于师者远输，远输则百姓贫。近师者贵卖，贵卖则百姓财竭，财竭则急于丘役。"④

（3）野菜草籽。《辽史·西夏外纪》曰：西夏"土产大麦、荜豆、青稞、床子、古子蔓、碱地蓬实、苁蓉苗、小芜荑、席鸡草子、地黄叶、登厢草、沙葱、野韭、拒灰条、白蒿、咸地松实"。《隆平集·西夏传》也有大致相同的记载："西北少五谷，军兴，粮馈止于大麦、荜豆、青麻子之类。其民则春食豉子蔓、碱蓬子，夏食苁蓉苗、小芜荑，秋食席鸡子、地黄叶、登厢草，冬则畜沙葱、野韭、拒霜、灰条子、白蒿、碱松子，以为岁计。"这些野菜草籽是西夏行军打仗和老百姓日常生活不可或缺的食物。

（4）武器装备。西夏武器装备的种类很多，前揭"凡正军给长生马、驼各一。团练使以上，帐一、弓一、箭五百、马一、骆驼五，旗、鼓、枪、剑、

---

① 杜建录：《西夏农作物考》，《国家图书馆学刊》2002 年西夏研究专号。
② 《宋史》卷四八六《夏国传下》。
③ 《续资治通鉴长编》卷五〇〇，哲宗元符元年七月甲子条。
④ 陈曦译注：《孙子兵法·作战篇》中华书局 2011 年版，第 26 页。

棍棓、秒袋、披毡、浑脱、背索、锹镢、斤斧、箭牌、铁爪篱各一。刺史以下，无帐无旗鼓，人各骆驼一、箭三百、幕梁一。兵三人同一幕梁。"①

2. 军需物资来源②

（1）赋税收入

田赋。田赋即土地税，主要有谷物和草两大类。谷物有小麦、大麦、糜、粟、豆、稻、荞麦。③河套灌溉平原按照土地脊肥分为五等征收，上等每亩一斗，次等八升，中等六升，下等五升，末等三升。④半农半牧的黑水地区每亩缴纳 1.25 升⑤，其中大麦等杂粮占 75%，小麦占 25%⑥，远低于黄河灌区每亩最低三升的法律规定，反映出黑水地区亩产量比较低。西夏在土地买卖中，

---

①　《宋史》卷四八六《夏国传》。

②　参见杜建录《西夏财政收入初探》，《西北师大学报》（社会科学版）1999 年第 1 期。

③　《宋史》卷四八六《夏国传》下记载，西夏"地饶五谷，尤宜稻麦"，在产水稻的河套地区，当缴稻谷；黑水出土西夏税粮文书记有小麦、大麦；夏宋缘边山界还包括荞麦，《圣立义海·地之名义》曰："坡谷地向柔，待雨宜种荞麦也。"西夏文本《碎金》云："回鹘饮乳浆，山讹嗜荞饼"，山讹乃横山党项。《宋史·夏国传上》曰：元昊"苦战倚山讹，山讹者，横山羌，平夏兵不及也"。"山讹嗜荞饼"，明确地反映了横山地区广种荞麦以及荞麦在当地人民生活中的重要地位。

④　潘洁：《〈天盛律令〉农业门整理研究》，上海古籍出版社 2016 年版，第 234 页。《天盛改旧新定律令》卷一五《催缴租门》规定："麦一种，灵武郡人当交纳。大麦一种，保静县人当交纳。黄麻、黄豆二种，华阳县家主当分别交纳。秫一种，临河县人当交纳。粟一种，治源县人当交纳。糜一种，定远、怀远二县人当交纳。"

⑤　编号 Инв. No. 1755 税粮文书：一顷五十亩，税一石八斗七升半，杂一石五斗，麦三斗七升半；三十亩，税三斗七升半，杂三斗，麦七升半。编号 Инв. No. 4067：一户梁吉祥有上十亩地，税一斗二升半，杂一斗，麦二升半，役五日，草十捆。（史金波《西夏经济文书研究》附录"西夏文经济文书录文、对译和意译"，第 467—471 页）。

⑥　编号 Инв. No. 1755、1178 耕地纳粮账记录，黑水地区地税中，杂细粮的比例是 4∶1，编号 Инв. No. 4840 户纳税粮账的比例也是如此："一户罗般若乐，大麦一石一斗五升，麦二斗〔八升七合半〕"；"一户正首领盛曼，大麦四斗三升，麦一斗七合〔半〕；一户叔嵬西九铁，大麦六斗七升，麦一斗六升半；一户嵬移茂，大麦一斗五升，麦三升七〔合半〕；一户麻则金吉，大麦六斗七升，麦一斗八升七〔合半〕"。（史金波：《西夏经济文书研究》，社会科学文献出版社 2017 年版，第 85 页）。

连同田赋一并过户给买家，最高亩税 3.3 升，最低 0.25 升，大部分在一升多。① 西夏约有 250 万亩土地，每亩收税平均按 4 升计，一年税粮 10 万石左右，若加上人口税、水税中收取的谷物，数量很可观。

草为西夏田赋的重要组成部分，除冬草蓬子、夏莠外，还有麦草、稻草、粟草等谷物秸秆与谷糠，法律规定"一顷五十亩一块地，麦草七捆，粟草三十捆，捆绳四尺五寸"②。黑水城出土田地税役草账记录，梁吉祥田地 10 亩，"税一斗二升半，杂一斗，麦二升半，役五日，草十捆"。③ 里溜赋税徭役统计中，也包括税草，一溜 54 户，税草 2931 捆，一溜 53 户，税草 2901 捆。④ 税草交官府所需处，"当入于三司库。逾期时与违纳租谷物之纳利相同"。⑤ 西夏法律规定"中兴府租院租钱及卖曲税钱等，每日之所得，每晚一番，五州地租院一个月一番，当告三司，依另列之磨勘法施行"⑥。可见在田赋中也开始征收货币。不过西夏的货币经济不发达，估计征收量不大。

人口税收。俄藏黑水城出土西夏文书中，有 5 件人口税账，有的先记录每溜总人口税，后面是分户人口税，有的只存每户人口税。无论哪种人口税

---

① 前揭黑水地区土地买卖过税最高亩税 3.3 升，最低 0.25 升，大部分在一升多，不同于正常纳税中的每亩 1.25 升。之所以出现这种情况，原因大致有三：一是黑水地区地广人稀，农民实际占有土地和官府地税册上土地数不完全一致；二是按照法律规定，新垦的生荒地三年内不纳税，三年后根据土地瘠肥情况，确定是五等地税中之一种（《天盛改旧新定律令》卷一五《取闲地门》），生熟地相混出卖，因此过户的地税较少；三是土地瘠肥不一。

② 《天盛改旧新定律令》卷一五《催缴租门》。

③ 编号 Инв. No. 4067 户耕地租役草税账，见史金波《西夏经济文书研究》附录"西夏文经济文书录文、对译和意译"，第 471 页。

④ 编号 Инв. No. 8372 里溜地税粮草役账："里溜吾移宝共五十四户，税三十六石六斗三升七合半，杂二十九石三斗一升，麦七石三斗二升七合半，役五十四人，草二千九百三十一捆；五十三户农人有杂细共三十六石二斗六升二合半，杂二十九石一斗，麦七石二斗五升二合半，役五十三人，草二千九百零一捆。"（史金波：《西夏经济文书研究》附录"西夏文经济文书录文、对译和意译"，第 476—477 页）。

⑤ 《天盛改旧新定律令》卷一五《催缴租门》。

⑥ 《天盛改旧新定律令》卷一七《库局分转派门》。

账，不分男女，只分大小，大口三斗，小口一斗五升。① 西夏的人口 30 余万帐（户），160 万口左右②，其中 15—70 岁成年人口③约占总人口的 70%，约 126 万。以此估计，126 万大口每人三斗，计 37.8 万石，50 万小口每人一斗五升，计 8.1 万石，总计 45.9 万石，接近田赋的一半。可见西夏人口税是财政收入的又一重要来源。

水税收入。俄藏黑水城出土文书中，有两件西夏水税账，其中一件记录撒一石种子地约缴纳水税 3 斗左右，另一件记录撒一石种子地约缴纳水税 2.5 斗，大致每亩 0.25 到 0.3 升左右，④ 低于每亩 1.25 升的税粮。黄河河套灌区水源充足，亩产量和地税远高于黑水地区，相应的灌溉水税也应高于该地。

摊派和买。摊派与和买为额外的收入，有的以官方谕文的形式向农牧民摊派钱物、红花、麻皮等；⑤ 有的以官府与国主需要为由，从广大农牧民手中和买杂物、牲畜及种种食物。本来按照法令规定，诸司如果派人"买种种官之物、杂财产、树草炭等，及临时买畜、物等，诸家主双方情愿，可买卖，不许强以逼迫买取"⑥。但在实际执行过程中，却常常是"压低家主之价值"⑦，因此，变相成一种额外的赋税收入。

---

① 俄藏编号 Инв. No. 4991《里溜人口税账》："一户高铁圆，四口，一石五斗。男一，高铁圆，三斗；女三，七斗五升，二大，六斗，没啰氏铁男，张氏铁男。一小，高氏铁金，一斗五升。一户嵬移成西男，三口，七斗五升。男二，四斗五升，一大，成西男三斗，一小，三宝犬，一斗五升；女大，卜氏显令，三斗。"（史金波：《西夏经济文书研究》附录"西夏文经济文书录文、对译和意译"，第 481—482 页）。

② 杜建录：《论西夏的人口》，《宁夏大学学报》2003 年第 1 期。

③ 《天盛改旧新定律令》卷六《抄分合除籍门》："诸转院各种独诱年十五当及丁，年至七十入老人中。"

④ 史金波：《西夏经济文书研究》，社会科学文献出版社 2017 年版，第 117—120 页。

⑤ 《天盛改旧新定律令》卷一五《催缴租门》："无官方谕文，不许擅自于租户家主收取钱物、花红、麻皮等种种及摊派杂事。若违律摊派时，已纳官库内，则依纳租法判断，自食之则与枉法贪赃罪比较，从重判断。若国家内临时修缮佛塔、寺院，建造大城、官地墓，为碑志等时，应不应于租户家主摊派杂事，当告中书、枢密，计量奏报实行。"这条不许擅自摊派的法律条文，恰恰反映了通过官方谕文形式的苛捐杂税的征收。

⑥ 《天盛改旧新定律令》卷一七《急用不买门》。

⑦ 《天盛改旧新定律令》卷一七《急用不买门》。

　　畜产税收。有关牲畜税的材料非常少，我们仅知道个体牧民按牲畜多少提供披、甲、马等军事装备。大致五十只羊、五条牛"则当烙印一马。有百只羊、十条牛则当寻马一及披、甲之一种，有二百只羊、十条牛者则当由私寻披、甲、马三种，当在册上注册"①。

　　商业税收。西夏所有交换都要纳税，仅黑水城出土"买卖税账"，就记有布匹买卖税、牲畜买卖税、人口买卖税等。② 这些买卖税多以粮食为等价物，如"卖布二匹，税三斗二升""卖羊三只，税二斗八升"，反映出西夏铜钱流通不足的特点。西夏盛行买卖婚姻，因而还征收所谓的媒人税与妇人价值税。③ 城镇的商家和在渡口摆渡的船家也须缴税，如果"关店逃税"④，或"偷渡逃税"是要受法律制裁的。⑤ 对宋贸易中，"汉收汉税，番收番税"，正如宋人文彦博所说的，"官中止量收汉人税钱，西界自收番客税利"。⑥ 对金贸易也是如此，交易完成后，榷场税务根据西夏客商交易货物扭算收税川绢，往往一个客商收取数十匹到数百匹川绢⑦，这里的川绢是货币等价物。

（2）官营采造

　　西夏盛产青白盐，境内盐池众多，《天盛改旧新定律令》记载的有文池、萨罗池、红池、贺兰池、特剋池、杂金池、大井集苇灰岬池、田堡池、中由角、西家池、啰皆池、坎奴池、乙姑池等，"池大则派二巡检，池小则派一巡检，与池税院局分人共监护之"⑧，即共同负责池盐的生产与征榷。盐课收入

---

　　① 《天盛改旧新定律令》卷五《季校门》。
　　② "买人税一石三斗""买骆驼税麦三斗""买布税一升""二匹布买税三斗二升""三羊买税二斗八升""七羊四羖买四斗二升"（史金波：《西夏经济文书研究》附录"西夏文经济文书录文、对译和意译"，第521—527页）。
　　③ 《天盛改旧新定律令》卷一八《缴买卖税门》。
　　④ 《天盛改旧新定律令》卷一八《缴买卖税门》。
　　⑤ 《天盛改旧新定律令》卷一一《渡船门》。
　　⑥ （宋）文彦博撰，申利校注：《文彦博集校注》卷一九《奏西夏誓诏事》，中华书局2016年版，第652页。
　　⑦ 杜建录、史金波：《西夏社会文书研究》，上海古籍出版社2012年增订本，第254—271页。
　　⑧ 《天盛改旧新定律令》卷一七《库监派遣调换门》。

在西夏财政中占有相当重要的地位，"元昊数州之地，财用所出，并仰给于青盐"①。

西夏造物收入种类繁多，仅《天盛改旧新定律令》卷一七《物离库门》记录的就有金器、银器、铜器、铁器、毛制品、丝织品、绳索、酒曲、钱币、曲酒等十几种，其中刀、枪、剑、斧头、锹、镢、镫、金木护胸、枪下刃、毡帐、绳索、酒、纸张等或是军需装备，或部分用于军需。

（3）官牧生产

官牧场牧人按照百大母骆驼一年限三十仔，百大母马一年五十驹，百大母牛一年六十犊，百大母羖羺一年六十羔羊，百大母牦牛一年五十犊的繁殖率，向封建政权缴纳幼畜，如果"不足者当令偿之，所超数年年当予牧人"②。除按一定的繁殖率缴纳幼畜外，牧人还要向官府上缴毛、绒、乳、酥等副产品。"四种畜中，牛、骆驼、羖羺等之年年应交毛、酥者，预先当由群牧司于畜册上算明，斤两总数、人名等当明之而入一册，预先引送皇城、三司、行宫司所管事处。各牧监本人处放置典册，当于盈能处计之，数目当足。本人院中大小牧监中当派小监，与告状接，依汇聚数进之，不许住滞一斤一两"③。其中大公驯骆驼每年纳腿、项绒八两，大母驯骆驼等三两，旧驯骆驼公母一律二两。"羖羺春毛绒七两，羊秋毛四两。羔夏毛二两，秋毛四两，羊绒不须纳"。大牦牛十两、小牛八两、犊五两春毛，"于纳羊绒之日交纳"。"母骆驼应算一仔二斤酥"，"母羖羺以羔羊计，一羊羔三两酥"④。上述官畜的毛、绒、酥缴纳后，"所遗尾数有未能偿之者，依时节按实卖法计价，当交钱"⑤。

（4）对外贸易收入

榷场贸易。榷场是政府之间大规模的交换商品的场所，景德四年（1007）

---

①　（宋）包拯，杨国宜校注：《包拯集校注》卷一《论杨守素》，黄山书社 1999 年版，第 42 页。
②　《天盛改旧新定律令》卷一九《畜利限门》。
③　《天盛改旧新定律令》卷一九《畜利限门》。
④　《天盛改旧新定律令》卷一九《畜利限门》。
⑤　《天盛改旧新定律令》卷一九《畜利限门》。

夏宋保安军榷场成立，西夏以驼、马、牛、羊、玉、毡毯、甘草易缯帛、罗绮；以蜜蜡、麝脐、毛褐、羱羚角、硇砂、柴胡、苁蓉、红花、翎毛易香药、瓷漆器、姜、桂等物[①]。"庆历议和（1044）"后，又增设镇戎军高平砦榷场。西夏与辽在云中西北过腰带上石椤坡，天德、云内、银瓮口数处亦置市场，"唯铁禁甚严禁不得夹带交易"[②]。夏金榷场主要设在东胜、环州、兰州、保安、绥德等处，西夏以珠玉交易金人丝帛[③]。黑水城出土西夏商贸文书，是榷场使兼拘榷西凉府签判检验商人货物，依例收税的文书。[④] 根据文书，货物先要经过政府"依法搜检"，确认"并无违禁"，才按例收税，发放凭证。交易的货物有押纱、川缬、小晕缬、小绝缬、大纱、小绫、中罗缬、小绢子、紫绮、黄押纱、紫押纱、黄褐、白褐、毛罗、小鞯、白缨、水獭皮、生姜、干姜、椒、蜜、挺茶、槐子、谷物、连抄纸、墨、笔、鹿射箭、大匙筋等。尽管这些物品是经过双方政府检查过，没有违禁物品。其中"鹿射箭"有可能是兵器，有的物品可以通过转换，变成军用物资。

　　和市交换。和市主要为满足百姓日常生活所需而设置的，其规模比榷场要小，但也有固定的场所，并经双方政府认可，可以说是合法的市场。德明时期（1004—1031）宋朝在陕西、河东缘边一带的延州、麟州、久良津、吴堡、银星、金汤、白豹、虾蟆、折姜等地都设有和市。此外还有西夏统治者不顾宋朝的反对，单方面设立的或羌汉人民私设的和市。其中有些事后得到了宋朝的承认。如文彦博所说："自来蕃汉客旅博易往还之处，相度置立和市，须至两界首开置市场，差官监辖蕃汉客旅，除违禁物色外，令取便交相转易，官中止量收汉人税钱，西界自收蕃客税例。"[⑤] 有些宋政府没有同意，

---

① 《宋史》卷一八六《食货志下八·互市舶法》。
② （宋）宇文懋昭，崔文印校证：《大金国志校证》卷一三，中华书局1986年版，第186页。
③ 《金史》卷一三四《西夏传》。
④ 《俄藏黑水城文献》第6册，上海古籍出版社2000年版，第279—286页。
⑤ （宋）文彦博撰，申利校注：《文彦博集校注》卷一九《奏西夏誓诏事》，中华书局2016年版，第653页。

可以说是非法的走私贸易。如咸平五年（1002），继迁所部在赤沙川、骆驼口"各置会贸易"①，就是一种定期的市场。又大中祥符二年（1009）十一月，河东缘边安抚司言："麟、府州民多赍轻货于夏州界，擅立榷场贸易。"② 赵德明多遣人于庆州"赍违禁物窃市于边"③。在亦兵亦民部落兵制下，和市交易的部分日用品在战争期间就是军需。

　　贡使贸易。贡使贸易指的是以贡奉的名义在沿途和京师进行的商品交换，夏宋贡使贸易从景德议和（1006）后发展起来，德明"称藩日久，岁遣人至京师贸易，出入民间如家"④。"朝贡之臣，每来如家，马牛驼羊之产，金银缯帛之货，不绝于地。"⑤ 夏辽贡使贸易也相当频繁，只是元昊即位以后，辽朝出于战略方面的考虑，"禁夏国使沿路私市金、铁"⑥。夏金从1124年起，"使副往来，听留都亭贸易"。金章宗即位后，一度下诏停止馆内贸易。两年后（1191）在西夏的要求下，又告恢复。不过，从此只允许夏国使臣在使馆内交易三天⑦。贡使贸易利润巨大，宋人苏轼曾指出：西夏"每一使赐予、贸易，无虑得绢五万余匹，归鬻之，其民匹五六千，民大悦，一使所获率不下二十万缗"⑧。西夏官府的这些收入，转化为军需补给，所谓"来使蕃汉之人，入京师贾贩，憧憧道路，百货所归，获中国之利，充入窟穴，贼因其事力，乃兴兵为乱"⑨。

---

① 《续资治通鉴长编》卷五一，真宗咸平五年正月甲子条。
② 《续资治通鉴长编》卷七二，真宗大中祥符二年十一月乙卯条。
③ 《续资治通鉴长编》卷七一，真宗大中祥符二年三月己卯条。
④ （宋）苏舜钦撰，沈文倬点校：《苏舜钦集》卷十六《韩公行状》，上海古籍出版社2011年版，第207页。
⑤ （宋）范仲淹：《范文正公集》卷九《答赵元昊书》，中华书局1990年版，第1099页。
⑥ 《辽史》卷一八《兴宗纪一》。
⑦ 《金史》卷一三四《西夏传》。
⑧ （宋）吕祖谦撰，任远点校：《皇朝文鉴》卷五五《奏疏·因擒鬼章论西羌夏人事宜札子》，浙江古籍出版社2008年版，第927页。
⑨ 《续资治通鉴长编》卷一三九，仁宗庆历三年二月乙卯条。

走私贸易。兵器等物资属于禁科，宋朝不允许出口①，西夏则通过走私的途径获取。一方面"多遣人赍违禁物，窃市于边"②；另一方面利用进奉机会，"挟带私物"。③ 有时暗中在汴京仿造宋朝军器携归，为此，宋真宗于大中祥符五年（1012年）下诏禁止"夏州进奉使造军器归本道"④。

（5）赐赠

庆历议和（1044年）后，宋朝岁赐西夏"绢十三万匹，银五万两，茶二万斤，进奉乾元节回赐银一万两，绢一万匹，茶五千斤，贺正贡献回赐银五千两，绢五千匹，茶五千斤，仲冬赐时服银五千两，绢五千匹，及赐生日礼物银器二千两，细衣着一千匹，杂帛二千匹"⑤。这些赐赠品，有的转化为军用物资，西夏军赏的茶，除了交换外，还包括"岁赐"。

（6）罚赎赃没

罚赎。西夏的罚与中原王朝的罚有所不同，它是把赎与罚结合起来。各种轻微犯罪时，一般对庶人处以杖刑，有官人罚纳马或铜钱。如渡口摆渡船家要缴纳渡船税，如果偷渡逃税"五十至一缗，庶人七杖，有官罚钱三缗。罪税钱一缗以上至二缗，有官罚钱五缗，庶人十杖。二缗以上一律有官罚马一，庶人十三杖"⑥。庶人十三杖，有官人罚一马最为普遍。⑦ 既然罚与赎是结合起来的，所以不仅有官庶的区别，而且在"有官"里，也有不同等级的差别，也即犯较重的罪时，官高者许纳马代刑，官低者则不许；犯死罪时，

---

　　① 《续资治通鉴长编》卷七二，真宗大中祥符二年十一月丙子条载："夏州进奉使白守贵等请市弓矢及弩，上以弩在禁科，不许。"
　　② 《续资治通鉴长编》卷七一，真宗大中祥符二年三月己卯条。
　　③ 《续资治通鉴长编》卷八三，真宗大中祥符七年十一月乙未条。
　　④ 《续资治通鉴长编》卷七九，真宗大中祥符五年十一月丙午条。
　　⑤ 《续资治通鉴长编》卷一五二，仁宗庆历四年十月己丑条。
　　⑥ 《天盛改旧新定律令》卷一一《渡船门》。
　　⑦ 《天盛改旧新定律令》规定：诸人放债，"本利相等以后，不允取超额。若违律得多利时，有官罚马一，庶人十三杖"（卷三《催索债利门》）；"诸司承旨、习判、都案、案头、司吏、都监、小监等不许于司中行大杖。违律时，有官罚马一，庶人十三杖"（卷九《行狱杖门》）。

高品级官员可通过降官罚马，免于刑事处分。[①] 显然，这里的"罚"在很大程度上具有"赎"的性质。除上述罚钱、罚马外，还有罚铁。[②]

赃钱。唐代赃罪有六，谓"受财枉法、不枉法、受所监临、强盗、窃盗并坐赃"。[③] 西夏坐赃亦大抵如此，官员判案时，枉法受贿自 100 钱至 4 缗，主犯分别判以 13 杖至绞杀，从犯判 10 杖至 12 年徒刑。不枉法受贿 100 钱至 80 缗以上，主犯处以 8 杖至 12 年徒刑，从犯处以 7 杖至 10 年徒刑。所贪赃物若三年以内物属者追告，当给属者。"若以审问得知，则当交官"。[④] 此外，各级官员在执行公务中收受贿赂，或利用职权违法摊派、贪污官物，也都属于贪赃枉法的范畴，所贪赃物并当交官，藏于罚赃库。[⑤]

没入。没是对违式犯禁之物、私度关之物以及谋反谋大逆者家资的籍没。"入者，谓得阑遗之物，限满无人识认者，入官及应入私之类"。[⑥] 譬如"诸人捡得畜，律令限期已过，应充公"。[⑦] "入"的财政意义不大，"没"的数量巨大。西夏法律规定，运钱到敌界或者私自铸钱、毁钱等，100 至 300 钱徒 3 个月，500 钱以上至 1 缗徒 6 个月，2 缗至 9 缗，徒 1 至 10 年，10 缗以上一律绞杀。所卖、铸、毁之钱，一律没收入官。[⑧] 犯谋逆、大不敬、背叛等十恶不

---

① 《天盛改旧新定律令》卷二《罪情与官品当门》："庶人获十三杖，徒三个月时：杂官'十乘'以上至'胜监'当受十三杖，应交十缗线。'暗监'以上至'拒邪'罚马一……庶人获二种死罪时：'十乘'官至'胜监'官，官、职、军皆革除，徒八年，日满依旧往。'暗监'官至'戏监'官，官、职、军皆革除，徒五年，日满依旧往。'头主'官至'柱趣'官，官、职、军皆革除，徒三年，日满当依旧往。'语抵'官至'真舍'官，官分两半降一分，罚马七，革职，军，依旧往。'调伏'官至'拒邪'官，官三分中降一分，罚马七，革职，勿革军，依旧往。"

② 《天盛改旧新定律令》规定："诸大人、承旨、习判、都案、案头等不赴任上及超出宽限期，又得职位官敕谕文已发而不赴任等，一律超一二日罚五斤铁，三四日十斤铁"（卷一〇《失职宽限变告门》）；灌区树木被牲畜啃食，"畜主人等一律庶人笞二十，有官罚铁五斤"（卷一五《地水杂罪门》）。

③ 刘文仪点校：《唐律疏议》卷二六《杂律》，法律出版社 1999 年版，第 516 页。

④ 《天盛改旧新定律令》卷二《贪状罪法门》。

⑤ 《天盛改旧新定律令》卷一七《库局分转派门》。

⑥ 刘文仪点校：《唐律疏议》卷三〇《断狱律》，法律出版社 1999 年版，第 611 页。

⑦ 《天盛改旧新定律令》卷一九《畜利限门》。

⑧ 《天盛改旧新定律令》卷七《敕禁门》。

赦罪，牲畜、粮食、财物、土地、人口等，全部没收入官。①

（7）战斗缴获

战场缴获、劫掠是西夏获得武器装备和战斗给养的重要方式，也是西夏"以战养战"的战略。至道二年（996），灵州军储空虚，宋朝命洛苑使白守荣等护送刍粟四十万于灵州。为防止李继迁劫掠，太宗"令分三辈护送，丁夫悉令持弓矢自卫，并给拒马、劲弩，以车乘行李，士卒令为方阵而行，若寇之至，则分布拒马、发劲弩，士卒列阵以待之"②。押运将校大意轻敌，遭李继迁伏击，"战具未暇施设，而丁夫先溃乱，相蹂践而死"。"继迁因劫辎重，遂猖獗自恣，敢窥灵武，驱乌合之众，顿坚城之下。"③

夏天祐民安七年，即宋绍圣三年（1096），夏崇宗李乾顺与母梁氏率众号五十万入鄜延，西自顺宁、招安，东自黑水、安定，中自塞门、龙安，金明以南二百里间，烽火相继不绝，游兵直至延州北五里。知州城有备，自长城一日驰至金明，列营环城，梁氏母子亲督桴鼓，城遂陷。守兵二千五百人，惟五人得脱，城中粮五万石、草千万束皆尽，杀皇城使张舆。④

为鼓励从战场上获取更多的辎重，西夏重奖战场缴获，军事法典《贞观玉镜将》明确规定，将领在战斗中亲自"杀一人以上，一律加一官，当得二十两银碗，衣服一袭七带，五两银腰带一条，茶、绢五十"⑤。战斗中所获人、马、铠甲、旗、鼓超过一百种以上至五百种者，将加一官，"当得

---

① 《天盛改旧新定律令》规定："谋逆已发及未发等之儿子、妻子、子媳、孙及孙媳等，同居不同居一样，而父母、祖父母、兄弟、未嫁女姐妹，此等同居者应连坐，当易地居，使入牧农主中。畜、谷、宝物、地、人等，所有当并皆没收入官"（卷一《谋逆门》）；"以直接贪财，对宗庙、地墓、堂殿等上动手盗毁，及盗窃隐藏毁官鬣金抄等，不分主从，以剑斩杀，自己妻子、同居子女等当连，迁往异地，当入牧农主中。畜、谷、宝物、地、人等当没收入官"（卷一《失孝德礼门》）；"诸人议逃，已行者造意以剑斩杀……载持畜物多少，追捕者当取，半路上丢弃及家中所遗物中，三分之二当交官，一分给告举者。其中地、院、人、铠甲、兵器种种物没收入官"（卷一《背叛门》）。
② （宋）钱若水：《宋太宗实录》卷七九，甘肃人民出版社2005年版，第38页上。
③ （宋）钱若水：《宋太宗实录》卷八〇，甘肃人民出版社2005年版，第43页上。
④ 《西夏书事》卷三〇。
⑤ 陈炳应：《贞观玉镜将研究》，宁夏人民出版社1995年版，第74页。

三十两银碗，衣服一袭十带，五两银腰带一条，茶、绢一百"。尔后依次递增，至"三千种以上，一律加七官，当得五十两金碗，百两银碗，衣服一袭十带，上缝缂丝，十两金腰带一条，银鞍鞯一副，银一锭，茶、绢千"[1]。可见，随着军事制度的完善，西夏从战场缴获最初归于部落首领，到归于国家所有；从直接分配战争缴获后勤物资，转变为通过加官、赏赐等形式奖赏。

总之，西夏通过各种形式，不断从中获取了巨大的经济利益，积累了财富，也取得了各种军事物资和装备，不仅使西夏的经济得到了较大的发展，同时也推动了西夏后勤物资储备和军事力量的提高。

3. 军需仓储管理

(1) 军需仓储

粮窖。西夏税粮窖藏分地上和地下两种，地上造屋，地下掘窖，所谓"有木料处当为库房，务需置瓦，无木料处当于干地坚实处掘窖"[2]。军用粮仓多建在地势较高、隐蔽性较强的地方。[3] 有的建在易守难攻的城堡内[4]，今青海湟源县的石堡城"以天涧为隍，可趋者唯一路，夏人窖粟其间，以千数"[5]；有的建有专门的仓城，重兵把守[6]；有的在农田掘窖，用土密封，再种上庄

---

① 陈炳应：《贞观玉镜将研究》，宁夏人民出版社 1995 年版，第 73 页。

② 《天盛改旧新定律令》卷一五《纳领谷派遣计量小监门》。

③ 《新五代史》卷七四《四夷附录三》：五代时期，奚族贵族首领去诸，苦于契丹苛虐而叛，其俗善农，将窖隐藏于山下，"其族至数千帐，始分为东、西奚。去诸之族，颇知耕种，岁借边民荒地种穄，秋熟则来获，窖之山下，人莫知其处"。西夏边地与此略同。

④ 《续资治通鉴长编》载：宋熙河路"大军过龛谷川，秉常僭号御庄之地，极有窖积，及贼垒一所，城甚坚完，无人戍守，惟有弓箭、铁杵极多，已遣逐军副将分兵发窖取谷及防城弓箭之类"（《续资治通鉴长编》卷三一六，神宗元丰四年九月乙未条）。

⑤ 《宋史》卷三四八《陶节夫传》。

⑥ 唐宋时期地下储粮已经比较完善，除用以储粮的粮窖外，还有保护粮仓安全的仓城，仓城四周有城墙，城内驻有重兵。此外，并设制专供运粮使用的漕渠、道路和专门管理粮仓的管理区，西夏在大城内的粮库应大抵如此。（余扶危、叶万松：《我国古代地下储粮之研究》（下），《农业考古》1983 年第 2 期）

稼，外人看不出来，"惟叩地有声，雪易消释，以此可知"。① 农田窖藏规模较小，多为民间或基层军事组织使用。

抢收庄稼、掘获窖粮是夏宋两国在沿边争夺的焦点。② 掘获窖粮更是进入夏境宋军的一项任务③，也是军需补给的重要手段，夏天赐礼盛国庆三年，即宋元丰四年（1071），宋朝五路伐夏，鄜延路"于西界德靖镇七里平山上，得西人谷窖大小百余所，约八万石"④。泾原路大兵至鸣沙川，分兵搜得窖藏粟及杂草三万三千余石束，牛羊万余，分赏使臣将士。⑤

都城兴庆府北面的摊粮城是河套平原又一重要仓储地，夏天祐垂圣元年，即辽重熙十九年（1050）七月，被辽朝大军攻破，劫掠仓粮储积而去。⑥ 无定河流域的米脂、葭芦一带，有良田不下一二万顷，有"歇头仓""真珠山""七宝山"美称，夏人赖以为国。"定边城川原厚远，土地衍沃，西夏昔日于此贮粮"。⑦ 兰州、定西，也有不少窖粮⑧，环州定远窖粮被党项人称为"金窟垎"⑨。西夏窖藏规模有大有小，大则由数十乃至上百个仓窖组成，储粮10

---

① （宋）庄绰：《鸡肋编》卷上，中华书局1997年版，第34页。

② 《宋史》卷三五六《任谅传》："降人李讹哆知边虏不继，阴阙地窖粟而叛，遗西夏统军书，称定边可唾手取。"《续资治通鉴长编》卷四七九元祐七年十二月丙子：元祐七年（1092），宋中书侍郎范百禄言："臣窃维结珠龙川等处良田六千余顷，从来蕃界呼为御庄，今欲筑城而据有之，不过给与属户蕃弓箭手佃种，收得物斛中余入官，因而保护得裕勒藏蕃族以此为利，此今日所欲进筑二城之本意也。"

③ 元丰四年（1081）宋朝五路伐夏，鄜延路统帅种谔上言："捕获西界伪枢密院都案官麻女喫多革，熟知兴、灵等州道路、粮窖处所，及十二监军司所管兵数。"（《续资治通鉴长编》卷三一八，元丰四年冬十月丙寅条）。

④ 《续资治通鉴长编》卷三一八，神宗元丰四年十月丙子条。

⑤ 《续资治通鉴长编》卷三一八，神宗元丰四年十月辛巳条。

⑥ 《辽史》卷一一五《西夏外纪》。

⑦ 《宋会要辑稿》方域八之二七，第9440页。

⑧ 《续资治通鉴长编》载"金城，北临大河，西边之地逼隘，南有皋兰、马衔山之阻，惟龛谷、质孤、胜如平沃，且有泉水可以灌溉，古称榆中，其地肥美，不诬矣。定西以东，平原大川，皆膏腴上田，其收亩十余斛"（《续资治通鉴长编》卷四六〇，哲宗元祐六年六月丙午条）。

⑨ 《宋史》卷三四八《陶节夫传》。

万斛以上，小则百余斛。① 除军粮外，军用驼马饲料②也应掘窖储藏。

西夏窖藏既适应土壤的特征，又符合隐蔽的需要，从最初的选址、窖内的修整到最后的密闭，每一个步骤都有防潮方面的考虑，这种密封式的贮藏方式，利于粮食的长久保存。③

集聚。集聚指堆放军用饲草稻草、麦草的场所，夏天授礼法延祚三年，即宋康定元年（1040）九月，宋朝"环庆副都部署任福等攻西贼白豹城，克之，凡烧庐舍、酒务、仓草场、伪太尉衙"④。被宋军焚烧的仓草场除粮仓外，还有军马草料。饲草既包括稻、麦、荞豆秸秆和稻、麦糠，又包括秋季收割的冬草⑤，一般在饲料库的旁边，成束成捆堆积⑥，条件好的上面苫盖或搭上凉棚，避免雨水和风吹日晒。

库舍。库舍主要是储藏器物和生产资料的场所，西夏文献记载储藏器物和生产资料的库舍有皮毛库、砖瓦库、木工库、造作库、纸工库、出车库、

---

① 《天盛改旧新定律令》规定：粮库小监、出纳三年轮岗时，新旧人员交接时限按仓粮多少计算，其中"一千斛以下十日，一千斛以上至二千斛十五日，二千斛以上至五千斛一个月，五千斛以上至一万斛四十日，一万斛以上至一万五千斛五十日，一万五千斛以上至二万斛六十日，二万斛以上至二万五千斛七十日，二万五千斛以上至三万斛八十日，三万斛以上至三万五千斛九十日，三万五千斛以上至四万斛一百日，四万斛以上至五万斛一百一十五日，五万斛以上至六万斛一百三十日，六万斛以上至七万斛一百四十五日，七万斛以上至十万斛一百六十日，十万斛以上一律一百八十日"（《天盛改旧新定律令》卷一五《纳领谷派遣计量小监门》）。

② 英藏马匹草料文书记录支"糜子玖斗捌升，草玖束"（杜建录、史金波：《西夏社会文书研究》"汉文西夏社会文书释文"，第315—317页）。

③ 《鸡肋编》卷上中："陕西地既高寒，又土纹皆竖，官仓积谷，皆不以物藉。虽小麦最为难久，至二十年无一粒蛀者"；陕西民家的窖"土若金色，更无沙石，以火烧过，绞草絪钉于四壁，盛谷多至数千石，愈久亦佳"（《鸡肋编》卷上，中华书局1997年版，第34页）；《宋史》卷四八六《夏国传》下：环州定远大首领夏人李讹啰写信给夏国统军梁哆唛，"我储谷累岁，阙地而藏之，所在如是，大兵之来，斗粮无赍，可坐而饱也"。

④ 《续资治通鉴长编》卷一二八，仁宗康定元年九月壬申条。

⑤ 冬草是指农牧民在晚秋准备越冬的青草，包括农民在田里种植的青储和牧民草地上自然生长的青草，收割后阴干储藏。

⑥ 《天盛改旧新定律令》卷一五《催缴租门》规定："一顷五十亩一块地，麦草七捆，粟草三十捆，捆绳四尺五寸，捆袋内以麦糠三斛入其中"，各自依"地租法"交官之所需处。税草以捆计算在黑水出土租役草文书也有反映，占田十亩至数十亩，缴纳草十捆至数十捆，五十多户的一溜，合计缴纳2900多捆。（编号 Инв. No. 4067《户耕地租役草税账》）。

绣线库、衣服库、铁柄库、绫罗库、酒库、踏曲库、卖曲库、茶钱库、器杖库、军杂物库、转卖库、馆驿库等。器杖库是专门储藏弓、箭、旗、鼓、枪、剑、棍棓、沙袋、披毡、浑脱、背索、锹、镬、斤斧、箭牌、铁爪篱、幕梁①，军赏茶绢等由军杂物库储藏。

夏崇宗贞观十二年，即宋政和二年（1112），西夏境内发生自然灾害，御史大夫谋宁克任上书言："国家自从青、白盐不通互市以来，膏腴诸壤浸就式微，兵行无百日之粮，仓储无三年之蓄。而惟恃西北一区与契丹交易有无，岂所以裕国计乎。"②

（2）入库登记

仓储部门对入库物资要验收登记，各税户家主依照政府核定的数量，缴纳粮草，税粮按照土地瘠肥分五等缴纳，税草除"税户家主自己所属地上冬草、条橡等以外，一顷五十亩一幅地，麦草七束、粟草三十束，束围四尺五寸，束内以麦糠三斛入其中"③。入库时计量小监坐于库门，巡察者并坐于计量小监之侧，胥吏依照账册，量而纳之，并发放缴纳凭证，上面写明斛斗总数，然后计量小监手记，不许所纳粮食中入虚杂。④各地郡县将缴纳账册、凭证于十一月一日前递交转运司，转运司审核后上报中书。⑤

中书当再校一番，有不同则当奏，依有何谕文实行。同则新旧二卷之册当藏中书，新簿册当还管事处。⑥

---

① 《宋史》卷四八六《夏国传下》："凡正军给长生马、驼各一。团练使以上，帐一、弓一、箭五百、马一、骆驼五，旗、鼓、枪、剑、棍棓、沙袋、披毡、浑脱、背索、锹镬、斤斧、箭牌、铁爪篱各一。刺史以下，无帐无旗鼓，人各骆驼一、箭三百、幕梁一。兵三人同一幕梁"；《辽史》卷一一五《西夏外纪》载"团练使上，帐、弓、矢各一，马五百疋，橐驼一，旗鼓五，枪、剑、棍棓、秒袋、雨毡、浑脱、锹、镬、箭牌、铁竿篱各一。"

② 《西夏书事》卷三二。

③ 《天盛改旧新定律令》卷一五《催缴租门》。

④ 《天盛改旧新定律令》卷一五《纳领谷派遣计量小监门》。

⑤ 《天盛改旧新定律令》卷一五《催缴租门》。

⑥ 《天盛改旧新定律令》卷一五《纳领谷派遣计量小监门》。

（3）盘点交接

对于仓库管理的后勤物资，要定期进行清查盘点，检查库存是否齐整，籍账是否完备，并以此作为官员考核的重要依据。库局分三年一次迁转盘点最为重要，"执库小监、出纳等各自三年当迁转，与新局分十月一日始为交接"[①]，其中边中经略所在地方内各司职及经略本人处之六库钱物各由谁管辖、置于何处，管事处监军司、府、军、郡、县、经略等依次已磨勘，来去已明时，送京师来隶属处磨勘[②]。

为了方便盘点交接，西夏统治者以法律的形式规定了各种库藏物品的损耗率，如粮食库"一斛可耗减五升。马院予马食者簸扬，则一斛可耗减七升。米、谷二种，一斛可耗减三升""种种草、蒲苇百捆中可耗减十捆；种种酥十两中可耗减二两"，铁匠局"打粗事一斤耗八两""打细事一斤耗减十两""打水磨事一斤耗减十一两：黑铁、锅、刀剑、剪刀、边条、耙叶、锡罐、大小铁叶、金木护胸、辔头钉子、枪下刃"[③]。

交接期限的规定也十分严格，一千斛以内十日，一千斛至两千斛十五日，两千斛至五千斛三十日，五千斛至一万斛四十日，一万斛至一万五千斛五十日，……十万斛以上一律一百八十日。[④]

（4）出库审批

西夏军用物资的出库有严格的规定，一是"先进先出"，按照物资入库的时间来安排出库顺序。任何物资都是有一定的保质时效，必须考虑到物资属性、仓库环境、保存条件、病虫害防治等影响因素。尤其是对粮食、肉乳等保管期限短，容易变质的物资，优先安排陈旧先出，以便保持库存物资的质量，如果仓库管理者玩忽职守、徇情枉法或收受贿赂，支出新鲜谷物，则

---

① 《天盛改旧新定律令》卷一五《纳领谷派遣计量小监门》。
② 《天盛改旧新定律令》卷一七《物离库门》。
③ 《天盛改旧新定律令》卷一七《物离库门》。
④ 《天盛改旧新定律令》卷一五《纳领谷派遣计量小监门》。

"当自共计新旧之价，新者所高之价依做错法罪情条款承罪，所超出数当还库内，领者以库局分之从犯法判断"。如果领取粮食的官民是受到大人、承旨、习判、都案、案头、司吏、库监、小监、出纳等指挥，则指使者与仓库管理人员犯法同罪，且仓库管理人员和领取新粮的均为从犯。①

二是出库时需要持凭证。官民到仓库领取物资时，首先需出示提货"领单"，仓库管理人员根据来人持的单据供给相应数量和种类的东西。"领单"一旦开出，所属人要亲自领取，不能卖给他人。同时各库局分的工作人员也不能推诿不予领取，否则将会受到相应惩处。②

（三）武器装备

1. 武器配备

《天盛改旧新定律令》卷五《军持兵器供给门》中按照独诱、牧主、农主、使军、臣僚、帐门后宿、内宿后卫、神策内外侍等部类，分别规定了其正军、辅助、负担的武器装备配备，为了便于分析，统计如下：③

---

①　《天盛改旧新定律令》卷一五《纳领谷派遣计量小监门》。
②　《天盛改旧新定律令》卷一五《供给交还门》。
③　《天盛改旧新定律令》卷五《季校门》。

部类		官马	甲	披	弓	箭	枪	剑	长矛杖	拨子手扣	囊	弦	木橹	叉	斧	其他
各种独诱类①	正军	√	√	√	√	30	√	√	√	全套						
	辅主				√	20			√	全套						
	负担				√	20		√	√	当供给						箭袋
牧主	正军	√			√	60	√	√	√	√						
	辅主				√	20			√	√	√					
	负担				√	20			√	√	√	√				
农主	正军	√			√	30		√	√	√						
	辅主				√	20			√	√						
	负担				√	20			√	√	√	√				
使军	正军	√	√		√	30	√	√		√						
	辅主				√	20		√		当供给	√	√				
	负担				√	20		√		当供给						

① 独诱类因文献残缺，统计不全。

续表

部类		官马	甲	披	弓	箭	枪	剑	长矛杖	拨子手扣	囊	弦	木檛	叉	斧	其他
诸臣僚属	正军	√	√	√	√		√	√		√						宽五寸革
	辅主				√	20			√	全套						
	负担				√	20		√	√	当供给					√	
帐门后宿属	正军	√	√	√	√	百		银剑	√	√	√	√	圆头	√		箭袋
	辅主				√	60			√	√			后毡			
	负担			√	√	20			√	√						
内宿后卫等属	正军	√	√	√	√	百	√	√	√	√	√	√	圆头	√	√	箭袋、铁爪篱
	辅主				√	60			√	√			后毡			
	负担				√	20			√							
神策内外侍等属	正军	√	√	√	√	50	√	√	√	√	√	√	圆头	√	√	箭袋、革
	辅主				√	30							后毡			
	负担								√							

从表中可以看出，西夏武器装备式样齐全，种类多样，主要有官马、铠甲、马铠、弓、箭、枪、剑、槌杖、全套拨子手扣、囊、弦、叉、凿头斧、后毡木橹、圆头木橹、铁笊篱等。这些武器装备和史料中记载的基本相似，《宋史·夏国传》载"凡正军给长生马、驼各一。团练使以上，帐一、弓一、箭五百、马一、骆驼五，旗、鼓、枪、剑、棍棓、秒袋、披毡、浑脱、背索、锹镢、斤斧、箭牌、铁爪篱各一。刺史以下，无帐无旗鼓，人各骆驼一、箭三百，幕梁一。兵三人同一幕梁"①。《辽史·西夏外纪》载"正军马驼各一，每家自置一帐。团练使上，帐、弓、矢各一，马五百匹，橐驼一，旗鼓五，枪、剑、棍棓、秒袋、雨毡、浑脱、锹、镢、箭牌、铁笊篱各一；刺史以下，人各一驼，箭三百，毛幕一；余兵三人共一幕。"② 其中马五百匹显然数量不对，其他内容与宋基本相同。

对于军队中射术精良的士卒，保证弓箭数量的充足。"队间善步射连连获一等者，所持武器按各部类别如前述，其中箭旧有一百枝数足者以外，不足数者须增足箭一百枝，务使全备。"锹、镢等辅助性战斗工具，多由负担持有，其中"独姓正军及正军、辅主住至三丁上，可不持锹、镢，但应依法持武器"。负担若持有锹镢，就不再持有其他杂物③。

西夏按照社会地位配备装备，社会地位越高，配备的武器装备就越全，数量也越多，如"官"位越高，配备的箭就越多，其中"十乘"起至"胜监"，箭五十枝；"暗监"起至"戏监"，箭百枝；"头主"起至"柱趣"，箭百五十枝；"语抵"起至"真舍"，箭二百枝；"调伏"起至"拒邪"，箭三百枝；"涨围"起至"盛习"，箭四百枝；"茂寻"以上，一律箭五百枝。④

军马、弓箭、浑脱、毡甲、披毡、毡盾、铁笊篱是西夏的特色装备，尤

---

① 《宋史》卷四八六《夏国传下》。
② 《辽史》卷一一五《西夏外纪》。
③ 《天盛改旧新定律令》卷五《军持兵器供给门》。
④ 《天盛改旧新定律令》卷五《军持兵器供给门》。

其是党项族作为游牧民族，骑马射箭是其根本，因此，各类属正军首先要配备的就是战马、弓箭、拨子手扣全。西夏战马的配备率远远高于同时代的宋朝，宋仁宗（1022—1063）时，"天下马军，大率十人无一、二人有马。"[①] 宋神宗（1067—1085）时，因"河北马军阙马，其令射弓一石者先给马，不及一石，令改习弩或枪刃"[②]。足见宋朝的战马缺乏到了何种地步。

西夏部分兵器的式样前后略有不同，天盛年间（1149—1169）蕃甲就有新旧两种，它们的尺寸分别是：

新甲、披：

甲，胸五，头宽八寸，长一尺四寸；背七，头宽一尺一寸半，长一尺九寸；尾三，长一尺，下宽一尺四寸；头宽一尺一寸；肋四，宽八寸；裾六，长一尺五寸，下宽二尺四寸半，头宽一尺七寸；臂十四，前手口宽八寸，头宽一尺二寸，长二尺四寸；□目下四，长八寸，口宽一尺三寸；腰带约长三尺七寸；

披，"河六"，长一尺八寸，下宽三尺九寸；颈五，长一尺五寸，头宽一尺七寸，下宽九寸；背三，长九寸，下宽一尺七寸；喉二，长宽同六寸；末尾十，长二尺八寸，下宽二尺九寸，头宽一尺七寸；盖二，长七寸，下宽一尺，头宽八寸。

旧甲、披：

甲：胸五，头宽七寸，长一尺二寸；背七，头宽一尺一寸，长一尺五寸；腰带约长三尺二寸；肋二，宽七寸；末尾三，宽一尺四寸，长九寸，头宽一尺；裙六，长一尺七寸，下宽一尺九寸，头宽一尺四寸；臂十七，前手口宽七寸半，长二尺，头宽一尺二寸，△目下四，长五寸，口宽一尺一寸。

披："河"六，长一尺八寸，下宽三尺九寸；头六，长一尺五寸，头宽一尺七寸，下宽九寸；背三、长九寸，下宽一尺七寸；喉二，长宽同六寸；末

① （明）黄淮、杨士奇：《历代名臣奏议》卷二四二，中华书局 1989 年版，第 1640 页。
② 《续资治通鉴长编》卷二六九，神宗熙宁八年十月庚寅条。

尾十，长二尺八寸，下宽二尺九寸，上宽一尺七寸；盖二，长七寸，下宽一尺，头宽八寸。①

2. 季校审验②

季校审验是西夏武器装备管理中最基本的制度，"全国中诸父子官马、坚甲、杂物、武器季校之法：应于每年十月一日临近时，应不应季校，应由殿前司大人表示同意、报奏。当视天丰国稔时，应派季校者，则当行文经略司所属者，当由经略大人按其处司所属次序，派遣堪胜任人使为季校队将，校毕时分别遣归，典册当送殿前司。非系属经略司者，当由殿前司自派遣能胜任人，一齐于十月一日进行季校"。若天旱岁饥，不合季校审验，则由行监、溜首领进行"小校"，但"连续三年必行季校"③。按照律令规定，季校的内容和程序包括如下方面：

其一，由经略司或殿前司组织的季校主要审验诸溜盈能、大小军头监、末驱、舍监以及军卒的披、甲、马及其他武器装备是否完好无缺。如果他们是"正军"，披、甲、马三种缺一，十三杖；缺二，十五杖；缺三，十七杖。箭袋、弓、箭、枪、剑五种缺一、二，八杖；缺三，十杖。"上述坚甲、杂物等均检验合格，但弓、弦、皮囊、铁笭篱、砍斧等有一、二种不备，则笞十，在其数以上不备，一律笞二十"。如果是"辅主"，弓箭、木橹一、二种不备，八杖；全不备，十杖。"负担"则弓箭、矛杖、锹镢一样，一、二种不备，笞十五；三、四种不备，笞二十。

同时，军卒的武器装备短缺时，大小首领、末驱还要承担督导不力的责任。其中披、甲、马缺三分以内者，不治罪；缺四五分，十三杖；缺六、七

---

① 《天盛改旧新定律令》卷五《军持兵器供给门》。

② 杜建录：《西夏军队的武器装备及其管理制度》，《河北大学学报》（哲学社会科学版）1998年第3期。

③ 《天盛改旧新定律令》卷五《季校门》。

分，徒六个月；缺八、九分，徒一年；十分全缺，有官者十三仗，官、职、军皆革除，无官者则徒二年，"再令其于限期内偿修，务使全备"。假若大小军首领所属军卒的披、甲、马不缺，而箭袋、弓、箭、枪、剑、木橹、锹、矛杖等缺时，一百种里面缺二十五种，不治罪；缺二十五至一百种，处七至十三杖。"百种以上至千种中，二百五十种不备，不治罪；二百五十种以上至五百种不备，七杖；五百种以上至七百五十种不备，十杖；七百五十种以上至千种不备，十三杖；逾千种以上不备，一律徒三个月。"

其二，披、甲、马及种种杂物、武器或损毁，或式样不合格，或官马羸弱，正军、辅主等当事人除依法承罪外，还要给之期限，令其补偿。诸如披、甲、马有一种需补偿，当给 50 日期限，二种给 70 日，三种以上当给 100 日，"务使偿修齐备"。补偿的官马，"一律当印从驹至有齿之良马。膘弱、塌脊者，齿不合格及老马等者不得印验。若违律者，有官罚马一，庶人十三杖。"①

假如军卒有能力补偿而首领未使补偿，则首领要承担法律责任。如，披、甲、马十分中一、二至七、八分未补偿，徒六个月至三年，八分以上一律当革官、职、军，无官者徒三年。他人举时，被告获六个月徒刑赏十缗，获一年徒刑赏二十缗，二年徒刑赏三十缗，三年徒刑赏五十缗，革军、职时赏七十缗。"赏金应按高低由获罪行监、大小溜首领、舍监、末驱等出给"。杂物、箭袋、弓、箭、枪、剑、木橹、锹、矛杖等百种以内，十分中三、四分至八分以上未补偿，首领处以七杖至三个月徒刑；百种三、四分至八分以上未补偿，处以十三杖至一年徒刑；百种以上至二百种，三、四分至八分以上未补偿，处以三个月至二年徒刑；二百种至三百种，三、四分至八分以上未补偿，处以一年至三年徒刑，"八分以上全未补偿者，不论官多寡，一律当革职、军"。

其三，严禁大小首领、诸军卒之间相互索借官马、坚甲、杂物、武器，以应付审验，蒙混过关。假若违律索借披、甲、马，一律借者、索借者同罪，

---

① 《天盛改旧新定律令》卷五《季校门》。

徒六个月，举告赏各自出十五缗钱。索借箭袋、弓、箭、枪、剑、木橹、锹、矛杖等，则借者、索借者一律徒三个月，举赏各自出七缗钱。"大小军首领、末驱、舍监等知索借者十三杖，不知者不治罪。"还有若以私马充当官马校验，"当罚私马为官马"，如果送验者着籍官马缺，当以此马代，并徒三个月。若送验者不缺着籍官马，而是因羸弱以私马代验，"则所验马当由另外无马军卒请领，当于校状上注册给予"。送验者因不好好养治官马，还要依法受杖。其中借私马代官马校验，则当罚出借者马，若"借者不知情，则不治罪，索借者当补偿马"。

其四，十月一日季校开始后，除特殊情况外，所有头监、军卒都必须准时到指定地点集合，接受校验。假若违律，不依所给期限聚集，军头监迟到一至五日，十三杖；五至十日，徒三个月；十至十五日，徒六个月；十五日以上至校期未毕来，徒一年；校毕才来或完全不来，一律当革职、军，徒二年，其中有官者当以官品当。小首领、舍监、末驱等迟到一至二十日，处以十至十三杖；二十日以上至校期未毕前来，徒六个月；校验结束后来或完全不来，一律当革职、军，徒一年。无军、职则徒二年，有官者许以官品抵。[①]诸正军、辅主所属官马、坚甲不来校验，庶人徒六个月。"诸院军卒、大小巡检人于旁监巡者"，则由所在首领只关分析，若情况属实，其官马、坚甲、杂物、武器可由辅主代为校验。

其五，季校局分人员的禄食由官库供给，不许向有关军卒摊派，若违律摊派时，"以枉法贪赃罪判断"，若军卒主动提供，"则以从犯判断"。至于军卒披、甲、马实无以及虽有或羸弱，或式样不合，而大校案头、司吏、大小军首领徇私枉法，以无充有，以次充好，虚报一、二种至二十种，则徒6个月至12年，二十种以上一律当绞杀。"其中不知情者不治罪，有官者可以官当"。箭袋、弓、箭、枪、剑、木橹、革、囊、弓弦、矛杖、砍斧、铁蒺藜、

---

① 《天盛改旧新定律令》卷五《季校门》。

锹、镢等，虚报一至五十种，处 10 杖至 1 年徒刑，五十种以上一律徒 2 年，不知者不治罪。①

3. 披甲马管理其他规定

披、甲、马是重型军事装备，加之官马又属于役畜，容易被违法挤占差用，为此，《天盛改旧新定律令》在《季校门》之外，另设《官披甲马门》，就其管理作出专门规定。

各类军卒不得出卖披、甲、马，"若违律出卖时，所得钱数以偷盗罪论处"，买者、助卖者依盗之从犯法论处。书文契者已知是官披、甲、马，但受贿书写，则依知盗分财律论处。未受贿则有官罚马一，庶人十三杖，不知者不治罪。诸人亦不得典当官披、甲、马，"违律者当罚钱交官。披、甲、马当给领属者，使典当者有官罚马一，庶人十三杖，不知者不治罪"。

大小臣僚、行监、盈能、将、首领等不得倚势和军卒交换著籍披、甲、马，若违律交换，价值相等徒四年。价值不相等，也即以小换大，以劣换优，"则所得超利依偷盗法则及前有罪，依其重者判断"。其中以私畜物交换者，徒五年，有超利依偷盗罪及徒五年，从其重者判断，"官马、坚甲依旧互相还送"。

诸人互相无纠葛，无有恃势语，相互交换注册官马、坚甲，价值相等徒六个月，价值不等，则所得超利以偷盗罪论处。若以私畜物交换，价值相等徒一年，价值不等，所得超利依偷盗罪及徒一年，从其重者判断。"索者为造意，给者依从犯判断"。②

行监、将、盈能等大小首领也不得拘乘下属军卒的官马，若违律时，"自拘乘日起每日算力价七十，以枉法受贿判断"③。

---

① 《天盛改旧新定律令》卷五《季校门》。
② 《天盛改旧新定律令》卷六《官披甲马门》。
③ 《天盛改旧新定律令》卷六《官披甲马门》。

诸父子所属官马当各自养治，"每年正月一日起，依四季由职管行监、大小溜首领等校阅。若官马膘弱未塌脊，一律笞二十，嬴瘦而塌脊，则笞三十"①。如果其人属无室贫男，无力养治官马、坚甲，则应禀报首领处，披、甲、马当由同院中刚强勇健之人养治。不过，"若应换坚甲、马之无室贫男尚属勇健能战者，则披、甲、马毋须移换，可于原地就近官廪谷物支拨若干，以资助养治"。假若同院内无人请领"无室贫男"与人根断绝者的披、甲、马，可由不同院无甲马者请领。"同院不同院无请领者，则当交官"②。

诸人与官马、坚甲一起陷没，"其军抄后继者已断，无人赔偿者，大小军首领同院不同院当使三人担保注销。若违律以有继者入无继者注销，则依偷盗律论处，当赔坚甲、马"；辅主、子男、兄弟等骑乘、穿着正军著籍官马、披、甲，在战场上为敌所俘，亦当由同院不同院大小军首领3人担保，"自亡失日起一年以内当申报注销，披、甲、马当自官家请领，若穿骑者释归失坚甲、马者，不准注销，应由穿、骑者赔偿著籍人。其中为敌俘至敌界逃归者，当入担保注销中"，著籍人当向官家请领披、甲、马。超过一年者不得注销，依法当赔偿著籍人③。

派执符时，"当骑诸家民所属私畜及官之牧场畜等有方便可骑乘者，不许差用一种官马。若附近无私畜及牧场畜等，及不堪骑乘，实无有，则允许捕骑官马"，倘若违律，附近有堪骑之他畜不用而无理用官马时，徒二年④。

（四）信息通信

1. 旗帜

"旗者，军国之用"，又名旌、纛、幡、麾、帜等，除政治功能外，常用

---

① 《天盛改旧新定律令》卷六《军人使亲礼门》。
② 《天盛改旧新定律令》卷六《官披甲马门》。
③ 《天盛改旧新定律令》卷六《官披甲马门》。
④ 《天盛改旧新定律令》卷一三《执符铁箭显贵严等失门》。

于军事战争，或代表首长，或是部队标志，或传递作战指令。见于史籍的西夏军队的旗帜有鲍老旗、白帜、皂帜、绣帜、朱旗、专用旗帜和引队旗帜等。① 西夏法律斩将夺旗定为大军功②，旗、鼓、金和人、马、披、甲并为战斗七种重大俘获。③

夏州拓跋氏建立藩镇后，"行即建节，府树六纛"。④ 旌节是节度使权力的象征。李光睿受命定难军节度使、夏银绥宥静等州观察处置押蕃落等使，"红旌白羽，绾将军治乱之权"，"分忧塞境，察俗边陲。白旄黄钺，虎节龙旗。宣扬号令，慑使羌夷"。⑤ 景宗元昊年少时，"出乘马，以二旗引，百余骑自从"。⑥

西夏立国后，自团练使以上配备旗鼓⑦，用来指挥作战，训练军队，传递信息。夏天授礼法延祚四年，即宋庆历元年（1041），景宗元昊亲自统大军南下，引诱宋军沿好水川方向西行，陷入元昊埋伏。两军酣战自辰至午时，夏军阵中忽树长二丈余鲍老旗，指挥战斗。旗右挥则右伏出，左挥则左伏出，翼而袭之，宋师大败。⑧

夏天祐民安三年，即宋元祐七年（1092），西夏大举攻围环州及肃远、洪德、永和砦、木波等地，凡七日，乃解去。宋将章楶"所使骁将折可适屯师洪德城，贼过，识其母梁氏旗帜，城中鼓噪而出，驰突蹂轹，贼大败而去。斩首千余级，获牛、马、橐驼、铠仗以万计"⑨。

---

① 陈炳应：《贞观玉镜将研究》，宁夏人民出版社1995年版，第22页。
② 《天盛改旧新定律令》卷二《八议门》："有大功勋，能斩将夺旗，能拓边地，支撑国难，以及率军一齐来投之谓。"
③ 陈炳应：《贞观玉镜将研究》卷四，宁夏人民出版社1995年版，第96页。
④ 《宋史》卷一五〇《舆服二》。
⑤ 杜建录：《党项西夏碑石整理研究》，上海古籍出版社2015年版，第196页。
⑥ 《宋史》卷四八五《夏国传上》。
⑦ 《宋史》卷四八六《夏国传下》："团练使以上，帐一、弓一、箭五百、马一、橐驼五、旗、鼓、枪、剑、棍棓、钞袋、披毡、浑脱、背索、锹镢、斤斧、箭牌、铁笊篱各一。刺史以下，无帐，无旗鼓，人各橐驼一、箭三百、幕梁一。"
⑧ 《宋史》卷四八五《夏国传上》。
⑨ 《续资治通鉴长编》卷四七八，哲宗元祐七年十月辛酉条。

康定初，元昊寇镇戎军，泾州驻泊都监王珪将三千骑来援，自瓦亭至师子堡，夏军围之数重。有夏军骁将持皂帜植枪以骂曰："谁敢与吾敌者！"王珪左手以杵碎其脑。① 夏永安二年，即宋元符二年（1099），邈川之战中，宋军"生擒伪钤辖崑名乞遇，并获绣旗等"②。

宋景祐二年（1035）十二月，元昊兵临河湟，唃厮啰知众寡不敌，壁都州不出。元昊大军渡河后，令人在河水浅处插帜标志，后被唃厮啰侦得，暗地派人移植于深处。等到元昊溃归时，士卒视帜而渡，溺死者大半，失去辎重物资甚众。③

宋雍熙二年（985）春二月，李继迁诈降，宋将曹光实信欲专其功，亲前往纳降。李继迁率先设伏兵，令十数人近城迎曹光实，等到曹光实到达约定地点后，被李继迁伏兵斩杀。然后打着宋军旗帜，袭破银州，获军资器械无算。④

夏天授礼法延祚四年，即宋庆历元年（1041）十一月，宋夏战于兔毛川，宋将张亢正面阻击夏军，使骁将张岊伏短兵强弩数千于山后。为了引诱夏人，张亢将善战的"虎翼军"旗帜，更易为"万胜军旗"，"万胜军"由新募的市井子弟组成，怯懦不能战，被夏人戏称为"东军"。夏人见"万胜军"旗帜，贸然进攻，陷入张岊包围，一战大溃，被斩首两千余级。⑤

2. 金鼓

《孙子兵法·军政》曰："言不相闻，故为金鼓；视不相见，故为旌旗。夫金鼓旌旗者，所以一人之耳目也；人既专一，则勇者不得独进，怯者不得

---

① 《续资治通鉴长编》卷一二八，仁宗康定元年九月丙寅条。
② 《续资治通鉴长编》卷五一六，哲宗元符二年闰九月壬辰条。
③ 《西夏书事》卷一二。
④ 《西夏书事》卷四。
⑤ 《宋史》卷三二四《张亢传》。

独退，此用众之法也。"① 古代 "十人之长执钲，百人之师执铎，千人之师执
鼙，万人之主执大鼓"②。西夏法律规定团练使以上配备鼓。③ 西夏《黑水守
将告近禀帖》记载黑水城有 "司更大鼓四面"④，这里的 "司更大鼓四面" 非
打更所用，当是用于军事战斗。

"击鼓进攻，鸣金收兵" 是冷兵器战斗基本指挥形式，战场击鼓既传递进
攻信号，又鼓舞士气。宋咸平四年（1001）九月，李继迁兵围清远军，亲击
鼓攻南门，令李德明督精甲攻北门，堙濠断桥以战。城中力竭，兵马都监段
义启开门投降，遂取清远军。⑤

夏天祐民安七年，即宋绍圣三年（1096）冬十月，夏崇宗和母梁氏率众
号称五十万进攻鄜延，西自顺宁、招安，东自黑水、安定，中自塞门、龙安，
金明以南二百里间，烽火相继不绝，游兵直至延州北五里。自长城一日驰至
金明，列营环城，梁氏母子亲督桴鼓，城遂陷。⑥

战斗中缴获敌军旗鼓象征着大胜，丢弃旗鼓意味着大败，西夏军事法典
《贞观玉镜将》明确规定：主旗、鼓、金者阵亡，旗、鼓各丢失一件或二件全
失，其护卫杖二十、面上刺字并终身监禁。主旗、鼓者将所持旗鼓丢失，处
以斩刑，其护卫杖二十。⑦ 尽管如此，战场上丢失旗鼓者屡见不鲜。宋咸平六
年（1003）四月，李继迁进攻环州，攻洪德寨，蕃官庆香与乩舻庆等族合势
接战，寨主段守伦率兵策应，李继迁战败，首领被擒者四十九人，坠崖堙死
者甚众，悉弃旗鼓、铠甲走还。⑧ 夏天祐民安七年，即宋绍圣三年（1096），

---

① （东周）孙武著，陈曦译注《孙子兵法·势篇》，中华书局 2011 年版，第 126 页。
② （清）孙诒让著，汪少华整理：《周礼正义》卷五五《夏官》，中华书局 2015 年版，第 2774 页。
③ 《宋史》卷四八六《夏国传下》。
④ 聂鸿音：《关于黑水城的两件西夏文书》，载《西夏文献论稿》，上海古籍出版社 2012 年版，
第 119 页。
⑤ 《西夏书事》卷七。
⑥ 《西夏书事》卷三〇。
⑦ 陈炳应：《贞观玉镜将研究》卷三，宁夏人民出版社 1995 年版，第 87 页。
⑧ 《续资治通鉴长编》卷五四，真宗咸平六年四月乙丑条。

鄜延经略使吕惠卿言"自六月以后五十日间，第一至第七将前后十四次俘斩甚重，并获副军大小首领、副钤辖及得夏国起兵木契、铜记、旗鼓"①。

3. 铁箭牌符②

(1) 铁箭

我国古代少数民族多以箭为令，③ 传递信息。突厥发兵、科税，"辄刻木为数，并一金镞箭，蜡封印之，以为信契"。④ 吐蕃以箭为令，金箭征兵，铁箭传驿，银箭则加急之契。"其举兵，以七寸金箭为契。百里一驿，有急兵，驿人臆前加银鹘，甚急，鹘益多。"⑤ "契丹每兴兵扰塞，则传一矢为信，诸国皆震惧奔会，无后期者"。⑥

早期党项各部互相不统率，有事则传箭相聚，内迁后沿用不替。李继迁起兵后，"引平夏胜兵三千，据清远之冲，乘高守险，数百人守环州甜水谷、独家原，传箭野狸十族，胁从山中熟户党项，孰敢不从。"⑦ 宋真宗咸平五年（1002），西凉府六谷首领潘啰支派遣使人上报，李继迁以铁箭招诱诸部族。潘罗支将接受铁箭部族斩一人，捉一人，听候朝廷发落。⑧ 次年（1003 年），潘啰支遣蕃官吴福圣腊等来贡，"又言继迁送铁箭令啰支归附，称已纳款于朝，未知虚实。"⑨

宋夏沿边蕃部遇有紧急情况，也是传箭相结，所谓"党项、吐蕃风俗相类，其族帐有生户、熟户，接连汉界，入州城者谓之熟户；居深山僻远，横

①　《宋会要辑稿》兵八之三三，第 6903 页。

②　杜建录：《西夏符牌制度》，《河北大学学报》1998 年增刊。

③　杜甫：《投赠哥舒开府翰》诗中云："青海无传箭，天山早挂弓。""铁箭"注"胡人每起兵则传箭为号"（《分门集注杜工部诗》卷一五，四部丛刊景宋刊本）。

④　（唐）令狐德棻等：《周书》，中华书局 1971 年版，第 910 页。

⑤　《新唐书》卷二一六《吐蕃传》。

⑥　（清）厉鹗：《辽史拾遗》，商务印书馆 1936 年版，第 297 页。

⑦　《宋史》卷二七七《郑文宝传》。

⑧　《续资治通鉴长编》卷五三，真宗咸平五年十月丙寅条。

⑨　《续资治通鉴长编》卷五四，真宗咸平六年二月己卯条。

过寇略者谓之生户。其俗多有世仇，不相来往，遇有战斗，则同恶相济，传箭相率，其从如流"①。宋天圣三年（1025），知环州翟继恩擅自令缘边熟户和买粮草，并且派人进入诸族帐催督。羌人初不知粮草数目，催督者恣为奸欺，诛求数倍，小不如意，则鞭挞随之。由是诸族帐皆怨思乱，久未能发也。加之泾州蕃部首领斯铎论曾逃去复归，都钤辖周文质与部署王谦、钤辖史崇信等共议斩斯铎论。诸族帐皆惊疑，遂传箭相结，钞掠堡栅。② 同年的十月，入内供奉官张怀德言，体量环庆路蕃官巡检遇埋，杀牛犒劳蕃部，传箭欲寇山外。③

　　西夏的铁箭与符牌具有相同的性质，《天盛改旧新定律令》卷一三《执符铁箭显贵言等失门》规定："节亲、宰相、大小臣僚、待命者及童子、其他诸人等，不执符、铁箭不许捕坐骑。倘若违律捕坐骑时，多少一律当绞杀"；"执符、铁箭先动手无理与他人殴打争斗中折损符、铁箭等时，执符、铁箭者及相殴打者一律徒二年"。"执铁箭者，前内侍待命任职种种提举中，受贿徇情，入上下虚杂，御前不说忠言时，依第十一卷上欺官法判断。"④

（2）牌符

　　西夏牌符种类较多，就其质地而言，有银质、铜质、铁质以及木质等，黑水城守将仁勇就执银牌。⑤ 景宗元昊立国初期，"发兵以银牌召部长面受约束"⑥ 与西夏同时代的宋、辽、金还曾使用过金牌与木牌等⑦，西夏尚未见金牌。根据文物与文献资料，目前所知西夏符牌有信牌、防守待命牌、宫门守御牌、内宿待命牌等。

　　信牌。信牌，即报告敌情、点集兵马、引伴使人、地边畿内有事奏告、催促种种物等事务，派出的使人所执牌符。西夏文辞书《文海》"信牌"释：

　　① 《宋史》卷二四六《宋琪传》。
　　② 《续资治通鉴长编》卷一〇三，仁宗天圣三年六月丙寅条。
　　③ 《续资治通鉴长编》卷一〇三，仁宗天圣三年十月庚戌条。
　　④ 《天盛改旧新定律令》卷一二《内宫待命等头项门》。
　　⑤ 陈炳应：《西夏文物研究》，宁夏人民出版社1985年版，第294页。
　　⑥ 《宋史》卷四八五《夏国传上》。
　　⑦ 杜建录：《西夏的符牌制度》，载《西夏史论集》，上海古籍出版社2016年版，第248页。

"信牌，此者官语执者，诸人所信名显用，迅速紧急之燃马上用，故名信牌也。"① 《天盛改旧新定律令》将信牌分为"火急符"与"非火急符"两种，前者为敌人寇边、我方发兵和缉捕逃叛时签发的符牌，后者为其他行政事务如催促草工、修浚渠道等情况发的符牌。"敕然马牌"当为"火急符"，"非火急符"尚未有发现报道。② 如"因来至边地敌寇不安定之地，我方发兵马，又十恶中叛逃以上三种情等，执符火急要言，予之期限中"③ 以国主的名义发出的信牌等级最高④，携带者称"带牌天使"。夏天祐民安三年，即宋元祐七年（1092 年）三月，环庆路经略使章楶奏："有带银牌天使报梁乙逋来称，塔坦国人马入西界娄博贝，打劫了人户一千余户，牛羊孳蓄不知数目，其带牌天使当时却回去。"⑤ 夏天祐民安八年，即宋绍兴四年（1097），"熙河兰岷路经略司奏西界归附带牌天使穆纳僧格，法当补内殿崇班。诏穆纳僧格为系降敕榜后率先归顺首领，特与礼宾副使，充兰州部落子巡检，仍赐金带银器。"⑥

　　传世的西夏信牌为圆形质合套式，现藏于中国历史博物馆。合盖上镌西夏文"敕燃马牌"四字，牌径为 15 厘米，带窍 18.2 厘米。牌正面镌有文字，因年代久远，磨损得难以辨认了，背底为花纹图案。西安市文物管理处也藏有一枚，其形状、文字、花纹与历史博物馆所藏基本相同，只是牌的直径略小一点。为 14.7 厘米，文字的笔画也略有差异⑦。

---

① 史金波、白滨、黄振华：《文海研究》，中国社会科学出版社 1983 年版，第 416 页。
② 牛达生：《西夏考古论稿》之《西夏官印、符牌浅述》，甘肃文化出版社 2016 年版，第 185 页。
③ 《天盛改旧新定律令》卷一三《执符铁箭显贵言等失门》。
④ 俄藏黑水城文献中编号为 NHB121V 定名为《宫廷诗集》的西夏文抄本中存留的一首《敕牌赞歌》，全诗共有 23 句，行 3 字至 11 字不等，在赞歌的第一句就讲到敕牌重要性"皇宫圣物，此刻已知不一般"，之后"形状方圆日月合，日月相合千□敬"提到了符牌的大致形制，以及其使用范围"己国他国皆所巡，敬畏之中乃久行"，又赞"'敕'字之内生情义，显现如见圣君面"，足见敕牌的特殊性，持牌符即相当于持皇帝圣旨。（梁松涛：《西夏文〈敕牌赞歌〉考释》，《宁夏社会科学》2008 年第 5 期）。
⑤ 《续资治通鉴长编》卷四七一，哲宗元祐七年三月丙戌条。
⑥ 《续资治通鉴长编》卷四九一，哲宗绍圣四年九月丙辰条。
⑦ 史金波、白滨、吴峰云：《西夏文物》，文物出版社 1988 年版，第 34 页。

西夏文敕燃马牌（西安市博物院藏）　　　　西夏文敕燃马牌（中国国家博物馆藏）

　　防守待命牌。传世有六种，均为圆形，上有穿，可悬佩，直径一般为5厘米左右，比信牌小。正面为西夏文"防守待命"四字，背面为西夏文人名。《宋史》卷四八五《夏国传上》记载，元昊"置十二监军司，委豪右分统其众。自河北至午腊蒻山七万人，以备契丹；河南洪州、白豹、安盐州、罗落、天都、惟精山等五万人，以备环、庆、镇戎、原州；左厢宥州路五万人，以备鄜、延、麟、府；右厢甘州路三万人，以备西蕃、回纥；贺兰驻兵五万、灵州五万人、兴州兴庆府七万人为镇守，总五十余万"。西夏守御牌形制较小，又书有人名，当是上述边防军人的名牌。

　　宫门守御牌。宿卫牌为内宫禁卫人员所执符牌，国主寝宫周围，"当遣巡检一种，四面各自一人管事，各自共当值十日，无论日夜，于内行巡检，以禁盗诈"。此外，国主不住之内宫及帐下等也要遣宿卫人员守护①。传世的"宫门守御牌"，铜质，长方形，长9.5厘米，宽6厘米，正背两面各有相同

---

① 《天盛改旧新定律令》卷一二《内宫待命等头项门》。

的西夏文六字，一为阳刻，一为阴刻，汉译为"宫门后寝待命"①，显系宫廷门禁所执的符牌。

内宿待命牌。传世有多种，形制一般为长方铲形，长约5厘米，宽4厘米左右，上有穿，可悬佩。正面为西夏文"内宿待命"四字，背面为西夏人名或"番号"。《天盛改旧新定律令》卷十三《内宫待命等头项门》记载，内宫各种待命当值人员有内宿承旨、医人、帐门末宿、内宿神策、官守护、外内侍、阁门、前内侍、内侍承旨、药酒器承旨、侍帐事者、殿使、厨庖、门楼主、更夫、采薪水者、皮衣房、裁量匠、帐下内官都案头监、女子、秘书监局分及司吏、内宿司都案案头司吏、内宫守护者、中书枢密当值司吏等。他们有严格的职责范围与交接班制度，如御前殿使、管侍帐者、仆役房、厨庖、秘书监等"新旧当值交接时，应过内宿承旨面前，令所属交替。违律时有官罚马一，庶人十三杖"。"内宿待命牌"应为他们当值期间所执的符牌。

除银铜牌外，西夏还应使用木牌、纸符等材料。《天盛改旧新定律令》规定，"诸人执符出使处，不许藏符于怀中，致符面上纸揉皱折叠。倘若违律藏符于怀中，又揉皱面上纸等，有官罚马一，庶人十三杖。若继而折叠时，徒一年。"② 该符应该为纸质材料。还有"各部类军独诱一样，每五军抄应于隐蔽□供给一木牌"③。宋神宗熙宁二年陕西宣抚使韩绛遣将出麟府，"斩馘数千，获绣旗、木符、领卢印"④，夏天祐民安七年，即宋绍圣三年（1096），鄜延经略使吕惠卿言"自六月以后五十日间，第一至第七将前后十四次俘斩甚重，并获副军大小首领、副钤辖及得夏国起兵木契、铜记、旗鼓"⑤。

（3）牌符的使用

一是兵符使用。调兵符一半授军事首领，一半藏之朝廷，每有重大军事

① 史金波、白滨、吴峰云：《西夏文物》，文物出版社1988年版，第34页。

② 《天盛改旧新定律令》卷一三《执符铁箭显贵言等失门》。

③ 《天盛改旧新定律令》卷五《军持兵器供给门》。

④ 曾枣庄、刘琳主编：《全宋文》卷一七一八《李清臣·韩献肃公忠弼之碑》，上海辞书出版社、安徽教育出版社2006年版，第71页。

⑤ 《宋会要辑稿》兵八之三三，第6933页。

行动，以国主的名义遣使携符调兵。前揭景宗元昊"发兵以银牌召部长面受约束"①。夏大安七年，即宋元丰四年（1081），鄜延路马步军副都总管种谔上言：梁太后囚禁惠宗秉常，"秉常兵马见聚于所居木寨，国母与梁相公兵马见聚于国母巢穴。自木寨至国母巢穴约五里，今已绝河梁，南北人马不通。梁相公者，已出银牌点集，未知从与不从"②。因为点集银牌是由国主签发，国主被囚后，专权外戚梁相公签发，因此宋将种谔"未知从与不从"。

夏天祐民安三年，即宋元祐七年（1092），宋环庆路经略使章楶奏："今又据捉到西界首领伊特香通说：于去年闰月内，梁乙逋统领人马赴麟府路作过去来，至当月尽间到达尔结罗，有带银牌天使报梁乙逋来称，塔坦国人马入西界娄博贝，打劫了人户一千余户，牛羊孳畜不知数目，其带牌天使当时却回去。"③前揭夏天祐民安八年，即宋绍圣四年（1097），西夏带牌天使穆纳僧格归附宋朝，诏授礼宾副使、充兰州部落子巡检，仍赐金带银器。④夏永安元年、即宋元符元年（1098），鄜延路苗履、刘安"破荡贼众，斩首八百级，生擒带牌伪天使一，大首领二，牛马孳畜万计。族落烧毁殆尽，班师至威戎城"⑤。上述带牌天使携带的符牌当是以国主名义签发的调兵符。

国主签发的一半兵符和统兵首领携带一半相合后，调兵令方能成立。《天盛改旧新定律令》规定："诸监军司所属印、符牌、兵符等当记之，当置监军司大人中之官大者处。送发兵谕文时当于本司局分大小刺史等众面前开而合符"。如果大小、长短、字号相合，则发兵。若"同体以外稍有不合者，依军法何行，彼符有若干不合，变处当由刺史、监军司官共为手记而行，京师局分人派发致误者徒一年。监军司人见符不合，懈怠而不告，亦徒一年"⑥。

---

① 《宋史》卷四八五《夏国传上》。
② 《续资治通鉴长编》卷三一二，神宗元丰四年四月丙子条。
③ 《续资治通鉴长编》卷四七一，哲宗元祐七年三月丙戌条。
④ 《续资治通鉴长编》卷四九一，哲宗绍圣四年九月丙辰条。
⑤ 《续资治通鉴长编》卷四九八，哲宗元符元年五月庚申条。
⑥ 《天盛改旧新定律令》卷一三《执符铁箭显贵言等失门》。

"边上敌人不安定，界内有叛逃者，应立即急速发兵，求取兵符，奏报京师而来牌。发兵谕文等中，符皆不合者，需要兵力语是真实，则刺史、监军司官当发兵。因符不合，来者当枷而问之，是真符则当遣京师。" 如果 "符皆不合，二者监军司人不捕而懈怠时，徒三年"①。这里奏报京师而来的发兵符，当为朝廷收藏的另一半发兵符。

二是其他符牌使用。除兵符外，西夏的防守待命牌、宫门守御牌、内宿待命牌属使用者的身份证明，当由主管的枢密院、殿前司、内宿司等机构配发和管理，随身携带，以便查验。宋代入宫城门者需验明符牌，北宋神宗时，"以京城门禁不严，素无符契，命枢密院约旧制，更造铜契，中刻鱼形，以门名识之，分左右给纳，以戒不虞"②。南宋绍兴初定门符制，"以缯裹纸版，谓之'号'，皇城司掌之。敕入禁卫号，黄绫八角，三千道；入殿门黄绢以方，一千道；入宫门黄绢以圆，八千道；入皇城门黄绢以长，三千道。"③ 西夏为内宫人员、进宫人员发放内宿待命牌，他们进出宫门肯定要查验证明身份的符牌。

京师各部门和地方统军司、监军司、府州重大事务下达和上报，派出的使人一般都要执符。如报告敌军寇边、缉捕逃叛、催促草工、修浚渠道等情况签发的符牌。多人出差，由职位最高者执符，若需多人执符，需奏报批准，方可施行。④ 还有他国使者来，监军司、驿馆小监当指挥，人马口粮当于近便官谷物、钱物中分拨予之，好好侍奉。如果他国使人 "来京师者，送使人者应执符，则送以符，不应执符者，监军司当送以骑乘"⑤。

符牌一般只在紧急情况和特定环境下使用，如果边境及地方诸司在不应

---

① 《天盛改旧新定律令》卷一三《执符铁箭显贵言等失门》。

② 《宋史》卷一五四《舆服六·符券》。

③ 《宋史》卷一五四《舆服六·符券》。

④ 《天盛改旧新定律令》卷一三载："边中、京师诸处派人，二三共职执敕符者，事非急，能顾及，则勿皆执符，最大一人当执之。其中职事多，眼心未至，则当依时节奏报实行。"（《天盛改旧新定律令》卷一三《执符铁箭显贵言等失门》）。

⑤ 《天盛改旧新定律令》卷一三《执符铁箭显贵言等失门》。

派执符的情况下令执符时，大人、正副边检校、习判、承旨、城主、通判、城守等一律徒五年，"以下局分都案、案头、司吏当比之减一等。"京师各司若"不应派遣执符"而派遣时，当比边境诸司不应派执符而派时之罪状减二等判断。还有"诸人非以官事，因私擅自令执符者，派者当绞杀，执符者及行头字者、司吏等判断比派执符罪当减二等"①。

　　（4）对执符使人的管理

　　第一，执符人骑乘规定。史载契丹带牌天使乘以驿马，"驿马阙，取它马代"②。西夏则不然，派执符时，当骑农牧民所属私畜及官牧场畜等有方便可骑乘者，不许差用一种官马（即军马）。"若附近无私畜及牧场畜等，及不堪骑乘，实无有，则允许捕骑官马。倘若违律，附近有堪骑之他畜不用而无理用官马时，徒二年"。法律明确规定执符人有骑乘民马的权利，如果"诸人与执符本人相遇，殴打、不予骑乘等时，当绞杀"；或"与执符人遇，不予骑乘而逃，及予之骑乘而打之，及未打而不予骑乘等，一律徒十二年"。执符人捕骑畜主人的马匹于途中病患羸弱而死时，"允许不偿畜，边近则以畜尸，边远则以肉皮，依当地现卖法当卖之，卖价当还畜主人"③。当然，死畜的肉、皮价远抵不了活畜，这哪是官府征用，简直就是直接掠夺。

　　当然，执符使人并不是无限制地随意捕畜，而是按照"捕骑头字"上规定的种类及数量骑乘。假若超捕坐骑时，超一畜至九畜，徒一——十二年，超十畜无期徒刑，自十一畜以上一律当绞杀。同时许人举赏，处一年徒刑时，举者当得赏10缗，获长期八年、十年徒刑，当得赏70缗，获二十年及无期徒刑时，当得赏90缗，死罪当得赏100缗④。

　　执铁箭者捕骑法与执符基本相同，"内宫上下因官急需坐骑，允许执铁箭

　　① 《天盛改旧新定律令》卷一三《执符铁箭显贵言等失门》。
　　② 《辽史》卷五七《议卫志三·符契》。
　　③ 《天盛改旧新定律令》卷一三《执符铁箭显贵言等失门》。
　　④ 《天盛改旧新定律令》卷一三《执符铁箭显贵言等失门》。

捕数明之外，超捕时，依第十三卷上持牌超捕法判断"①。

第二，执符事送达期限。边中及畿内诸司签发符牌时，一般都要根据地程远近与符牌性质，规定明确的送达期限，如果违期，则依情节轻重给予执符使人不同的处罚。如，敌兵入寇、发兵点集以及十恶中叛逃以上三种情况，"执火急符要言"，昼夜兼程。在规定之期限中，误自一时至三时八杖，自四时至六时十杖，自七时至十时十三杖，自十一时以上以全日论，徒一年，二日徒三年，三日徒五年，四日徒十年，五日以上一律当绞杀。"十恶中叛逃以上三种事以下，及地边、畿内事有所告奏，又安排发笨工，催促种种物，依法派执符，在限期上不到来"，延误一至三日徒三个月；四至七日徒六个月，八至十日徒一年，十一至三十九日徒二至十二年，四十日以上一律无期徒刑。"其中受贿者，与枉法贪赃罪比较，从重者判断"②。

当然，如果是"不计地程远近，限期短而致延误者，往至处执符当分析，重新计量地程、期限。执符实误，则依前所定承罪。派遣者不计地程之远而限期短，则执符勿坐罪。派遣者因计量地程实误而限期短，所短限期与情急缓二种执符延误罪状同样判断"③。

第三，对执符人的要求。执符使人身负重大使命，一旦差遣应立即动身，"不许擅自在家中"。如果违律，在家日期与调发笨工、催促种种物之执符所延误日期同样判断。诸人被差执符后，若不立即到任而因私出行，将按照"一日以多捕一畜论，与前述超捕之罪情相同。他人举时，依超捕法当得举赏"④。

为了保证符牌安全，执符使人不许随意与诸人殴打争斗，如果他们"先动手无理与他人殴打争斗中折损符、铁箭等时，执符、铁箭者及相殴打者一律徒二年"。执符使人途捕坐骑时，也"不许于家主中为无理，与诸人争斗殴

① 《天盛改旧新定律令》卷一二《内宫待命等头项门》。
② 《天盛改旧新定律令》卷一三《执符铁箭显贵言等失门》。
③ 《天盛改旧新定律令》卷一三《执符铁箭显贵言等失门》。
④ 《天盛改旧新定律令》卷一三《执符铁箭显贵言等失门》。

打，若违律时徒一年。执符先动手，然后他人后动手打执符者，依予执符畜
而殴打法判断"①。

对执铁箭者的要求亦大致如此，待命者因公持取铁箭后，"不许在往处自
行滞留懈怠私游等"，倘若违律徒一年；"执铁箭者不许与内宫局分人悄悄将
种种物持取于外。其中除酒食外，其余物多少不计，执铁箭者绞，局分人以
偷盗法判断"；还有执铁箭者"受贿徇情，入上下虚杂，御前不说忠言时，依
第十一卷上欺官法判断"；等等②。

第四，对符牌丢失的处罚。执符使人与有关局分人员若丢失符牌，则将
根据情节轻重给予严厉的制裁。如，执符者丢失往发兵符时，"应发之兵无迟
缓，如期来到，则失显合者徒三年。若应发之兵集日未到来，则失显合者绞
杀"。边中"各行监、盈能有兵符一种，若安定时失显合者，依第十二卷上待
命者失记名之刀、显合法判断。若地边兵马已动，其间本局分有所发兵，则
大意失发兵符者，与发兵者执符失显合时，所发之兵迟缓及未迟缓之罪情相
同"。如果统军、监军司以及边检校所属符牌丢失，"失者当绞杀，大人因执
符失之者指挥失误，徒一年"③。

诸人若捡得符牌，"十日以内当交官方，当予得者银五两，杂锦一匹。逾
十日不交而延误者徒一年，若隐匿则当绞杀"④。

---

① 《天盛改旧新定律令》卷一三《执符铁箭显贵言等失门》。
② 《天盛改旧新定律令》卷一二《内宫待命等头项门》。
③ 《天盛改旧新定律令》卷一三《执符铁箭显贵言等失门》。
④ 《天盛改旧新定律令》卷一三《执符铁箭显贵言等失门》。

六、用兵方略

西夏立国后和宋朝发生了一系列争战，总体战略目标是以攻为守，不图关中，重在谋求政治经济利益。西夏这一既定的军事方略，正是基于自身政治、经济、军事、文化、地理、人口等综合因素的考虑，对其战争准备、战争规模、战争进程等方面产生了深远的影响。西夏的战术灵活机动，无论游击战、兵力战、运动战，还是粮草战、间谍战、情报战、地形战，都是对中国传统战术的继承和发展。

（一）军事战略

战略是筹划和指导战争全局的方略，军事是政治的延续。西夏军事战略是以攻为守，不图关中，重在谋求政治和经济利益的最大化。西夏的这一既定军事战略，正是基于自身政治、军事、经济、文化、地理、人口等综合因素的考虑，对其战争准备、战争规模、战争进程等方面产生了深远的影响。

西夏立国之初就对自身有着非常明确的定位，诚如景宗李元昊给宋朝的章表所言："伏望皇帝陛下，睿哲成人，宽慈及物，许以西郊之地，册为南面之君。敢竭愚庸，常敦欢好。鱼来雁往，任传邻国之音；地久天长，永镇边方之患。"其国土空间定位是宋朝"许以西郊之地"①。因此，即使在其军事实力最强盛的元昊时期，也没有奢求占取宋朝延州等边郡，之所以频繁发动战争，主要为了谋求经济和政治利益最大化。

西夏开疆拓土主要在李继迁、李德明、李元昊祖孙三代，李继迁临终前，嘱托李德明"尔当倾心内属，一表不听则再请，虽累百表，不得请勿止也"。景宗元昊虽屡胜宋朝，去世前也是叮嘱异日势衰力微，宜附中国，誓不协从契丹。中国仁爱而契丹负心，若附中国则子孙安宁，又得官爵；若为契丹所胁，则吾族被戮无子遗矣。西夏虽然同宋朝争斗一生，但在临终遗言中都嘱咐继承者能战则战，不能战则归附宋朝，固守疆域即可。惠宗秉常继位后，仰慕华风，宠信宋人李清，且要将黄河以南之地归还宋廷，然事情泄露，秉常也因此被幽静。② 虽然秉常"忽奸臣之擅命"，其设想最终也没有付诸实践，但是一国之君有此想法，不难看出西夏的疆域观和领土观。

从军事布防来看，元昊立国前"置十二监军司，委豪右分统其众。自河北至午腊蒻山七万人，以备契丹；河南洪州、白豹、安盐州、罗落、天都、惟精山等五万人，以备环、庆、镇戎、原州；左厢宥州路五万人，以备鄜、延、麟、府；右厢甘州路三万人，以备西蕃、回纥；贺兰驻兵五万、灵州五万人、兴州兴庆府七万人为镇守，总五十余万"③。可见西夏限于兵力，并没有将所有的军队全部驻扎于边境，镇守都城和京畿地区的兵力高达十七万。④

从军事的战争进程来看，公元1038年李元昊称帝立国后，接连向宋朝主动出击，取得三川口、好水川、定川砦三大战役的胜利。三大战役的战略目的，打破宋朝的进攻，迫使宋朝承认元昊称帝立国。在这一战略目标指导下，西夏对宋的进攻主要限于沿边堡寨，对防御比较坚固的延州、镇戎军等州城

① 《宋史》卷四八五《夏国传上》。
② （宋）沈括：《梦溪笔谈》卷二五《杂志二》，中华书局2015年版，第241页。
③ 《宋史》卷四八五《夏国传上》。
④ 《续资治通鉴长编》卷一三二，仁宗庆历元年五月甲戌条。

的围攻，仅限于诱敌需要，并没有真正强攻强占。

夏天授礼法延祚三年，即宋康定元年（1040）初，元昊攻占金明寨后，乘胜包围延州，当时延州城内守军仅数百人，胆怯无能的主帅范雍竟跑到城南的嘉岭山上去求神保佑。元昊围延州七日，适逢天降大雪，乃退兵。好像是因为天降大雪，元昊才没有攻下延州。其实不然，西夏出兵一般带七至十日粮，进攻的时间一般也是七至十日，粮尽自然要撤兵，这是其一；其二，史书记载元昊围延州，而不是攻延州，显然其战略战术是"围城打援"，而不是占领延州，如果是占领延州的话，那数百守军很难抵挡得住，更谈不上"神灵保佑"了。

夏天授礼法延祚五年，即宋庆历二年（1042）秋闰九月，景宗元昊取得定川砦战役的完全胜利后，驱兵挺进渭州（今甘肃平凉市），在纵横六七百里的地面上，进行大扫荡。在一片胜利声中，元昊用诏书的形式告谕关中百姓，内有"朕欲亲临渭水，直据长安"的豪言壮语。这仅仅是对宋朝施加压力的豪言，进入渭州地面后，也是乘胜掠夺，既没有攻渭州城，也没有向关中挺进。

夏元德元年，即宋宣和元年（1119）春三月，西夏大军打败熙河经略使刘法军于统安城，刘法连夜逃遁，到了天亮，走了七十里，至盖朱峗，守兵追之，结果坠崖折足，被西夏一名负担军所斩杀。晋王嵬名察哥见到刘法首级，对部下恻然曰："刘将军前败我于古骨龙、仁多泉，吾尝避其锋，谓天生神将，岂料今为一小卒枭首哉！其失在恃胜轻出，不可不戒。"[①] 遂陷统安，进围震武，城将陷，察哥曰："勿破此城，留作南朝病块。"遂引还。史臣曰："是役死者十万，贯隐其败，以捷闻，宣抚使以下受解围赏者数百人，不知夏人实自去也。诸路所筑城寨皆不毛，夏所不争之地，而关辅为之萧条，果如察哥之言。"西夏大军破城而不取，留作困敝宋朝，亦是其战略思想反映。

到了梁氏集团专权时期，凭借手中的权威，不断发动对宋战争，使两国

---

① 《宋史》卷四八六《夏国传下》。

人民饱受战乱。梁乙逋自恃威势，独专国政，日与中国抗衡，缘边悉被荼毒。每得岁赐、金帛，辄夸于众曰："嵬名家人有如此功否？中国曾如此畏否？"每举兵，必曰："吾之所以连年点集，欲使南朝惧，吾为国人求罢兵耳。"① 可见，梁氏集团发动战争的目的，也并非扩大疆域，而是为了转移国内矛盾，显示权威，获得利益。

西夏虽在战争中屡次获胜，劫掠终不能偿战争所耗。景宗李元昊虽取得三次大战的胜利，自身也伤亡惨重，部落困于点集，财力不给，国中以"十不如"怨之。乃决定与宋讲和，并于夏天授礼法延祚七年，即宋庆历四年（1044），上誓表言："两失和好，遂历七年，立誓自今，愿藏盟府。其前日所掠将校民户，各不复还。自此有边人逃亡，亦毋得袭逐。臣近以本国城砦进纳朝廷，其栲栳、镰刀、南安、承平故地及他边境蕃汉所居，乞画中为界，于内听筑城堡。凡岁赐银、绮、绢、茶二十五万五千，乞如常数，臣不复以他相干。"② 为了获取利益，西夏于夏天仪治平二年，即宋哲宗元祐二年（1087）送还永乐城之战的俘虏318口，并将葭芦、米脂、浮屠、安疆四城寨归还大宋。③

明末清初思想家王夫之在论及宋和西夏战争时指出，"昊之不能东取环、延，南收秦、陇以席卷关中者，幸其无刘渊、石勒之才也。"④ 其实，元昊之才不仅不亚于刘渊、石勒，而且高于他们，正因为元昊对当时的战略形势有正确的估计，采取"以攻为守"，不图中原的战略，最终巩固了西夏政权。

（二）战术运用

1. 游击战

《握奇经·八阵总述》曰："游军之行，乍动乍静，避实击虚，视羸挠盛，

---

① 《西夏书事》卷二九。
② 《宋史》卷四八五《夏国传上》。
③ 《续资治通鉴长编》卷三九七，哲宗元祐二年三月条。
④ （宋）王夫之：《宋论》卷四《仁宗》，中华书局2003年版，第93页。

结陈（阵）趋地，断绕四径。后贤审之，势无常定。"游牧民族之所以难御，其原因非兵力强盛，而是采用游击战术，难以击其要害，逮其正师。

（1）利则云聚合，败则鸟兽散

自古游牧民族的战斗特性是有利可图，则聚合到一起，进行寇扰，看到对方势力强盛或兵力集中，便四散而逃。早期党项寇边劫掠，他们胜则奔袭，游击骚扰，败则远遁，四散逃走。不与王师发生正面交战是游牧民族军事战术的优长所在，《旧唐书·刘师立传》："时河西党项破刃（丑）氏常为边患，又阻新附，师立总兵击之。军未至，破丑氏大惧，遁于山谷"①。《元和郡县图志》卷四"天德军：先是缘边居人，常苦室韦、党项之所侵掠，投窜山谷，不知所从"②。正是这种打不到，抓不着，才是中原政权最头疼的问题，如唐凤翔节度使崔光远所言："今凤翔近甸，秦、陇雄藩，北有党项之虞，西有羌、浑之患，或阻绝我道路，或侵轶我封疆，王师出征则鸟散山谷，官军罢讨则雨集郊圻。"③宋太宗时五路出兵讨伐李继迁，麟府浊轮寨都部署李仲贵就曾言："（夏人）逐水草畜牧，无定居，便于战斗，利则进，不利则走；今五路齐入，彼闻兵势大，或不来接战，且谋远遁，欲进则人马乏食，欲守则地无坚垒。"④

（2）敌进我退

《老子》云："将欲歙之，必固张之；将欲弱之，必固强之；将欲废之，必固兴之；将欲夺之，必固与之。"⑤用之于军事，就是当对方势力、气势强盛之际，以退为进，不与之发生正面交锋，当其进攻势头下降时，出奇制胜。

夏大安七年，即宋元丰四年（1081）宋朝五路伐夏，李宪出熙河，种谔

① 《旧唐书》卷五七《刘师立传》。
② （唐）李吉甫著，贺次君点校：《元和郡县图志》卷四《关内道》四，中华书局 2005 年版，第 114 页。
③ 《全唐文》卷四二四《于邵·为崔郧公谢徐凤翔节度使表》，中华书局 1982 年版，第 4325—4326 页。
④ （宋）曾公亮：《武经总要后集》卷三《方略》，第 6 页。
⑤ 卫广来译注：《老子》三十六章，山西古籍出版社 2003 年版，第 53 页。

出鄜延，高遵裕出环庆，刘昌祚出泾原，王中正出河东，最终战略目标是西夏都城兴庆府，"图人百年一国"①。梁太后问策于廷，诸将少者尽请战，一老将独曰："不须拒之，但坚壁清野，纵其深入，聚劲兵于灵、夏，而遣轻骑抄绝其馈运，大兵无食，可不战而困也。"② 梁太后采纳了这种纵敌深入、聚而歼之的战术，终于打败了来势汹汹的宋朝大军。

夏天授礼法延祚七年，即宋庆历四年（1044），辽兴宗亲率领十万大军分三路伐夏，以皇太弟、天齐王为马步军大元帅，统率精骑七千从南路出发，命韩国王萧惠带兵六万从北路出发，自己居中指挥。三路大军浩浩荡荡渡过黄河，长驱直入夏境四百余里，没见西夏一兵一卒，辽兴宗军屯兵得胜寺南壁以待战机。八月五日，萧惠统率的北路大军在贺兰北与西夏军队数次对战，连战告捷。夏景宗元昊乃遣使者向辽国请和，奉卮酒为寿，大合乐，折箭为誓。辽军统帅萧惠认为元昊未战请降，并没有伤其元气，试图乘其不备，杀一个回马枪。征得辽兴宗的同意，统兵向夏兵杀去。面对来势汹汹的辽朝大军，夏景宗元昊不与辽军正面对抗，而是效仿晋文公退避三舍的故事，后退三十里，辽兵紧追不舍，这样连退三次近百里地，"每退必赭其地，辽马无所食，因许和"③。元昊又故意迁延数日，待辽军人疲马乏，突然发起反攻，辽军大败，"蹂践而死者不可胜计"④。元昊乘胜追至得胜寺辽军大本营，辽军再败，兴宗"单骑突出，几不得脱"⑤。此役，西夏共俘获辽驸马及近臣数十名，获辎重器物如山。

2. 兵力战

西夏疆土"东尽黄河，西至玉门，南接萧关，北控大漠"，地方两万里，

---

① 《续资治通鉴长编》卷三一五，神宗元丰四年八月庚辰条。
② 《宋史》卷四八六《夏国传下》。
③ 《宋史》卷四八五《西夏传上》。
④ 《辽史》卷九三《萧惠传》。
⑤ 《辽史》卷一〇九《罗衣轻传》。

然荒漠与半荒漠面积约占西夏全境 4/5 以上，强盛时总人口不超过 200 万口①，总兵力六、七十万，远不如国力强大的宋、辽、金。因此，集中优势兵力是西夏用兵的重要战术。

许多大规模战役往往是"举国而来"，或发数监军司乃至十二监军司兵，或"举族而行"。宋人李纲曾言，"夏人每欲入寇，必聚兵于数路之会境，举国而来号称百万，精壮居前，老弱居后，去则反是。故能深入吾地，破城寨，虏人畜，动辄如意"。② 宋熙宁三年（1070），泾原等路谍报"西贼结集，举国人马七十以下、十五以上，取八月半入寇绥州及分兵犯甘谷城"③。形成了宋朝以一路之兵抵西夏倾国之师的被动局面。环庆路经略使章楶言"夫区区小羌，自宝元、庆历以后，未尝不举国并力，攻吾一路，使我师不敢为之敌，可以谓全胜之策也"④。宋将冯京亦言："夏人举国来，我常以一路当之，所以不抗。"⑤

宋庆历元年（1041），签书陕西经略安抚判官田况上兵策十四事中指出：陕西虽有兵近二十万，戍城寨二百余处，所留极少。近又欲于鄜延、环庆、泾原三路各抽减防守驻兵，于鄜、庆、渭三州大为屯聚，以备贼至。然今鄜延路有兵六万六千余人，环庆路四万八千余人，泾原路六万六千余人，除留诸城寨外，若逐路尽数那减屯聚一处，更会合都监、巡检手下兵并为一阵，不上三二万人。贼若分众而来，犹须力决胜负；或昊贼自领十余万众，我以三二万人当之，其势固难力制。议者但欲以寡击众，幸于偶胜，然非万全策也。夫能以寡击众，徼一时之胜者，或得地利，或发奇策，非可恃以为常。⑥此后的定川之战，再次印证了田况的判断。

夏天授礼法延祚五年，即宋庆历二年（1042），元昊采纳了张元等人计

---

① 杜建录：《论西夏的人口》，《宁夏大学学报》（人文社会科学版）2003 年第 1 期。

② （宋）李纲撰、王瑞明点校：《李纲全集》卷一四四《御戎论》，岳麓书社 2004 年版，第1368 页。

③ 《续资治通鉴长编》卷二一四，神宗熙宁三年八月。

④ 《续资治通鉴长编》卷四六九，哲宗元祐七年正月壬子条。

⑤ 《续资治通鉴长编》卷二三三，神宗熙宁五年五月丙申条。

⑥ 《续资治通鉴长编》卷一三二，仁宗庆历元年五月甲戌条。

谋，于天都点集左、右厢兵十万，分东、西两道，一出刘璠堡，一出彭阳城，合攻镇戎。知渭州王沿命令泾原副都部署葛怀敏率兵据瓦亭寨以拒夏兵，等到葛怀敏督军进入五谷口后，王沿又派人告诫葛怀敏勿要孤军深入，以第背城为营，用羸师将西夏大军引诱至此，然后设好埋伏可以一举歼灭。结果葛怀敏没有遵从王沿之策，集结各路援军打伏击，而将诸将分兵四路前往定川寨，刘湛、向进出西水口，赵珣出莲华堡，曹英、李知和出刘璠堡，葛怀敏自己一路出定西堡。结果被元昊分割包围，主将葛怀敏以下将校士卒死俘者万余人。①

宋人宇文之邵将宋夏三大战役失败的原因归结为"虏兵常合而我兵常分也，六路兵无虑二十万，而二十三州、二百余寨，分屯保戍，则是我兵虽多，而散在处处也，贼之来也，大则六监军、衙头一时俱发，小则随处寇掠，边城一面受敌，则所与角战者无几，而城寨之兵又各有所守，不可会集，多寡不敌，则乞师告急，救兵才至，贼又已去。今贼常以合兵击我散兵，而我常以不敌之众当其锋，此庆历之失也"②。

3. 运动战

（1）围城打援

夏天授礼法延祚三年，即宋康定元年（1040）正月，元昊一举攻占金明县，擒获驻守金明的属户首领李士彬父子，然后乘胜直逼延州。毫无准备的延州知州范雍顿时慌了手脚，急忙调整军事部署，发檄文召集鄜延、环庆副都部署刘平和鄜延副都部署石元孙领兵增援。经过几天急行军，刘平、石元孙和驻守保安军附近的鄜延都监黄德、巡检万俟政、郭遵等合兵万余，然后向延州进发，行至三川口（今陕西安塞县东，即延川、宜川、洛川三条河流汇合处），便陷入元昊事先设好的埋伏圈，由于黄德临阵逃跑，致使宋军全线

---

① 《续资治通鉴长编》卷一三七，仁宗庆历二年闰九月癸巳条。
② （明）黄淮、杨士奇编：《历代名臣奏议》卷三五，上海古籍出版社1989年版，第464页。

溃退，主帅刘平、石元孙等力竭被俘。延州城被围困七天，适逢天降大雪，元昊乃引兵回。

（2）多伏合围

夏天授礼法延祚四年、即宋庆历元年（1041）二月，西夏大军进攻渭州，并已到达怀远城。正在高平巡边的陕西经略安抚副使韩琦知悉后，集合镇戎军兵马一万八千余人，令行营总管任福率兵迎敌，同时令泾原都监桑怿、钤辖朱观以及武英、王珪等部由任福统一指挥，共同抵御夏军。

韩琦的作战计划是，经怀远城、得胜寨，抵羊牧隆城，迂回于夏军之后，断其归路，伺机破敌。任福开始时也比较持重，出师当晚驻扎三川寨，可夏军已过怀远东南。翌日，任福统率诸军紧随夏军后面。其间，西路巡检常鼎、刘肃与夏军对垒于张家堡，桑怿率领本部骑兵火速支援。任福分兵行动，使本来数量就少的军队兵力更加分散，晚上任福与桑怿合为一军，屯兵好水川，好水川与能家川隔在陇山外，朱观、武英为一军，驻扎笼洛川，任福大军与朱观、武英军队相离五里。两军约定第二天会兵一处，包围夏军，不放过夏军一兵一卒，殊不知早已落入夏军包围之中。

元昊的十万精兵埋伏于好水川口，分派小股人马诱惑宋军。宋军派出去的探马回报夏军驻扎的营砦数量不多，兵力不足，因此加速行军。二十四日早晨，任福与桑怿沿着好水川一路向西，至羊牧隆城五里许，与夏军遇。先锋桑怿看见道路旁边放置许多银色泥盒子，盒盖密封，里面不时传来声响，桑怿怀疑盒子里面有机关没敢打开，主帅任福赶到后，命人将盒子打开，数百只悬哨信鸽腾空而起，盘旋在宋军上空，宋军还在疑惑，四周夏军铺天盖地而来。首当其冲的是桑怿的先锋队，之后宋军主力部队也相继遭到猛烈冲击，宋夏两军顿时短兵相接，厮杀在一起，双方从辰时激战到午时。夏军阵中忽然竖起一杆鲍老旗，高约两丈，十分醒目，桑怿等宋军主将不知其所用。只见鲍老旗向右挥，右边伏兵杀出，鲍老旗向左挥，左边伏兵杀出，分别从两翼包围袭击宋军，很快宋师大败。桑怿、刘肃及任福子任怀亮等大将皆战没。有小校刘进劝任福自己突围而去,任福不听,最后力竭而亡。

任福大军被围当日,渭州都监赵津率瓦亭寨 3000 多骑兵与朱观、武英率领的部队会兵于能家川,也与夏军伏兵遭遇,宋军布阵激战。双方也是从午时一直激战至申时,后来,夏军援兵不断赶来,宋军阵东的步兵率先溃败,由此阵脚大乱,主将王珪、武英、赵津及参军耿傅、队将李简、都监李禹享、刘均等皆阵亡。朱观率领千余人坚守民垣,仅以身免。宋夏好水川一战,宋军将校士卒死者一万三百余人,朝野震动。①

4. 粮秣战

(1) 就粮于敌

粮食是部队的生命,《孙子兵法》曰:"善用兵者,役不再籍,粮不三载,取用于国,因粮于敌,故军食可足也。国之贫于师者远输,远输则百姓贫。近师者贵卖,贵卖则百姓财竭,财竭则急于丘役。力屈、财殚,中原内虚于家。百姓之费,十去其七;公家之费,破军罢马,甲胄矢弩,戟盾蔽橹,丘牛大车,十去其六。"② 孙子兵法又提到:聪明的将军,一定会在敌国解决粮草。从敌国搞到一钟的粮食,就相当于起运本国的二十钟粮食;在当地取得饲料一石,相当于起运本国的二十石。因此,宋、辽、夏都在对方粮草上打主意。夏天祐垂圣元年,即辽重熙十九年(1050)七月,辽朝大军破贺兰山西北的摊粮城,劫掠仓粮储积而去。③ 夏大安七年,即宋元丰四年(1081),宋朝五路伐夏,鄜延路"于西界德靖镇七里平山上,得西人谷窖大小百余所,约八万石"④。泾原路大兵至鸣沙川,分兵搜得窖藏粟及杂草三万三千余石束,牛羊万余,分赏使臣将士。⑤ 夏兵进入宋境,也是"分行钞略,驱虏人畜,劫

---

① 《宋史》卷四八五《夏国传上》。
② 陈曦译注:《孙子兵法·作战篇》,中华书局 2011 年版,第 26 页。
③ 《辽史》卷一一五《西夏外纪》。
④ 《续资治通鉴长编》卷三一八,神宗元丰四年十月丙子条。
⑤ 《续资治通鉴长编》卷三一八,神宗元丰四年十月辛巳条。

掠财货"①,"刈禾稼"②,"钞掠汉田"。③

截获敌军粮草,不仅就粮于敌,也是克敌制胜的重要战术。宋至道二年(996)三月,宋廷派洛苑使白守荣、马绍忠护送刍粟四十万石赴灵州。为防李继迁劫掠,将辎重先后分作三队,丁夫持弓矢自卫,士卒布方阵为护,后又命令会州观察使田绍斌率兵应援。结果还是在浦洛河被李继迁截击,尽夺四十万石粮运。④ 李继迁士气大振,次年五月进围灵州,灵州城中粮糗俱竭,加之宋廷犹豫不决,援军踟蹰不前,最终被继迁攻占。

(2) 坚壁清野

前揭夏大安七年,即宋元丰四年(1081)宋朝五路伐夏,李宪出熙河,种谔出鄜延,高遵裕出环庆,刘昌祚出泾原,王中正出河东,最终战略目标是西夏都城兴庆府,"图人百年一国"⑤。"梁太后问策于廷,诸将少者尽请战,一老将独曰:'不须拒之,但坚壁清野,纵其深入,聚劲兵于灵、夏,而遣轻骑抄绝其馈运,大兵无食,可不战而困也。"⑥ 梁太后采纳了坚壁清野战术,终于打败了来势汹汹的宋朝大军。

夏天祐民安八年,即宋绍圣四年(1097)冬十一月,熙河两路兵四万出塞,将至锉子山,监军司以十万骑阵白草原拒战,不胜,拔营西走。两路军直入天都监军司所搜挖,无所得,军士粮竭,饥死者半,乃回。⑦

还有夏天授礼法延祚七年,即辽重熙十三年(1044)十月,夏辽河曲大战,面对来势汹汹的十万骑兵,西夏不仅坚壁清野,而且连退三次,"每退必赭其地,辽马无所食,因许和"。⑧ 景宗李元昊又故意迁延数日,待辽军人疲

---

① 《宋史》二九二《王尧臣传》。
② 《续资治通鉴长编》卷一三三,仁宗庆历元年八月戊子条。
③ 《续资治通鉴长编》卷一三三,仁宗庆历元年九月庚戌条。
④ 《宋史》卷二七九《周仁美传》。
⑤ 《续资治通鉴长编》卷三一五,神宗元丰四年八月庚辰条。
⑥ 《宋史》卷四八六《夏国传下》。
⑦ 《西夏书事》卷三〇。
⑧ 《宋史》卷四八五《夏国传上》。

马乏，突然发起反攻，辽军大败，"蹂践而死者不可胜计"。①

（3）焚敌粮草

夏天授礼法延祚七年，即辽重熙十三年九月，辽朝在夹山之侧的九十九泉集合大军，即将伐夏。夏景宗李元昊为了阻击辽朝大军，派人将辽朝的军需焚之殆尽。② 辽军集而不发，又准备了一个多月，十月才动身。

5. 间谍战

（1）反间敌将

宋知环州高继嵩有勇有谋，是宋夏沿边一员虎将，为元昊所忌。夏天授礼法延祚三年，即宋宝元元年（1038），李元昊派人将一封给高继嵩的信遗留在边界，朝廷得知后，将高继嵩调离陕西前线，随正旦使韩琦使契丹。韩琦认为高继嵩久居边关，勇猛果敢，在军中素有威望，深为西夏所忌惮，此乃西夏的反间计。③ 在韩琦等人的坚持下，宋廷命高继嵩复知环州，以西染院副使兼阁门通事舍人王从益代使契丹。

夏大安七年，即宋神宗元丰四年（1081），鄜延路经略司言："知保安军夏元象等，觇夏国主遣奸细招蕃官左藏库使本路都监刘绍能、阁门祗候李德平。乞移绍能等于他路。"上批："刘绍能、李德平，父祖以来，世受国恩，前后战功最多，在诸路蕃官为第一忠勇，朝廷委信之人，必无如探报事者，必是夏国畏忌，用闲倾害。仰沈括无得根治。以此诏旨方便露之使知。"既而升绍能本路钤辖。④ 环庆路经略使高遵裕数使蕃部乙讹及顾入西界，见蕃族梁讹移侦事，且诱讹移来降。⑤

———————————

① 《辽史》卷九三《萧惠传》。
② （宋）田况撰，张其凡点校：《儒林公议》卷下《富弼使契丹》，中华书局 2017 年版，第 79 页。
③ 《续资治通鉴长编》卷一二二，仁宗宝元元年八月丙子条。
④ 《续资治通鉴长编》卷三一一，神宗元丰四年二月乙酉条。
⑤ 《续资治通鉴长编》卷二九八，神宗元丰二年五月己巳条。

（2）窃取情报

元昊每行兵厚赏间谍哨探，至数百里外必得其实。又阴养死士，专备劫刺。夏竦议五路进师，某幕职兵官，密置兵马，分擘粮草，凡五昼夜，皆有文字，封钥大柜中，数人不能举。一夕失之，竦谋遂沮。[1]

王子醇枢密帅熙河日，西戎欲入寇，先使人侦察宋军虚实情况，结果被巡逻者捕获，并在其衣服中搜到一封书信，上面非常详细地记录了熙河路的人马、刍粮数量布防等信息。宋将看后非常震怒，欲肢解砍杀间谍。王子醇决定打间谍二十杖，并在其脸上刺上"蕃贼决讫放归"六个字，然后将其释放。同时积极备战，增加刍粮积聚，增派戍守兵将。夏人虽获得熙河路的人马、刍粮数量布防等信息，由于宋军有备，乃放弃此次军事行动。[2]

韩琦帅泾原时，夜有人携匕首入寝门，琦起问："谁，何？"曰："来杀谏议。"问："谁遣来？"曰："西夏张相公命。"琦复就枕曰："取余首去。"刺者不忍，取金带而出，琦明日亦不治此事。俄而守陴者以金带献，盖刺者故张其事，以摇中国军心也。[3]

（3）刺探边防

宋咸平三年（1000），李继迁侦知宋朝经旱海向灵州运送粮草的情报，率兵伏击，尽获宋朝辎重。景宗李元昊每用兵前，都须掌握宋朝边防情况。1038年元昊上表宋朝，假说要派人赴五台供佛宝，实欲窥河东道路。迨使人自五台还，知河东备御完固，悉会诸族豪酋于贺兰山，各刺臂血和酒置髑髅中，共饮之，约先攻鄜延，自德靖、塞门、赤城三道并入。

（4）诱为向导

宋夏缘边蕃部对当地山川地貌、风土人情最为熟悉，宋吏部尚书宋琪上书言边事曰："我师如入夏州之境，宜先招到接界熟户，使为向导，其强壮有

---

① 《西夏书事》卷六。
② （宋）沈括：《梦溪笔谈》卷二《权智》，上海古籍出版社2015年版，第205页。
③ 《西夏书事》卷十五。

马者，令去官军三五十里，踏白先行。缘此三路，土山柏林，溪谷相接，而复隘陕不得成列，跙此向导踏白，可使步卒多持弓弩枪镢随之，以三二千人登山侦逻，俟见坦途宁静，可传号勾马，遵路而行，我皆严备，保无虞也。"①西夏用兵也是如此，景宗李元昊阴诱属羌为助，环庆酋长六百余人约与贼为向导。范仲淹受命环庆路主帅后，即奏行边，以诏书犒赏诸羌，阅其人马，立条约："仇已和断，辄私报之及伤人者，罚羊百、马二，已杀者斩。负债争讼，听告官为理，辄质缚平人者，罚羊五十、马一。贼马入界，追集不起，随本族每户罚羊二，质其首领。贼大入，老幼入保本寨，官为给食，即不入寨，本家罚羊二，全族不至者，质其首领。"诸羌受命悦服，自是始为汉用。②

（5）密递军情

夏光定四年，即宋嘉定七年（1214），西夏右枢密使、吐蕃路都招讨使万庆义勇建议与宋联合夹攻金朝，于是派蕃僧戬巴本布等带着蜡丸书前往西和州岩昌寨，与宋朝进行联系，相约互为犄角，进攻西夏。宋朝蕃兵总管报告上去，后无结果。③

（6）里应外合

夏贞观十四年，即宋政和四年（1114），李讹哆写信给夏统军梁哆唛道："我居汉二十年，每见春廪既虚，秋庾未积，粮草转输，例给空券，方春末秋，士有饥色。若能卷甲而趋，径捣定远，唾手可取。定远既得，则旁十余城亦不攻自下矣。我储谷累岁，阙地而藏之，所在如是。大兵之来，斗粮无赍，可坐而饱也。"④宋陕西转运使任谅侦知其谋，募人将李讹哆窖藏的谷粟尽数运至定边军诸城堡。十月，梁哆唛遂发兵围攻定远城，但因藏粟已失，粮食不继，遂退兵而还。李讹哆不敢再待在宋境，七日后，率所部万余骑归夏。

---

① 《续资治通鉴长编》卷三五，太宗淳化五年正月甲寅条。
② 《续资治通鉴长编》卷一三二，仁宗庆历元年五月壬寅条。
③ 《宋史》卷四八六《夏国传下》。《全宋文》卷三〇中记载为"蕃僧减波把波"。
④ 《宋史》卷四八六《夏国传下》。

十二月，乾顺用李讹哆为将，发兵数万入侵宋定边军，围攻观化堡二十五日，不克，乃退。两年后（1115），李讹哆入宋境侦事，为熙河路逻卒所获，宋徽宗诏诛之。

（7）以假乱真

夏天授礼法延祚三年，即宋康定元年（1040），落第文人张元、吴昊走投西夏，宋朝将其家人投入大牢，西夏间谍伪造宋朝诏书，将二人家属解救出去，等到宋朝官吏发现时，其家属已出境。[①]

宋夏三川口之战时，西夏兵临延州，知延州范雍令大将刘平、石元孙带兵星夜驰援，行进到离延州城二十里处，天色已晚，忽然间有夏人装扮延州派来的"急脚子"宣称，延州范太尉传语，本来已在东门奉候，考虑到暮夜入门，恐透漏奸细，请人马分批前进，以辨真伪。二将下马据胡床，分拨队伍，每一队行及五里，又放一队。将及一更以后，约放 50 队，这时刘平等人发现"急脚子"不知所踪，急忙派人到前方侦察，发现延州城上并无灯火，而前队不知去向。

6. 谋略战

（1）巧用连环

夏景宗李元昊巧用连环计俘虏宋将李士彬，为进攻延州扫清障碍。李士彬一族本是宋夏缘边的党项大族，世代驻守金明，世袭金明寨巡检，其父李继周曾多次战败李继迁，因此，李士彬家族和拓跋部是世仇。李士彬帐下统率十八寨羌兵，有兵近 10 万人，控扼延州的中路，军事地理位置非常重要。加之他作战勇猛，在族中颇有威望，西夏人也十分畏惧，号称"铁壁相公"[②]。

金明是延州的北大门，战略地位非常重要。元昊立国后，为了打开进攻延州的大门，派人招诱李士彬，结果被李士彬所杀。招降未果，元昊又使用

---

① 《续资治通鉴长编》卷一二六，仁宗康定元年二月丁未条。

② （宋）钱若水修，范学辉校注：《宋太宗皇帝实录校注》卷三三，中华书局 2012 年版，第 241 页。

离间之计，欲使宋朝除之。夏天授礼法延祚二年，即宋宝元二年（1039）三月，元昊将书信及锦袍、银带投于鄜延境上，书信中内容大概言及，西夏与金明李士彬有所交往，并相互约定反宋。物件被宋朝巡逻得之，诸将皆怀疑李士彬通敌叛国，惟有副都部署夏元亨认为：此反间计尔，李士彬与西夏世仇，若有私约，通赠遗，岂使众知邪。于是专程将李士彬招到帐下，与之宴饮，厚抚之。李士彬非常感动，不过数日，李士彬主动出击攻打西夏，取首馘、羊马等，以表对宋朝的忠心。①

一计不成，复生一计，元昊又派人连环使用诈降计和骄兵计。首先，安排缘边地区的党项族不断投诚李士彬，起初李士彬禀报延州知州范雍，请将投降的党项族徙置南方，范雍认为招降能够壮大边防力量，不用远徙。让投诚的党项族都隶属于李士彬，并赏以金帛。于是降者越来越多，分隶诸寨。同时，元昊让其军将每与李士彬相遇，辄不战而逃，并且扬言：我们的将士一听闻"铁壁相公"的威名，无不胆坠于地，狼狈奔走，哪敢对阵！李士彬由此越来越骄横跋扈，不仅将战利品多据为己有，而且对部下要求严苛，所属蕃部怨愤者日益增多。元昊又派人私下用金帛财物和高官厚禄诱惑李士彬所属渠帅，作为内应。

夏天授礼法延祚三年，即宋康定元年（1040），元昊派牙校贺真来见范雍，声称要改过自新，重新归顺于宋朝。范雍大喜，厚赏了贺真。西夏使臣前脚刚走，后脚大军就杀到宋境，先前被元昊收买的党项首领纷纷作为内应。此时，李士彬正在黄帷寨视察军情，听到西夏大军到来，严阵以待，结果到了晚上，西夏军队还是没有到，李士彬就卸甲就寝。翌日，西夏大军骤至，李士彬慌忙披甲乘马，但是左右侍卫也早已被元昊买通，将弱马给李士彬骑乘。慌乱之中，李士彬使心腹赤豆军主以随身珠带为信物，请母亲和妻子前往延州请援。鄜延经略使、知延州范雍犹豫不定，没有发兵，只是遣人侦探。

---

① 《续资治通鉴长编》卷一二三，仁宗宝元二年三月戊午条。

很快李士彬战败被俘，其子李怀宝也被擒获，元昊将李士彬的耳朵割下来，囚禁于国内，后卒于西夏。① 元昊巧用连环计，最终攻取李士彬族，扫清了进攻延州的道路。

（2）诈降设伏

《孙子兵法》曰：兵者，诡道也。故能而示之不能，用而示之不用，近而示之远，远而示之近。利而诱之，乱而取之，实而备之，强而避之，怒而挠之，卑而骄之，佚而劳之，亲而离之。攻其无备，出其不意。此兵家之胜，不可先传也。"诈降"顾名思义，就是在作战中，为达到一定目的而采取假装向敌人投降的欺骗方式之一。明代叶梦熊《运筹决胜纲目》中载："诈降之事，真伪未分，须加审察。苟不悟而按于计中，必致大败。然能先识其诈，亦足以就计而诱敌也。"② 西夏在军事战争中屡次使用诈降之计。

李继迁逃往地斤泽，经过几年的对宋作战，虽偶获小胜，但屡遭重创，有时几乎搞到全军覆没的地步。这时的继迁和谋士认为，自己的力量远不如宋军，只能智取，不能硬拼。决定假意投降，设伏宋军主将。派人诈骗曹光实曰："我多次败逃，情势非常穷困，已无立锥之地，不知曹公能否允许我率部投降，归顺宋朝？"因言辞恳切，情意诚挚，曹光实信以为真，双方约定好日期地点，确定在葭芦川举行投诚仪式。骄傲自大的曹光实轻信李继迁，为欲独揽头功，不仅没有上报宋廷，也没有与其他将领商议。到了约定日期，继迁先设好伏兵，又命令十数人到城中去迎接曹光实。曹光实只率数百骑赴约，至约定地点，李继迁举手挥鞭为号，顿时伏兵四起，将曹光实乱箭射死，并且顺势攻破银州城。③

戎马倥偬一生的李继迁打败宋将曹光实，难免滋生骄傲情绪，最终却自己也中了诈降计，被潘罗支流矢射伤而亡。潘罗支本是西凉六谷部酋长，咸

---

① （宋）司马光撰，邓广铭、张希清点校：《涑水记闻》卷一二，中华书局1997年版，第241—242页。

② （明）叶梦熊：《运筹决胜纲目》卷四《伏兵·诈降设伏》，齐鲁书社1995年版。

③ 《宋史》卷二七二《曹光实传》。

平四年（1001），根据知镇戎军李继和的建议，授其为盐州防御使兼灵州西面都巡检使，使攻李继迁。咸平五年（1002）十月，继迁派人传铁箭招诱六谷部的诸蕃首领叛附，潘罗支斩一人，俘一人，以表明抗击李继迁的决心。

咸平六年（1003）三月，潘罗支又派遣蕃官吴福圣腊入宋，宋朝封潘罗支为朔方军节度、灵州西面都巡检使，赐以铠甲器币。又封吴福圣腊为安远将军，次首领兀佐等七人为怀化将军。吴福圣腊在返回的途中被继迁邀击，宋朝所赐的牌印、官告及衣服、器械悉数被截获，吴福圣腊也仅以身免。①

同年十一月，继迁兴兵攻打六谷部，潘罗支见李继迁兵势强盛，就派人诈降，此时李继迁认为自己胜利在望，并未多疑，坦然接受潘罗支的请降。谋臣张浦见状劝言："兵务慎重，贵审敌情。潘罗支倔强有年，未挫兵锋，遽尔降顺，诈也。不若乘其诡谋未集，一战擒之，诸蕃自伏。若悬军孤立，主客势殊，未见其可。"李继迁说道："我得凉州，彼势已促，力屈而降，何诈之有？况杀降不祥，尔勿疑，以阻向化之心。且先返西平，我当抚安余党，以免后患。"当继迁还沉浸在收复六谷部，招降潘罗支的喜悦中时，潘罗支暗中集结了六谷部诸豪及者龙族兵数万大军，对李继迁发起猛烈攻击，夏兵毫无防备，一战大溃，李继迁中流矢，奔还灵州，因伤重而亡。② 宋廷因此厚赏潘罗支。③

李继迁因大意中了诈降计，设计者潘罗支却因同样的诡计而阵亡。景德元年（1004），李继迁子李德明对潘罗支实施报复性进攻，潘罗支率领百余骑与者龙族首领商议作战方案时，被此前诈降的迷般嘱和日逋吉罗丹二族乘机斩杀于帐中。④

（3）假意约和

宋人李纲指出："夏人狡狯多诈而善谋。强则叛乱，弱则请和；叛则利于

---

① 《宋史》卷四九二《吐蕃传》。
② 《西夏书事》卷七。
③ 《宋大诏令集》卷二四〇政事九三《赐潘罗支诏（景德元年六月己卯）》《潘罗支追封武威郡王（景祐元年十月丁酉）》。
④ 《宋史》卷四九二《吐蕃传》。

掳掠，侵犯边境；和则岁赐金缯，若固有之。以故数十年西鄙用师，叛服不常，莫能得其要领。"① 西夏的约和，有的是真心讲和，有的是出于诡计和谋略的假意约和。《孙子兵法》曰："无约而请和者，谋也。"② 景祐二年（1035），元昊遣大将苏奴儿统兵二万五千余攻打唃厮啰，结果兵败，大将苏奴儿被俘，夏军伤亡殆尽。于是，元昊亲自领军攻打牦牛城，结果经过一个多月的鏖战，一直不能破防。于是，元昊心生一计，遣使诈与吐蕃约和，等到城门大开，夏军鱼贯而入，撕毁约定，纵兵四处烧杀劫掠。元昊又带兵攻下青唐、安二、宗哥、带星岭等诸城，此时唃厮啰部将安子罗集结 10 万大军阻绝西夏军队归路，与元昊昼夜连续作战，战争持续了 300 余日，最后安子罗兵败。③

夏天授礼法延祚六年，即宋庆历三年（1043）二月，元昊遣使议和。范仲淹和韩琦上书，认为元昊以累世奸雄之志，屡战屡胜，却来请和，是欲"息肩养锐以逞凶志"，必定不会久守盟信。提出切不可因议和而放松边备，要"严饬边臣，修完城寨，训练军马，储备粮草，以备虚诈"，同时继续推进收复横山的战略准备。④

对于西夏议和，欧阳修亦曾分析过："今议贼肯和之意，不过两端而已，欺罔天下者，必曰贼困窘而求和；稍能晓事者，皆知贼权诈而可惧。若贼实困窘，则正宜持重以裁之，若知其诈谋，则岂可厚以金缯，助成奸计？"⑤

7. 地形战

（1）攻城战术

兵家认为"攻城之法为不得已"，对于游牧民族来讲，更不善于攻打城池。西夏中后期，由于攻守器械的发展和战术水平的不断提高，在攻守城战

---

① （宋）李纲撰，王瑞明点校：《李纲全集》卷一四四《御戎论》，岳麓书社 2004 年版，第 1368 页。
② 陈曦译注《孙子兵法·行军篇》，中华书局 2011 年版，第 163 页。
③ 《续资治通鉴长编》卷一一七，仁宗景祐二年十二月壬子条。
④ 《续资治通鉴长编》卷一三九，仁宗庆历三年二月乙卯条。
⑤ 《续资治通鉴长编》卷一四五，仁宗庆历三年十一月辛卯条。

术中，也取得了很好的战绩。

夏雍宁三年，即宋政和六年（1116）春，刘法、刘仲武合熙、秦之师十万攻夏仁多泉城，城中请降，刘法受其降而屠之，获首三千级。种师道以十万众复攻臧底河城，克之。十一月，为报复宋军屠城，夏人大举攻宋泾原路靖夏城。时久无雪，夏军先以数万骑绕城，践尘涨天。随后潜穿壕为地道入城中，城遂陷，复屠之而去。①

夏永安二年，即宋元符二年（1099），夏国遣仁多保忠、白咎牟等三监军率众助羌人围邈川。"合十余万人，先断炳灵寺桥，烧省章峡栈道，四面急攻。城中兵才二千四百余人，器械百无一二。总管王愍令军士撤户负之为盾，剡木墨之为戈；籍城中女子百余人，衣男子服以充军；童儿数十人，以瓦炒黍供饷；募敢死士三百人，冒以黄布巾。愍年六十七矣，身被甲跨马，率死士开门出战。门上豫穴窍投巨石礌数人死，羌莫敢前。城南隅多嵌窦，羌蔽以穴城，矢石不能及。愍乃撤屋为炬，掷穴上，火盛通穴，穴中人皆焦。羌人移攻北水寨，入之。愍率敢死士开门疾击，枭百余级。羌乃环射城中，城中之矢如猬。士多死伤，至取矢以爨。羌破兰宗堡，获城官刘文玤，驱至城中，曰：'吾所欲城与地耳，第以城归我，当送君等自金城关归汉。'愍谓文玤曰：'为我语夏贼，汉天子俾我守是，贼能杀我，城可得也。'伏弩射文玤不中，羌拥文玤去。邈川被围，自戊寅至壬辰，凡十六日。是日，羌于南门积薪数万，欲焚门及拒闸。城中忧惧，莫知所为。会经略司遣兰州苗履、河州姚雄提点秦凤等路兵渡河，及朝廷遣泾原路准备将领李忠杰将选锋来援。自臕哥、瓦吹、黑城转战而前，焚荡族帐，广数百里，鞭尘亘天。羌不知我兵众寡，遽引兵渡湟水去，溺死者数千，生擒伪钤辖鬼名乞遇，并获绣旗等"。②

（2）水淹敌军

水可以浸灌，可以漂流，可以陷溺，可以圜围，可以济渴。故古之善用

---

① 《宋史》卷四八六《夏国传下》。
② 《续资治通鉴长编》卷五一六，哲宗元符二年闰九月壬辰条。

兵者，多藉水势以立奇功，昧者必用船舫，方谓水战，不知能得其意，备其物，弃其机，则攻战奇策无出于此。

夏大安七年，即宋元丰四年（1081），西夏将军秦人李清，说服秉常以河南地归宋，被太后梁氏知之，遂诛清而夺秉常政，将秉常幽禁于兴庆府宫外五里的木寨，封锁一切对外往来和消息，拥护秉常的旧党及各地豪酋各自拥兵自重，西夏国内一片大乱。① 鄜延路总管种谔探知情况后，向宋廷上奏"秉常为其母所囚，可急因本路官捣其巢穴"②。宋神宗乘机部署五路大军伐夏，王中正出河东路，种谔出鄜延路，高遵裕出环庆路，刘昌祚出泾源路、李宪出熙河路。

刘昌祚和高遵裕先后率部抵达灵州城下，驻扎在稻田里。当时宋军缺乏攻城战具，灵州城久攻不下。泾原钤辖种诊认为"顿兵攻坚，兵法所忌，而食且尽，吾营布列稻塍，若贼决河水灌之，吾其鱼矣。请归屯清远，通粮道以听命"。③ 主帅高遵裕不听，继而正如种诊所言，夏人决七级渠，泄黄河水以灌宋军大营，慌乱间高遵裕下令斩断攻城大炮的大梁以济，刘昌祚临危不乱，手持利剑，立于水上，亲自殿后，直到大军撤出水面才离开。此时，以逸待劳的西夏铁骑随后追袭，宋军溃不成军，溃散逃亡及死者甚众。战后据环庆路行营经略都总管司统计，"泾原路出界正兵及汉蕃弓箭手共五万一千六十人，马五千七百八十二匹，除逃散外，见管一万三千四十八人，马三千一百九十五匹。"④ 环庆路宋军逃散死亡亦大抵如此。

---

① 《续资治通鉴长编》卷三一二，神宗元丰四年四月壬申条。
② 《宋史》卷三三五《种谔传》。
③ 《续资治通鉴长编》卷三二〇，神宗元丰四年十一月辛丑条。
④ 《续资治通鉴长编》卷三二一，神宗元丰四年十二月辛酉条。

七、兵律与兵书

　　西夏学习借鉴唐宋制度，崇儒尚法，积极进行法制建设，颁行多部法典，《贞观玉镜将》是专门的军律，《天盛改旧新定律令》是综合性法典，全书二十卷，军律多达四卷，包括边防制度、战具配备、点集出征、军抄分合等。此外，后期颁行的《法则》《亥年新法》，也都有大量军事条例。同时还翻译刊布了《孙子兵法》《六韬》《黄石公三略》《将苑》等汉文兵书，这是同时代辽金政权所没有的。

（一）军事法规

1.《天盛改旧新定律令》中的军事条例

　　《天盛改旧新定律令》有夏、汉两种文本，汉文本已佚。① 西夏文存刻本和写本，刻本，蝴蝶装，每页版口上方皆有"律令"二字。每页左右双栏，每半页九行，行十七或十八字不等，版口题律令卷次及页次，全书纸幅及版框高广并不一致，书体及镌刻精拙程度各异，似由多人于不同地点分头雕版而成。写本共有五种，残存情况不一，均独立成卷。装帧形式有蝴蝶装、卷轴装、线订册叶装，抄工亦优劣不等。全卷没有具体的年款记载，仅有"天盛"二字，

"天盛"是西夏仁宗皇帝的年号，始于1149年，终于1169年，先后共21年，具体成书年代学界虽有分歧，主要认为是天盛初年，且应为天盛二年（1150年）。①

刻本西夏文《天盛改旧新定律令》是我国历史上继《宋刑统》之后又一部公开印行的封建王朝法典，也是用少数民族文字刻印、颁行的第一部王朝法典。全书共20卷，卷下分为150门，1460条，除个别卷、门的条文有缺失外，保存基本完整，其涉及内容非常广泛，规定非常详细。全书没有注释和案例，均是律令条文，包括刑法、诉讼法、行政法、民法、经济法、军事法，是研究西夏社会和中国法制史的重要资料。其中涉及军事法的内容主要集中在卷四、五、六、七中，共有200余条。

卷四共有7门85条，主要是关于城池、边境、边防的守护，边防将领的责任义务，城池的修筑和边情报告等方面。弃守营垒城堡溜门，14条，缺佚前5条，后9条主要对驻守营垒城堡的军将、大小首领、舍监、末驱、军卒、寨妇擅离职守的处罚规定；弃守大城门7条，对守大城的州主、城守、通判、边检校等放弃城守以及放逸军卒离职的判罪规定；边地巡检门29条，为边地巡检主管、检人的派遣与功赏规定。敌军寇门16条，第8条以后缺佚，为抵御入侵的功罪赏罚规定；边主期限门3条，正文佚，仅有"城主等超期限""小首领军卒等超期限""城溜守者外逃催促"等条目；修城应用门11条，规定州主、城守、通判等按时修缮城垣与铁索、板片、石炮等守城战具，并上报监军司；敌动门5条，主要为敌军入寇时烽火传递的规定。

卷五共有2门37条，主要是关于武器装备供给和校验制度，保存相对完整，部分内容佚失，仅存条目。军持兵器供给门9条，是对西夏各种类属正军、辅主、负担所持武器装备的规定；季校门28条，是对官马、披、甲、杂物、武器校验管理的规定。

卷六共计7门77条，主要为战时动员与兵役法方面的内容。发兵集校门11

---

① 杜建录：《〈天盛律令〉与西夏法制研究》，宁夏人民出版社2005年版，第27页。

条，是关于点集迟到、稽留或所携战具不全的处罚规定；官披甲马门 16 条，是关于官披、甲、马的管理规定；军人使亲礼门 10 条，前 6 条为上下级之间馈送筵礼，亲戚馈送礼物规定以及首领官员丧葬、生育、祭神、嫁女、分家、造屋等不得派遣公差。后 4 条为大小官员不允在官人中索要私人，诸父子所属官马瘦弱处罚等规定；纳军籍磨勘门 8 条，是对呈报与磨勘军籍的时间、程序的规定。

卷七共计 7 门 70 条，内容涉及投诚、叛逃、敕禁等方面。为投诚者安置门 18 条，为有关优待、安置投诚人员的法规；番人叛逃门 26 条，包括对各种叛逃人员的追捕与判罪，捕获逃人按捕杀敌获赏，对知情不举告者或有逃跑言论而未付诸行动者的处罚；敕禁门 13 条，是关于不许私藏武器，不准穿戴违禁衣饰，使用违禁器物，不允到敌界买卖交换违禁物，不允到敌界卖钱与私铸钱、毁钱等方面的规定；邪行门 3 条，是关于战争期间逾越通敌者绞，大小官员勒索乡里者治罪的规定。

此外，还有其他卷中亦存有不少军事法律制度方面的内容。如卷十 5 门 89 条，在机构等级、官吏编制、迁转考核等方面的规定中，就有军事机构和编制方面的内容。卷十三的执符铁箭显贵言等失门也多涉及军事，足见军事法的重要。

2. 《法则》中的军事条例

《法则》是西夏晚期一部重要的西夏法典，该书体例效仿《天盛改旧新定律令》，亦以"门""条"分例，每大条以下又有若干小条。各卷门数较《天盛改旧新定律令》大为减少，内容则对《天盛改旧新定律令》部分条文进行补充及改订。《西夏文写本和刊本》著录时，未将其作为一本著作单列，而是将其中一部分误入《新法》，另一部分视为介于《新法》和《亥年新法》（当时将二者看成是两种不同的文献）之间的不确定文献。《俄藏黑水城文献》刊布时，将《法则》从上述文献中独立出来，甄别出三个不同的版本，内容涉及卷二至卷九，共八卷。所存皆为写本。从《法则》出现"光定申年""光定申年（1212 年）三月二十三日""光定亥年（1215 年）六月十四日"等年代来看，该法律颁行时间大体在光定申年三月至光定亥年六月，成书晚于《天盛改旧新定律令》，属于西夏晚期的法律文献。

《法则》卷四，共 7 门 27 条，主要是关于边境防守方面的条文，其中"边地巡检门"1 条，缺；"敌军寇门"7 条，全；"敌动门"，缺；"修城应用门"1 条，缺；"边主期限门"6 条，全；"弃守大城门共 6 条，全；"烧城门"1 条，全。

卷五共有 2 门 4 条，"军持兵器供给门"3 条，全；"季校门"1 条，全。虽然从门数上没有发生变化，但是其内容已经大幅减少，可见西夏晚期对于武器装备供给和校验制度没有那么严格。

卷六共计 3 门 20 条，主要为战时动员与兵役法方面的内容，其中"发兵集校门"13 条，全；"官披甲马门"2 条，全；"抄分合除籍门"5 条，全。《法则》减少了《天盛改旧新定律令》中的"军人使亲礼门""纳军籍磨勘门""行监首领舍监等派门"等门类。①

从现存的《法则》条目来看，其门类和条文比《天盛改旧新定律令》大幅减少，涉及军事方面的规定也相应减少。但军事法规所占比例却提升了，这与西夏晚期对外战争频繁密切相关。

3. 《亥年新法》中的军事条例

《亥年新法》又称《猪年新法》《新法》，是西夏晚期继《天盛改旧新定律令》之后再次颁布的一部重要法律文献。内蒙古额济纳旗黑水古城出土，俄罗斯科学院东方文献研究所藏。1963 年，戈尔巴切娃、克恰诺夫在《西夏文写本和刊本》中首次著录，② 编修者不详。《俄藏黑水城文献》分为甲、

---

① 梁松涛、杜建录：《黑水城出土西夏文〈法则〉性质和颁定时间及价值考论》，第 33、34 页。
② 白滨译，黄巧华校：《西夏文写本和刊本》，载中国社会科学院民族研究所历史研究室资料组编译《民族史译文集》（第 3 集），1978 年，第 62—67 页。

乙、丙、丁、戊、己、庚、辛8种写本。全书20卷，存15卷，缺卷五、卷
六、卷八、卷十九、卷二○。部分写本卷尾题有光定四年（1214）款，是书
当于此前修成。

《新法》和《天盛改旧新定律令》体例略同，文中多引《天盛改旧新定
律令》条文，并有补订。其中卷四有7门17条，主要是关于边境防守方面的
规定，卷五、卷六缺佚，也当是军事方面的条例。①

4. 军事法典《贞观玉镜将》

《贞观玉镜将》是西夏贞观年间（1101—1114）刻印的军事法典，编著者
不详。刻本，蝴蝶装，版框高宽不一。左右双栏，半页9行，行16字，空白
处中间有补花。卷首题书名及卷次，版心题"将"（统）及卷次、叶次。全书
共4卷，包括序言、政令篇、赏功篇、罚罪篇和进胜篇五个部分，内容涉及统
兵体制、赏罚对象和物品、军事思想、兵书来源等诸多方面，是研究西夏兵
制、军法、兵书及其源流的珍贵文献。

《贞观玉镜将》颁布之前，西夏已经有兵马军书之类的军律。夏大安八
年，即宋神宗元丰五年（1082），"环庆经略司言：斩西贼统军嵬名妹精嵬、
副统军讹勃遇，得铜印、起兵符契、兵马军书"，"诏以印、符契、兵马军书
来上"。② 后来随着军事战争的变化，军律条例也随之发生变化，《贞观玉镜
将》序言明确指出："祖宗时，思战，为正军令，制赏罚（律），轻重分明"，
然而昔时政令已不能用，故诏另行制定颁行。③

现存《贞观玉镜将》有83面，其中序言1面，言明其制订的目的。

卷一仅存目录4条，大概缺9条目录。正文全佚。从目录可知内容为将帅

---

① 《俄藏黑水城文献》第9册，上海古籍出版社1999年版，第119—337页；梁松涛：《〈亥年新
法〉整理与研究（卷一至卷四）》，宁夏大学2015年博士后出站报告。
② 《续资治通鉴长编》卷三二七，神宗元丰五年六月辛亥条。
③ 陈炳应：《贞观玉镜将研究》，宁夏人民出版社1995年版，第66页。

受命、牌印旗鼓行军布阵等。

卷二为"赏功品",存目录77条,包括正统军、副统军、行监、溜监、正首领、首领、士兵、使军等官兵在作战中杀敌、俘获的功赏等。正文仅存15条,为正统军、副统军、行监的功赏。

卷三为"罚罪品",包括统军、行监、溜监逃叛、迟缓、不协、损失兵马虚报隐情俘获罪以及首长阵亡部下罪罚等。规定十分具体,如"副统军不敢战逃走,正统军率军归时当令逮捕,不允指挥检校军马,罪当奏报朝廷"[①]。"正副统军、行监、溜监等战场不相救护,阵亡时,罪依所定判断:正副统军阵亡时,护卫、首领、末驱、亲随等四人当斩,家门当终身入农牧主中,队人一律二十杖,面上黥字,无期徒刑"。"行监阵亡时,护卫、首领、末驱、亲随等四人当斩,家门当终身入农牧主中,队人一律十七杖,耳后黥字,服六年苦役"[②]。上司阵亡,下级处斩,下级的家属也要受株连,这是西夏军律一大特点。

卷四为"进胜品",内容完整,共16条。有关正统、副统、行监、溜监、正首领、小首领、士兵、私人破敌赏赐。如行监在战斗中与敌人战,获人、马、披、甲、旗、鼓、金等七种在一千五百种以下,则不算消灭敌人,若获一千五百种以上则算消灭敌人,当升八官,得八十两银碗,大锦一匹,七两银腰带一条,银一锭,茶、绢各五百"[③]。反映西夏军法重俘获,轻首级。

5. 军事法规的特点

(1) 逐步发展,由简至繁

西夏主体民族党项羌"俗尚武力",在唐末五代藩镇割据战争中逐渐强大,至西夏立国前依然实行藩镇兵制与部落兵制相结合的方式,故元昊每举

---

① 陈炳应:《贞观玉镜将研究》,宁夏人民出版社1995年版,第81页。
② 陈炳应:《贞观玉镜将研究》,宁夏人民出版社1995年版,第89—90页。
③ 陈炳应:《贞观玉镜将研究》,宁夏人民出版社1995年版,第96页。

兵，"必率部长与猎，有获，则环坐饮，割鲜而食，各问所见，择取其长"，这种松散的部落军事联盟方式极大地制约了政权的统一行动，让从小熟读兵书，心知兵要的元昊极度不适应，故其既袭封就"明号令，以兵法勒诸部"①，用明号令和用兵法的方式，加强对部落首领的约束和管理，增强军队的战斗力。不过，此时的兵法也仅局限于元昊"案上置法律，常携野战歌、太乙金鉴诀"。

西夏立国后边防形势十分严峻，与周边宋、辽、金、吐蕃、回鹘、蒙古经常发生战争，特别是与北宋的战争几乎断断续续没有停止过。② 到了中期以后，西夏由"尚武力"转变为"尚武备"，从"明号令"转变为"重法度"，加之西夏军事实力下降，战场接连失利，且国民的战斗精神也从蹈死若生，人人思战，逐渐向行军不易，赏罚难定演变。③ 为了适应新情况和新形势，西夏统治者特别重视军队的建设和军事制度的完善。

（2）内容详尽，体例完备

西夏军事法律制度体系的严密细致在我国历史上是比较少见的，而且通过至少三部国家制定法典和一部军律的形式予以确认，体现了西夏"尚文重法"的立国方针。可以说西夏的军事法律从战时到平时，从边防守备到点集征战，从武器制造到武器配备，从统军体制到指挥体制，从军功赏赐到战败惩罚、失职追责等方面，都有一套详尽的规定，在冷兵器时代能够制定出体系如此完善的军事法律制度，体现出西夏对中国传统军事制度的继承和发展。就《天盛改旧新定律令》而言，全书150门1461条的法律条文中，军事法就占了16门198条，约占全书的1/7，而《唐律疏议》与《宋刑统》，只有《擅兴律》1卷24条，仅占全书的1/30。

---

① 《宋史》卷四八五《夏国传上》。
② 杜建录：《论西夏与周边民族关系及其特点》，《民族研究》1996年第2期。
③ 陈炳应：《贞观玉镜将研究》，宁夏人民出版社1995年版，第66页。

(3) 赏罚分明，战斗为务

军法的关键在于赏罚分明，战斗为务，"法令不明，赏罚不信，闻鼓不进，闻金不止，虽有百万，何益于用?"① 赏罚分明，重俘获、轻首级是西夏军法的重要特点，也是与宋朝军法的最大区别。宋人李纲指出："夏人之法，战胜而得首级者不过赐酒一杯，酥酪数斤，其赏之如此其轻也，然而得大将，覆大军，则其首领往往不次拔而用之，故其战斗轻首级而不争，乘利逐北，多至大胜。"②

《天盛改旧新定律令》中的大功就包括"能斩将夺旗，能拓边地，支撑国难，以及率军一起来投诚"。③《贞观玉镜将》规定：俘获人、马、铠甲、旗、鼓、金等七种一千五百种以下者，勿算作挫敌军锋，而按[俘获的]物品，数量领取官赏。俘获一千五百种以上，则按挫敌军锋，大败敌人计算，主将加七官，赏一百两银碗，五十两金碗，衣服一袭十带，十两金腰带一条，银鞍鞯一副，银一锭，茶绢一千；副将加七官，赏一百两银碗，三十两金碗，衣服一袭八带，七两金腰带一条，银鞍鞯一副，银一锭，茶绢八百；行将加八官，赏八十两银碗，大锦上服一件，七两银腰带一条，银一锭，茶绢五百；步骑佐将加十官，赏七十两银碗，大锦上服一件，银一锭，茶绢三百五十；正首领、权检校等加十二官，赏七十两银碗，大锦上服一件，银一锭，茶绢三百；小首领、押队、帐将、队长、左右亲随等加□官，赏六十两银碗，大锦上服一件，茶绢二百五十；军卒加十五官，赏五十两银碗，大锦上服一件，茶绢二百。私人（私属）则改变身份，当得官、军。④

西夏轻首级，重俘获，与西夏人口稀少、兵源短缺有着极大的关系。在惩罚的过程中，为了保护有生力量，除一些重罪之外，西夏很少会处以死刑，

---

① 《续资治通鉴长编》卷三〇，太宗端拱二年正月癸巳条。
② （宋）李纲撰、王瑞明点校：《李纲全集》卷一四四《御戎论》，岳麓书社 2004 年版，第 1368 页。
③ 《天盛改旧新定律令》卷二《八议门》。
④ 陈炳应：《贞观玉镜将研究》，宁夏人民出版社 1995 年版，第 94—100 页。

且会用其他方式"以赎代罚"。最为常见的就是罚马、金、铁等战略稀缺资源，减免官、职、军、司位等，逮捕并剥夺军权，处以徒刑、杖刑、笞刑等，发做苦役、终身监禁、送边地军中、终身守城等等。

（二）夏译汉文兵书

1. 《孙子兵法》《孙子兵法三注》

《孙子兵法》成书于春秋末期，反映了春秋末期的军事思想、战争特点和军事制度。全书十三篇，仅六千字。后代有大量注释，著名的有曹操、孟氏、李筌、杜佑、杜牧、陈皓、王哲、梅尧臣、何氏和张预等人的注解。

西夏文《孙子兵法》有写本和刻本两种，写本，卷子装，残。刻本，蝴蝶装，译自《孙子兵法》曹操、李筌、杜牧三家注本，残存《虚实》《军争》《九变》《行军》《地形》《九地》《用间》等篇，共 54 页。《虚实篇》仅存篇末一句和杜牧的注；《军争篇》中的内容由俄藏与英藏相互补充可以拼凑出一整篇；《九变篇》存"城有所不攻"句和部分曹操注和杜牧注；《行军篇》保存完整；《地形篇》篇首残二页，其余保存完整；《九地篇》"为重地"句李筌注下至"投之无所往，死且不北"句间的缺，"厉于廊庙之上，以诛其事"以下缺；《用间篇》首尾均残，保留了中间内容；《孙子本传》"士卒亡者过半矣。乃弃其步军"以下残缺。

最早对《孙子兵法》研究的是英国西夏文献学者埃里克·格林斯蒂德，他在 1961 年公布了英藏西夏文本《孙子兵法》的两页残件。1963 年苏联西夏文献学者戈尔巴乔娃和克恰诺夫出版了《西夏文写本和刊本》，也公布了俄藏西夏文本《孙子兵法》，随后俄罗斯西夏学家克平开展了对西夏文本《孙子兵法》的系统研究，近年来我国学者也对西夏文本《孙子兵法》进行了深入研究。西夏译本《孙子兵法三注》的曹操、李筌、杜牧三家注文与宋本十一家注本差异较大，说明西夏译者所参照的汉文原本应是其他古本，具有极高的版本价值。同时西夏的用兵方略大多都能从《孙子兵法》中找到，反映出中华传统文化的深刻影响。

2. 《六韬》

西夏文《六韬》，蝴蝶装，西夏乾祐年间（1171—1193）刻字司刻印，存卷上"文韬第一"的"文师""盈虚""国务""大礼""明传""六守""守土""守国"等篇，卷中"龙韬第三"的"兵征""农器"等篇，卷中"虎韬第四"的"军用""一战""临境"等篇，共26页，若不计重复，仅得18个整页和4个残页。

《六韬》融政治军事于一炉，并以政治为本，军事为末，主张国家有道方能强兵。在宋代以前的著录中，《六韬》的内容多寡不一、篇目次序不定。宋元丰年间，宋神宗下诏校订刊行《孙子兵法》《吴子》《六韬》《司马法》《三略》《尉缭子》《李卫公问对》，是为《武经七书》。同宋以前的古本比较，《武经七书》本《六韬》大量删除了与军事关系不大和神怪色彩较浓的内容，所以篇数较少，文字亦大为精练。西夏人翻译《六韬》时所依据的汉文底本应该是《武经七书》之前的某个古本，其内容要超出今本很多，所以西夏译本会为《六韬》的研究补充一份新资料。

较之传世汉文本，西夏译本卷上文韬部分缺"上贤""举贤""赏罚""兵道"等篇，"国务""守国"两篇也有所残缺。卷上武韬部分全佚。卷中龙韬部分缺"王翼""论将""选将""立将""将威""励军""阴符""阴书""军势""奇兵""五音"等篇，"兵征"篇也有所残缺。卷中虎韬部分缺"三陈""疾战""必出""军略""动静""金鼓""绝道""略地""火战""垒虚"等篇，"军用""临境"两篇部分残缺，"一战"则未见于汉文本。卷下豹韬、犬韬两部分，西夏本全佚。

西夏译本中文韬和虎韬保存有完整的目录，其中文韬篇目与汉文本相同。虎韬则比汉文本多出两篇，一篇为前述"一战"，在今本"军略"和"临境"

之间。另一篇是"攻城"，在今本"略地"和"火战"之间。"一战""攻城"两篇为存世汉文本《六韬》所缺，也是西夏译本《六韬》最有价值的部分。也足见西夏译本的汉文底本并非宋代官定《武经七书》本。

3.《黄石公三略》

《黄石公三略》，又称《三略》，《武经七书》之一，旧题黄石公著。全书分上、中、下三略，围绕安治天下的主题，将政治与军事相结合来论述治国、用兵之略，全面论述了统军御将、治国安邦的大战略问题。《上略》是全书的主体部分，主要通过"看成败"论述君主治国平天下的战略。《中略》主要论述"差德行，审权变"，如何妥善处理君主与武将的关系，如何统军御将，以及如何建功自保等。《下略》则主要论述用人、内政、对外，以及履王道政治，消除祸乱之源，确保国家长治久安，强调用人要重贤重德，内政需重礼乐教化。

西夏文《黄石公三略》为刻本，蝴蝶装，残存卷上、卷中、卷下共41页，有注文。版框高16厘米，宽10.5厘米。四周双栏。半页6行，行14字，小注双行，行23字。版心题卷名，下有页次及刻工名。各卷收尾题"黄石公三略"及卷次。

据研究，西夏译本既不同于《武经七书》，也不是一个纯粹宋之前的古本，与两者都有联系，却又与古本契合度更高，可能是从古本向《武经七书》过渡的一个本子。经过与唐代《群书治要》《长短经》等本保留古注的文本比较，有不少相合的地方。并在此基础上，对此前未加注的正文新加注释，其篇幅也因此有所增加。

4.《将苑》

《将苑》又称《心书》或《新书》，是中国古代一部专门讨论为将之道的军事著作。宋代称《将苑》，而明代始称《心书》或《新书》，该书始见于宋

《遂初堂书目》，题《诸葛亮将苑》。《将苑》相传是蜀汉名臣诸葛亮所著，但自清姚际恒《古今伪书考》以来被认为宋人托名诸葛亮的作品。现存最早汉文本为明代刻本，可见，出土的西夏译本《将苑》为目前所见最早的《将苑》文本。

夏译本《将苑》楷书，卷子装，现存纸幅 20 厘米×230 厘米，字 115 行，行 17 字，残缺前每行当不少于 20 字。末尾题西夏文书题及校订者、抄写者，人名已残缺。行间有朱笔校改。1914 年黑水城遗址出土，英国国家图书馆藏。

传世本《将苑》共 50 篇，西夏译本《将苑》残卷自第 22 篇开始，共 37 篇。西夏译本是当时的汉文底本的节选本。汉文本中"善将""审因""三宾""后应""应机""自勉""察情""东夷""南蛮""西戎"均未见于西夏译本。此外，西夏译本对汉文本的一些篇目进行了整合。

西夏译本《将苑》作为夏译兵书的重要组成部分，在吸取汉文《将苑》思想精髓的基础上，融入了西夏人自身的理解和思想观点，西夏人将汉文本中的语意替换成译者自己的语言，使其阅读更加地简练明了。另外，他们还对汉文本进行删补，删去认为无用的篇目，同时在某些问题环节加注译者自己的文字，使《将苑》中的军事理念更符合西夏人的观念，更具西夏特色。

附录　西夏战事年表

年代	北宋	辽、金	吐蕃、回鹘
宋太宗太平兴国七年、辽乾亨四年（982）	初，李继捧入朝，其弟夏州蕃落使继迁与其党数十人奔入夏州东北三百里地斤泽，起兵抗宋。宋将尹宪"杀戮三汉、丑奴庄、岌伽罗腻叶十四族，及诱其渠帅。"（《宋史》卷二七六《尹宪传》） 　　李继迁寇边，以梁迥领兵护银、夏州。（《宋史》卷二七四《梁迥传》）		
宋太宗太平兴国八年、辽统和元年（983）	袁继忠与田仁朗"率兵定河西诸州，大破西人于葭芦川，迁引进副使，护定州屯兵"。（《宋史》卷二五九《袁继忠传》）		

年代	北宋	辽、金	吐蕃、回鹘
宋太宗太平兴国八年、辽统和元年（983）	李继迁与宋将袁继忠、田钦祚军队战于三叉口，败之。又与宋军追兵战于万井口、狐路谷，荆嗣与袁继忠分兵击讨，"复夺人马七百余"。荆嗣又率劲卒五十袭击李继迁营寨，"抵贼所，刺杀百余人，焚其砦而还。"（《宋史》卷二七二《荆嗣传》） 　　十二月戊申，戎人二万攻宥州，"巡检李询率所部蕃汉卒击走之，斩首二千级。"（《续资治通鉴长编》卷二四）		
宋太宗雍熙元年、辽统和二年（984）	尹宪"侦知继迁所在，与巡检使曹光实选精骑，夜发兵掩袭地斤，"次日交兵，"斩首五百级，烧四百余帐，获继迁母、妻及羊马器械万计，继迁仅以身免。"（《续资治通鉴长编》卷二五）		
宋太宗雍熙二年、辽统和三年（985）	二月，李继迁诈降曹光实，使人"致情款陈甥舅之礼，期某日降于葭芦川"，曹光实深信不疑，"且欲专其功，不与人谋"。李继迁预设		

年代	北宋	辽、金	吐蕃、回鹘
宋太宗雍熙二年、辽统和三年（985）	伏兵，只以数十人迎接曹光实，诱其放松戒备，"将至其地，举手麾鞭而伏兵应之，光实遂遇害"，李继迁随即占据银州。(《宋史》卷二七二《曹光实传》) 三月，李继迁破会州，"焚毁城郭而去"。(《宋史》卷四八五《夏国传上》) 李继迁破曹光实后，围攻三族寨，宋太宗命田仁朗等率兵驰援，仁朗延误时日，致三族寨守将叛归李继迁。(《宋史》卷二七五《田仁朗传》) 四月，李继隆与王侁等率兵出银州北，破悉利诸族，枭代州刺史折罗遇及其弟埋乞首，"又出开光谷西杏子坪，破保寺、保香族，斩其副首领埋乜巳五十七人，降银三族首领折八军等三千余众，复破没邵浪、悉讹诸族。"又在浊轮川、兔头川"生擒七十八人，斩首五十九级，俘获数千计。"后回师盐		

年代	北宋	辽、金	吐蕃、回鹘
宋太宗雍熙二年、辽统和三年（985）	城，招降吴移、越移四族，攻破岌伽罗腻十四族，李继迁弃银州败走。（《宋史》卷二五七《李继隆传》） 四月，"李继隆破悉利诸族，出开光谷西杏子坪，破保寺、保香族，复破没邸浪、悉讹诸族，及浊轮川东、兔头川西。"继隆与尹宪袭击伽罗腻十四族，"夷其帐千余，俘斩七千余级。"（《宋史》卷二五七《李继隆传》） 太宗命郭守文率师征讨夏人，"破夏州盐城镇岌伽罗腻等十四族，斩首数千级，俘获生畜万计。又破咩嵬族，歼焉。诸部畏惧，相率来降，凡银、麟、夏三州归附者百二十五族，万六千余户，西鄙遂宁。"歼灭咩嵬族。（《宋史》卷二五九《郭守文传》）		
宋雍熙四年、辽统和五年（987）	安守忠以三万众与李继迁战于王亭镇，败之，"继迁追至城门而返"。（《宋史》卷四八五《夏国传》）		

年代	北宋	辽、金	吐蕃、回鹘
宋雍熙四年、辽统和五年（987）	李继迁寇夏州，韩崇训领兵赴援，大败之。（《宋史》卷二五〇《韩崇训传》） 李继迁与石保兴战于黑水河，"以数千骑据险，渡河求战。"石保兴所部不满二千人，"乃分短兵伏于河浒，俟其半渡，急击之，斩首百余级，追北数十里。"（《宋史》卷二五〇《石保兴传》）		
宋端拱二年、辽统和七年（989）	宥州御泥布、啰树二族"朋附继迁"，被李继捧袭破，随之归附宋朝。（《宋史》卷四九一《党项传》） 李继迁在橐驼路劫掠西蕃贡使，周仁美"领骑士为援"，击退李继迁，夏人不敢犯。（《宋史》卷二七九《周仁美传》）		
宋淳化元年、辽统和八年（990）	赵保忠与继迁战于安庆泽，继迁中流矢遁去。（《宋史》卷四八五《夏国传上》） 获知李继迁负伤，李继捧防备松懈。继迁乘其不备，突攻夏州，继捧战败，向朝廷乞援。（《宋史》卷四八五《夏国传上》）		

年代	北宋	辽、金	吐蕃、回鹘
宋淳化二年、辽统和九年（991）	八月，"李继迁居王庭镇，赵保忠往袭之，继迁奔铁斤泽，貌奴、猥才二族夺其牛畜二万余。"（《宋史》卷四九一《党项传》）		十一月，"继迁寇熟仓族，刺史咩嗦率来离诸族击退之。"（《宋史》卷四九一《党项传》）
宋淳化三年、辽统和十年（992）		辽圣宗疑李继迁怀有二心，命耶律德威率兵持诏诘问，"继迁托以西征不出，德威至灵州俘掠而还。"（《辽史》卷八二《耶律德威传》）	
宋淳化四年、辽统和十一年（993）	李继迁寇庆州，刘文质率兵御敌，"以私钱二百万给军，士皆感奋，遂大破贼。"（《宋史》卷三二四《刘文质传》）		

年代	北宋	辽、金	吐蕃、回鹘
宋淳化四年、辽统和十一年（993）	李继迁犯夏州，与守将许均"一日十二战"，继迁败走，"又从石普击贼于原州牛栏砦，深入，获牛羊、汉生口甚众。"（《宋史》卷二七九《许均传》） 宋朝实行盐禁以困夏人，"行之数月，犯者益众。戎人乏食，相率寇边，屠小康堡。内属万余帐亦叛"。"羌族四十四首领盟于杨家族，引兵骑万三千余人入寇环州石昌镇，知环州程德玄等击走之。"（《宋史》卷二七七《郑文宝传》、卷四九一《党项传》）		
宋淳化五年、辽统和十二年（994）	"继迁徙绥州民于平夏，部将高文岯等因众不乐反，攻败之。"（《宋史》卷四八五《夏国传上》） "继迁复围堡砦，掠居民，焚积聚，遂攻灵州，诏遣李继隆等进讨。继迁夜袭保忠，走之，获其辎重以归。"（《宋史》卷四八五《夏国传上》）		

年代	北宋	辽、金	吐蕃、回鹘
宋淳化五年、辽统和十二年（994）	李继迁攻灵州，宋朝派遣李继隆击讨。其时，李继捧正计划与继迁和解，"挈其母与妻子壁野外，乃上言与继迁解怨，献马五十匹，乞罢兵。"李继迁乘其不备，"缚牙校赵光祚，袭其营帐"，李继捧方寝，"闻难作，单骑走还城，为大校赵光嗣闭于别室"，次日将李继捧献李继隆，遂执送阙下，"待罪崇政殿庭。"（《宋史》卷四八五《夏国传上》） 　　七月乙亥，"李继迁遣牙校以良马来献，且谢过，犹称所赐姓名，答诏因称之。"（《续资治通鉴长编》卷三六） 　　八月丁酉，李继迁"窜于漠北，遣其将佐赵光祚、张浦诣绥州见黄门押班真定张崇贵，求纳款。崇贵会浦等于石堡寨，椎牛酾酒犒谕，仍给锦袍、银带。"（《续资治通鉴长编》卷三六）		

续表

年代	北宋	辽、金	吐蕃、回鹘
宋淳化五年、辽统和十二年（994）	李继迁扼橐驼路，驱胁内属戎人，张崇贵与田敏率熟仓族乩遇战于双墭，杀二千余级，掠牛羊、橐驼、铠甲甚众。（《宋史》卷四六六《张崇贵传》） 十一月庚戌，宋太宗遣张崇贵持诏谕李继迁，"赐以器币、茶药、衣物等。"（《续资治通鉴长编》卷三六）		
宋至道元年、辽统和十三年（995）	六月，"继迁所驱胁内属戎人橐驼路熟藏族首领乜遇率部族反攻继迁，其弟力战而死。"（《宋史》卷四九一《党项传》） 七月，李继迁劫掠睡泥族七百余帐，"首领啰逋一族奔往萧关，你乜逋一族乞赐救助"，宋朝资以粮草。"环州熟仓族乩遇略夺继迁牛马三十余，继迁令人招抚之，乩遇答云：'吾一心向汉，誓死不移。'"（《宋史》卷四九一《党项传》）		

年代	北宋	辽、金	吐蕃、回鹘
宋至道元年、辽统和十三年（995）	李继迁在乌白池兵袭刘用，刘用设伏"斩首千余级，夺马五百疋"。（《宋史》卷二七九《刘用传》）		七月，李继迁劫掠睡泥族七百余帐。（《宋史》卷四九一《党项传》）
宋至道二年、辽统和十四年（996）	皇甫继明、白守荣等督宋军粮于灵州，又令田绍斌率兵接应，李继迁沿途设伏劫粮，双方在咸井相接，"贼踰三千余，来薄阵。"双方且行且斗，行至耀德，杀夏兵千人。"寇复尾后，绍斌为方阵，使被伤者居中，自将骑三百、步弩三百，与敌兵确于浦洛河，大败之。"（《宋史》卷二八〇《田绍斌传》） 五月辛丑，"李继迁率万余众寇灵州"。（《续资治通鉴长编》卷三九） 九月，宋朝调兵遣将，"继隆出环州，丁罕出庆州，范廷召出延州，王超出夏州，张守恩出麟州"，兵分五路，直取平夏。李继隆自作主张，		

年代	北宋	辽、金	吐蕃、回鹘
宋至道二年、辽统和十四年（996）	取捷径，由青冈峡绕道灵武径趋平夏，兵行数日，与丁罕军相遇，"又行十余日无所见，乃引还。"张守恩遇夏军，"不战而遁"。王超、范廷召遇夏军于乌白池，"大小数十战，不利，诸将失期，士卒困乏。"李继迁复令军主史不乣驻屯橐驼口以阻归宋人，"继隆遣田敏等击之。"（《宋史》卷四八五《夏国传上》） 张思钧"会葺右堡砦，击寇走之。"（《宋史》卷二八〇《张思钧传》）		四月，李继迁侵折平族部落。（《宋史》卷四九二《吐蕃传》） 七月，李继迁兵扰西凉。（《宋史》卷四九二《吐蕃传》）
宋至道三年、辽统和十五年（997）	宋朝五路大军无功而返，李继迁遣蕃部军主史乣遇率兵屯橐驼口西北双堆，企图截击宋军归路。"继隆遣刘承蕴、田敏会乣遇讨之，斩首数千级，获牛马、橐驼万计。"（《宋史》卷二五七《李继隆传》） 李继迁攻保安军，张思钧与曹璨往援，"追蹑五十余里，至木场，寇乃遁去。"（《宋史》卷二八〇《张思钧传》）		

年代	北宋	辽、金	吐蕃、回鹘
宋咸平元年、辽统和十六年（998）	李继迁与熟户李继福生隙，张崇贵乘机与张守恩击之，"焚庐舍，获赀畜、器甲、生口甚众。又与王荣御贼，获具装马数十匹。"（《宋史》卷四六六《张崇贵传》） 李继迁犯境，韩崇训追袭之，至贺兰山而还。（《宋史》卷二五〇《韩崇训传》）		
宋咸平二年、辽统和十七年（999）	李璠与李继迁战于河西，"格杀数十人，身被数枪，力战未已，会马中矢而踣，遂没于陈"。（《续资治通鉴长编》卷四五） 李继迁攻麟州，折海超等战死。"保吉之党万保移没复来寇，折惟昌、宋思恭与刘文质合兵击败之于埋井峰，斩馘禽生甚，夺其牛马、橐驼、弓矢。"（《续资治通鉴长编》卷四五）		
宋咸平三年、辽统和十八年（1000）	五月丁丑，李继迁寇麟州浊轮寨，刘文质击走之。（《续资治通鉴长编》卷四七）		

续表

年代	北宋	辽、金	吐蕃、回鹘
宋咸平三年、辽统和十八年（1000）	九月壬寅，李继迁袭杀转运使陈纬，进陷清远军。（《宋史》卷二七七《郑文宝传》）		
宋咸平四年、辽统和十九年（1001）	麟府副部署曹璨率熟户与李继迁战于柳拨川，杀获甚众。九月，李继迁来攻破定州、怀远县及堡静、永州，清远军监军段义叛，城遂陷。（《宋史》卷四八五《夏国传上》） 闰十二月壬午，灵州河外寨主李琼举城降李继迁。（《续资治通鉴长编》卷五○）		
宋咸平五年、辽统和二十年（1002）	三月甲辰，"李继迁大集蕃部，攻陷灵州。知州、内客省使、顺州团练使裴济死之。"（《续资治通鉴长编》卷五一） 春正月丁酉，"环庆路部署张凝领兵自白豹镇入蕃界，焚帐族二百余，斩首五千级，降九百余人，毁刍粮八万，获牛羊、器甲二万。"（《续资治通鉴长编》卷五一）		

年代	北宋	辽、金	吐蕃、回鹘
宋咸平五年、辽统和二十年（1002）	六月癸酉，李继迁领二万骑围麟州，"金明巡检使李继周击之。"随即麟府路曹璨向朝廷求援，诏曰："麟州据险，三面孤绝，州将戮力，足以御贼，但忧城中乏水。"李继迁果然截断宋军水源，宋朝立即"发并、代、石、隰州兵援之。"（《续资治通鉴长编》卷五二） 　　六月乙亥，李继迁再攻麟州，"知州、阁门祗候卫居实屡出奇兵突战，及募勇士缒城潜往击贼，贼皆披靡，自相蹂践，杀伤万余人。"继迁遁去。（《续资治通鉴长编》卷五二） 　　李继迁攻府州，张佶率兵与战，亲射杀酋帅，俘获甚众，余党遁去。（《宋史》卷三〇八《张佶传》） 　　蕃部康奴族叛宋，秦翰与陈兴、许均合力击讨，"斩级数千，焚其庐帐，获牛马甚众。复与陈兴、曹玮袭杀章埋军主于武延咸泊川。"（《宋史》卷四六六《秦翰传》）		

年代	北宋	辽、金	吐蕃、回鹘
宋咸平六年、辽统和二十一年（1003）	四月乙丑，李继迁与蕃官庆香、乩庆等族角斗，洪德寨出兵应援，"庆香等虑其不便生熟户，亟止之，自帅部族转战"，击退李继迁，"生擒四十九人，坠崖死伤者甚众，获马七十一匹、旗鼓铠甲五百六十余。"（《续资治通鉴长编》卷五四） 五月丁酉，"环州白马族与李继迁拒斗，族帐屡徙。"（《续资治通鉴长编》卷五四） 继迁略西蕃还，曹玮邀击于石门川，俘获甚众。（《宋史》卷二五八《曹玮传》）		二月戊子，蕃部牛羊、苏家等族与李继迁族帐斗敌。（《续资治通鉴长编》卷五四） 十二月甲子，"李继迁劫西蕃，攻陷西凉府，遂出其居人，知凉州、殿直丁惟清没焉。"（《续资治通鉴长编》卷五五）
宋景德元年、辽统和二十二年（1004）	三月乙酉朔，"戎人寇洪德寨，供奉官、閤门祇候段守伦率兵拒之，凡三日，力战，擒获甚众。"（《续资治通鉴长编》卷五六） 三月戊子，"柳谷川蕃部入寇，率兵击败之，生擒千三百人，斩获甚众。"（《续资治通鉴长编》卷五六）		正月，李继迁陷西凉府后，"都首领潘啰支伪降，继迁受之不疑。未几，啰支遽集六谷蕃

年代	北宋	辽、金	吐蕃、回鹘
宋景德元年、辽统和二十二年（1004）	八月乙亥，党项蕃部"寇永宁寨，为药令族合苏击败之，斩首百余级"。（《续资治通鉴长编》卷五七） 夏人再围麟州，李继周奉诏率兵会李继福掩击之。（《宋史》卷二五三《李继周传》） 十二月癸卯，邠州部署言李继迁子阿移孔目官何宪来归，诏令乘传赴阙。（《续资治通鉴长编》卷五八）		部及者龙族合击之，继迁大败，中流矢，创甚，奔还，至灵州界三十井死。"（《续资治通鉴长编》卷五六） 六月己巳，"贼众攻掠西蕃，因率兵邀击于石门川，俘获甚众。"（《续资治通鉴长编》卷五六） 六月丁丑，"继迁之党来攻者龙，啰支率百余骑急赴，将议合击，遂为二族戕于帐下。"（《续资治通鉴长编》卷五六）

年代	北宋	辽、金	吐蕃、回鹘
宋景德二年、辽统和二十三年（1005）	"熟户旺家族击夏兵，擒军主一人以献。"（《宋史》卷四九一《党项传》） 六月甲午，张崇贵自延州入奏，"诏谕以继迁昔时变诈之状，今当使德明自为誓约，纳灵州土疆，止居平夏，遣子弟入宿卫，送略去官吏，尽散蕃汉兵及质口，封境之上有侵扰者禀朝旨，凡七事；则授德明以定难节度使、西平王，赐金帛缯钱四万贯匹两、茶二万斤，给内地节度使俸，听回图往来，放青盐之禁，凡五事。仍遣阁门通事舍人焦守节偕往，呼德明亲信示之，如能顺命，即降恩制。既而德明使张浦诣崇贵等面议及致书疏，但多邀求，不肯自为誓约也。"（《续资治通鉴长编》卷六〇）		
	五月壬寅，"李德明遣其兵马使贺永珍来贡马。甲辰，德明又遣其兵马使贺守文来贡。		

年代	北宋	辽、金	吐蕃、回鹘
宋真宗景德三年辽统和二十四年（1006）	先是，向敏中及张崇贵与德明议立誓约，久未决。德明虽数遣使修贡，然于七事讫莫承顺，累表但云乞先赐恩命，徐议之。"（《续资治通鉴长编》卷六三） 　九月癸卯，因李德明"累表归顺，词意精确"，宋朝降诏慰谕。（《续资治通鉴长编》卷六三） 　丁卯，鄜延钤辖张崇贵入奏赵德明遣牙校刘仁勖来进誓表，请藏盟府，且言李继迁临终谓之曰："尔当倾心内属，如一两表未蒙听纳，但连表上祈，得请而已。"又言所乞回图及放青盐之禁，虽宣命未许，然誓立功效，冀为异日赏典也。（《续资治通鉴长编》卷六三）		

年代	北宋	辽、金	吐蕃、回鹘
宋景德四年、辽统和二十五年（1007）			九月丁亥，李德明"谋劫西凉，袭回鹘"，宋朝谕厮铎督结回鹘为援，以御德明。(《续资治通鉴长编》卷六六)
宋大中祥符元年、辽统和二十六年（1008）	夏州熟户扰境泾原，宋朝遣秦翰巡视边部，"及翰至，事宁"。(《宋史》卷四六六《秦翰传》)		春正月壬申，李德明"令张浦率骑数千侵扰回鹘。"(《续资治通鉴长编》卷六八) 三月戊辰，李德明遣万子等四军主领族兵攻西凉府，"既至，见六谷蕃部疆盛，惧而趋回鹘。"

续表

年代	北宋	辽、金	吐蕃、回鹘
宋大中祥符元年、辽统和二十六年（1008）			回鹘于要路设伏，"示弱不与斗，俟其过，奋起击之，剿戮殆尽。"回鹘将所获粮草与俘虏"焚而杀之"，"唯万子军主挺身遁走。"（《续资治通鉴长编》卷六八） 八月庚寅，李德明复侵回鹘夜落纥，夜落纥"率众拒战，德明屡败，乘胜追之，越黄河。"（《续资治通鉴长编》卷六九）

年代	北宋	辽、金	吐蕃、回鹘
宋大中祥符二年、辽统和二十七年（1009）	六月壬辰，环庆路钤辖司"捕得蕃部谍者卢蒐，法当处死。诏械送夏州，令赵德明裁遣。"（《续资治通鉴长编》卷七一）		十二月己酉，李德明率部攻回鹘，"常星昼见，德明惧而还。"（《续资治通鉴长编》卷七二）
宋大中祥符三年、辽统和二十八年（1010）	八月癸亥，李德明借口"延州熟户明爱侵其所统绥州"，遣三千兵马攻延州，张崇贵"遣戍兵出其不意逆击之，德明寻遁去。"（《续资治通鉴长编》卷七四）		大旱，境内荒歉，李德明"西攻河州、甘州宗哥族及秦州缘边熟户。"（《宋史》卷四八五《夏国传上》）七月戊寅朔，"德明率所部将劫回鹘种落。"（《续资治通鉴长编》卷七四）

年代	北宋	辽、金	吐蕃、回鹘
宋大中祥符三年、辽统和二十八年（1010）			八月丁巳，万子太保于天都山劫吐蕃贡使。（《续资治通鉴长编》卷七四）
宋大中祥符四年、辽统和二十九年（1011）			八月癸亥，李德明屡掠甘州贡使，宗哥等族遣人援之。（《续资治通鉴长编》卷七六） 九月甲申，李德明遣兵攻西凉乞当族，"其首领厮铎督会诸族御之，大败其众。"（《续资治通鉴长编》卷七六）

年代	北宋	辽、金	吐蕃、回鹘
宋大中祥符九年、辽开泰五年（1016）	五月乙巳，"夏州蕃骑千五百来寇庆州，内属蕃部击走之"。（《续资治通鉴长编》卷八七）		
宋天禧三年、辽开泰八年（1019）	三月壬申，蕃部攻扰庆州，"巡检杨承吉与战不利，官军杀伤颇众"。（《续资治通鉴长编》卷九三）		
宋天禧四年、辽开泰九年（1020）	春正月辛未，"宥州蕃族腊儿，率众劫熟户哶魏族"，延州金明县李士彬率兵出击，"斩腊儿，枭七十余级，夺马三百匹，余众悉擒。"（《续资治通鉴长编》卷九五）	"辽主亲率将兵攻凉甸，德明帅众逆拒，败之。"（《宋史》卷四八五《夏国传上》）	
宋乾兴元年、辽太平二年（1022）	八月辛酉，洪德寨报称"西贼寇边"，胡宁战死于归德州。蕃部三百余户相继叛去，"虽即招还，然尚有百余户在西界。"（《续资治通鉴长编》卷九九）		八月乙卯，西蕃宗哥与李德明相攻掠。（《续资治通鉴长编》卷九九）
宋天圣元年、辽太平三年（1023）	李德明攻平凉，"周美与州将追战，破之于九井原、乌仑河，斩首甚众。"（《宋史》卷三二三《周美传》）		

年代	北宋	辽、金	吐蕃、回鹘
宋天圣二年、辽太平四年（1024）	四月己卯，"鄜延路部署司言贼寇保安军，蕃族军主旺律等击走之。"（《续资治通鉴长编》卷一〇二）		
宋天圣六年、辽太平八年（1028）			天圣六年，"德明遣子元昊攻甘州，拔之。"（《宋史》卷四八五《夏国传上》）
宋天圣八年、辽太平十年（1030）			"瓜州王以千骑降于夏。"（《宋史》卷四八五《夏国传上》）
宋明道元年、辽重熙元年（1032）	九月丁酉，"环庆走马承受李德言西贼寇边"，仁宗诏都署司严饬兵备。（《续资治通鉴长编》卷一一一）		

年代	北宋	辽、金	吐蕃、回鹘
宋景祐元年、辽重熙三年、夏开运元年（1034）	春正月庚寅，"赵元昊始寇府州"，自此至六月间数寇府州。（《续资治通鉴长编》卷一一四） 秋七月甲寅，庆州蕃部巡检觉逋领兵入夏州界，"攻破后桥新修诸堡"。同月，元昊以报仇为由率兵寇庆州，与杨遵、卢训战于龙马岭，宋军败绩。齐宗矩、赵德宣、王文领兵支援，"次节义烽，通事蕃官言敌多伏兵，不可过壕"，齐宗矩执意进军，"伏兵发，宗矩被执。"（《续资治通鉴长编》卷一一五）		
宋景祐二年、辽重熙四年、夏广运元年（1035）	秋七月丙戌，李元昊遣讹讹攻环庆。（《续资治通鉴长编》卷一一七）		十二月壬子，元昊遣苏奴儿率军攻唃厮啰，"败死略尽，苏奴儿被执。""元昊自率众攻牦牛城，一月不下，既而诈约和，城

年代	北宋	辽、金	吐蕃、回鹘
宋景祐二年、辽重熙四年、夏广运元年（1035）			开，乃大纵杀戮。"李元昊旋即又攻下青唐、安二、宗哥、带星岭诸城。又尝侵唃厮啰，不胜而归。（《续资治通鉴长编》卷一一七）
宋景祐三年、辽重熙五年、夏大庆元年（1036）			十二月辛未，元昊元昊举兵攻回鹘，"陷瓜、沙、肃三州。""后举兵攻兰州诸羌，南侵至马衔山。"（《续资治通鉴长编》卷一一九）

年代	北宋	辽、金	吐蕃、回鹘
宋宝元元年、辽重熙七年、夏天授礼法延祚元年（1038）	正月癸卯，在宋朝使臣引护之下，元昊"遣人供佛五台山"，实则"欲窥河东道路故也"。（《续资治通鉴长编》卷一二一） 九月己酉，元昊于贺兰山"悉会诸族酋豪，刺臂血和酒，置髑髅中共饮之，约先寇鄜延，欲自德靖、塞门、赤城路三道并入。"元昊从父山遇劝解无果，又畏惧元昊报复，遂"遣人至金明县，与都监李士彬约降"。宋朝方面依据惯例，拒而不受，"即命监押韩周执山遇等送元昊。至摄移坡，元昊集骑射兵射而杀之。"（《续资治通鉴长编》卷一二二） 十月甲戌，元昊称帝建国，"筑坛受册，僭号大夏始文英武兴法建礼仁孝皇帝，改大庆二年曰天授礼法延祚元年。"（《续资治通鉴长编》卷一二二） 十二月丁丑，宋朝关闭互市，同时"诏有能捕元昊所遣刺探事者，赏钱十万。"（《续资治通鉴长编》卷一二三）		

年代	北宋	辽、金	吐蕃、回鹘
宋宝元二年、辽重熙八年、夏天授礼法延祚二年（1039）	正月，元昊遣使称伪官，抵延州，郭劝、李渭留其使，具奏元昊虽僭中国名号，然阅其表函，尚称臣，可渐以礼屈，愿与大臣熟议。诏许使者赴京师。劝等令韩周与俱，使者及东华门，始去本国服。元昊在表中请求宋朝"许以西郊之地，册为南面之君"。其使者返程时，不肯受诏及赐物，宋朝亦却其献物。（《续资治通鉴长编》卷一二三） 二月癸酉，白豹寨都指挥使裴永昌率族人内附，"诏补永昌三班借职，本族巡检。"（《续资治通鉴长编》卷一二三） 二月壬午，宋朝急令新任边防军官"乘递马赴任"，限三月十日前赴任，"时西边有警故也。"（《续资治通鉴长编》卷一二二） 三月戊午，元昊行离间计，"为书及锦袍、银带，投廊延境上"，被宋人识破。"士彬感泣，不数日，果击贼，取首馘、羊马自效。"（《续资治通鉴长编》卷一二三）		六月丙寅，在宋朝"以夷制夷"策略之下，"唃厮啰奉诏出兵四万五千向西凉，西凉有备，唃厮啰知不可攻，捕杀游逻数十人，亟还，声言图再举，然卒不能也。"（《续资治通鉴长编》卷一二三）

年代	北宋	辽、金	吐蕃、回鹘
宋宝元二年、辽重熙八年、夏天授礼法延祚二年（1039）	四月丁卯，宋朝增防延州，令"石州、隰州等地发五关塞捉生兵，乘夜渡过大河，到定仙岭铁笳平，设伏掩袭。"（《续资治通鉴长编》卷一二三） 九月甲辰，金明都监李士彬执捕刘重信，送京师斩杀。刘重信者，"为元昊招诱延州属羌"。（《续资治通鉴长编》卷一二四） 九月丁巳，鄜延路与蕃兵接战，"有一寨主为蕃兵所得，及掳去军民甚众"，宋将马遵引兵追战，实时夺回。（《续资治通鉴长编》卷一二四） 十月辛酉，环州生户啰埋归附宋朝，授为右班殿直，"啰埋尝受元昊防御使。"（《续资治通鉴长编》卷一二四） 十一月辛亥，元昊进攻保安军，被鄜延钤辖卢守勲、狄青击退。又以三万骑围承平寨，宋将许怀德"率劲兵千余人突围破贼"，元昊退兵。（《续资治通鉴长编》卷一二五）		

年代	北宋	辽、金	吐蕃、回鹘
宋宝元二年、辽重熙八年、夏天授礼法延祚二年（1039）	同月，"环庆钤辖高继隆等出兵破西贼后桥寨及破吴家、外藏图克、金舍利、遇家等族。"（《续资治通鉴长编》卷一二五） 十二月乙丑，"刘怀忠之与西贼战也，其妻黄赏怡率兵来援，多所俘获。"（《续资治通鉴长编》卷一二五） 闰十二月壬子，元昊制造"嫚书"，指责宋朝"先违誓约，又别降制命，诱导边情，潜谋害主。"（《续资治通鉴长编》卷一二五） 同月，宋将王文恩兵进西夏，"为虏兵所败"，"惟东兵近二百人拒捍，射杀虏兵甚众。"（《续资治通鉴长编》卷一二五）		
宋康定元年、辽重熙九年、夏天授礼法延祚三年（1040）	正月甲子，"元昊遣伪供备库使毛迎啜己等至境上，欲议通和。诏所上表如不亏臣礼，即受之。"（《续资治通鉴长编》卷一二六）	宋遣使郭稹至辽国，"请与夏和，上命防使夏解之"，双方"如约罢兵，各归侵地"。（《辽史》卷八六《杜防传》）	二月庚寅，宋朝策动唃厮啰"乘元昊空国入寇，径往拔去根本"，但唃厮啰按兵

年代	北宋	辽、金	吐蕃、回鹘
宋康定元年、辽重熙九年、夏天授礼法延祚三年（1040）	癸酉，元昊聚集重兵"自土门路入"，进攻保安军。（《续资治通鉴长编》卷一二六） 元昊遣部族诈降李士彬。夜间，乘"士彬释甲而寝"，在里应外合之下攻破金明寨，"士彬父子俱被擒"。李元昊"遂乘胜抵延州城下"。刘平、石元孙率疲劳之师驰援延州，在范雍朝令夕改的军令之下，各军在三川口被李元昊分割包围，陷入伏击，全军覆没。（《续资治通鉴长编》卷一二六） 宋朝加强鄜州防备，"诏陕西转运使明镐往鄜州，同河中府点募强壮以备边"，同时广召天下"有勇敢智谋之士，识西贼情伪与山川要害，攻取方略者"，赴京师自陈。（《续资治通鉴长编》卷一二六） 三月庚申，宋朝经略边界熟户，"并边熟羌，久居汉地，未尝逃徙者，委边臣拊存之，潜通贼谋反覆者，破逐之。"（《续资治通鉴长编》卷一二六）	"夏人犯边，契丹复发兵并塞，疆候戒严。"向宋朝施压，但终归虚张声势，并未出兵。（《宋史》卷三一〇《李及之传》）	不动。（《续资治通鉴长编》卷一二六）

年代	北宋	辽、金	吐蕃、回鹘
宋康定元年、辽重熙九年、夏天授礼法延祚三年（1040）	五月，元昊先后攻陷塞门、安远寨。（《续资治通鉴长编》卷一二七） 　　夏竦、韩琦、范仲淹布置延州防务，先后收复金明、塞门、安远等寨。八月壬子，元昊复攻金明寨，被周美击退。（《续资治通鉴长编》卷一二八） 　　九月，元昊进攻镇戎军。元昊先夺得三川寨、狮子堡、刘璠堡，"并陷乾沟、乾河、赵福三堡"，而后兵围镇戎军。宋将任福于东侧袭取白豹城，元昊分兵驰援，遇伏而败。（《续资治通鉴长编》卷一二八） 　　庚申，"范仲淹遣殿直狄青、侍禁黄世宁攻西界芦子平，破之。"（《续资治通鉴长编》卷一二八） 　　壬午，"鄜延部署葛怀敏出保安军北木场谷、珪年岭袭西贼，破之。"（《续资治通鉴长编》卷一二八）		

年代	北宋	辽、金	吐蕃、回鹘
宋康定元年、辽重熙九年、夏天授礼法延祚三年（1040）	庚午，种世衡筑青涧城。期间"遇夏兵三万，有驰铁骑挑战者，"被宋将张玉击退。建成后，"无定河蕃部钞边"，种世衡率属羌讨击，"前后斩首数百。"（《续资治通鉴长编》卷一二八） 十月乙酉，范仲淹派遣葛怀敏、朱观兵分六路，"袭西贼洪州界郭璧等十余寨，破之。"辛卯，"高继隆等出兵攻西贼经纳、旺穆等砦，破之。"（《续资治通鉴长编》卷一二九） 十一月，"张继勋破贼于归娘谷"，（《范仲淹全集》附录二《年谱》） 同月，范仲淹部署马怀德"破遮鹿、要册二砦，亲射杀其酋狗儿厢主"，又率蕃汉兵勇夺取西夏"十七砦三百余帐"。（《宋史》卷三二三）		

年代	北宋	辽、金	吐蕃、回鹘
宋庆历元年、辽重熙十年、夏天授礼法延祚四年（1041）	正月二十五日，蕃官骨披等约见宋将桑怿，"约二十八日设誓却要归顺朝廷。"（《续资治通鉴长编》卷一三一） 正月戊寅，元昊遣高延德与范仲淹约和。范仲淹"察元昊未肯顺事"，手书《答赵元昊书》，遣韩周与高延德使夏，期早日言和。（《续资治通鉴长编》卷一三○） 韩周等抵夏州，留四十余日。李元昊命亲信野利旺荣回信范仲淹，同时遣使与韩周至延州，"且言不敢以闻兀卒，书辞益慢。仲淹对使者焚其书，而潜录副本以闻，书凡二十六纸，其不可以闻者二十纸，仲淹悉焚之，余又略加删改。书既达，大臣皆谓仲淹不当辄与元昊通书，又不当辄焚其报。"范仲淹、韩周俱受责罚。（《续资治通鉴长编》卷一三一） 二月己亥，元昊趋兵渭州，"韩琦命任福等御于好水川"。元昊诈降诱敌，任福"临		

年代	北宋	辽、金	吐蕃、回鹘
宋庆历元年、辽重熙十年、夏天授礼法延祚四年（1041）	敌受命，法制不立，既又分出趋利"，轻敌冒进，遂致战败，"福及耿传、桑怿、王珪、武英等死之"。（《宋史全文》卷八上） 　　戊戌，"西贼再寇刘璠堡"。（《续资治通鉴长编》卷一三一） 　　四月甲申，元昊劫掠仪、秦二州，曹琮发骑士设伏以待之，贼遂引去。曹琮策动吐蕃合力围击西夏，吐蕃表示"愿率首领为朝廷击贼"。（《续资治通鉴长编》卷一三一） 　　蕃部乜罗叛宋投夏，元昊以其为向导，七月"自后河川入袭府州"，八月戊子，渡屈野河，破宁远寨，攻府州，军士力战，遂退兵转攻丰州，克之。（《续资治通鉴长编》卷一三三） 　　九月庚戌，西夏复攻麟府，"二州闭壁不出。"西夏驻军琉璃堡，宋将张亢乘其懈怠，"夜引兵袭击，大破之"。（《续资治通鉴长编》卷一三三）		

年代	北宋	辽、金	吐蕃、回鹘
宋庆历元年、辽重熙十年、夏天授礼法延祚四年（1041）	西夏趋兵栢子寨企图伏击张亢，被张亢击退。宋军修建宁寨，"贼数出争，遂战于兔毛川"，西夏溃败。宋军先后修建"清塞、百胜、中候、建宁、镇川五堡，麟、府之路始通"。（《宋史》卷三二四《张亢传》） 十二月甲申，"环庆副部署王仲宝等破金汤等城，斩首才二十七级"。（《续资治通鉴长编》卷一三四）		
宋庆历二年、辽重熙十一年、夏天授礼法延祚五年（1042）	三月，范仲淹筑大顺城，西夏"以骑三万来战"，不克。（《续资治通鉴长编》卷一三六） 宋将周美破西夏于无定河，"乘胜至绥州"，杀酋豪，夺牲畜，屯兵口平砦。"敌以精骑数千来袭，美从百余骑驰击破之。"（《宋史》卷三二三《周美传》） 刚浪唛令浪埋、赏乞、媚娘等三人向种世衡诈降，被识破，世衡"因以为间"，以		二月乙酉，宋朝"谍报夏虏破荡瞎毡族帐，欲与唃厮啰相攻"，韩琦报唃厮啰防备。（《续资治通鉴长编》卷一三五）

年代	北宋	辽、金	吐蕃、回鹘
宋庆历二年、辽重熙十一年、夏天授礼法延祚五年（1042）	腊书离间元昊与野利旺荣。(《宋史》卷三三五《种世衡传》) 三月庚午，"又有兀二族，授敌伪补，世衡招之不至，命蕃官慕恩出兵讨之。其后百余帐皆自归，莫敢贰。"(《续资治通鉴长编》卷一三五) 庞籍使部将狄青将万余人，在桥子谷旁筑招安寨，"却贼数万"。周美收复承平寨，与王信先后修筑龙安寨等堡寨十一座。(《续资治通鉴长编》卷一三五) 宋将马怀德"夷黑神、厥保等十八砦"，又于仆射谷击退西夏来犯军队。(《宋史》卷三二三《马怀德传》) 夏人二万寇青塞堡，王凯出鞋邪谷，转战四十里，大败之，复得所掠马牛以还。(《宋史》卷二五五《王凯传》)		

年代	北宋	辽、金	吐蕃、回鹘
宋庆历二年、辽重熙十一年、夏天授礼法延祚五年（1042）	闰九月，元昊兵进镇戎军。葛怀敏一意孤行，被元昊围困定川寨。夏军毁桥断路，"又绝定川水泉上流"，众将突围不利，战败而死。元昊兵进渭州，"焚荡庐舍，屠掠居民而去。"（《续资治通鉴长编》卷一三七） 十月己酉，"贼踰平凉，至潘原"，宋将景泰"依山而阵"，击退夏军。（《续资治通鉴长编》一三八） 西夏攻安定寨，被宋将周美击退。（《宋史》卷三二三《周美传》）		
宋庆历三年、辽重熙十二年、夏天授礼法延祚六年（1043）	正月癸巳，贺从勖持元昊书至保安军与宋议和。从勖转达了辽朝建议宋夏"早议通和"的意见，但元昊于书信中自称"男邦泥定国兀卒曩霄上书父大宋皇帝"，庞籍认为"今名体未正"，仍需再议。贺从勖请求使往京师，请宋仁宗定夺。（《续资治通鉴长编》卷一三九）	八月，契丹呆尔族不顺命，元昊发兵会同辽军共同击讨。（《宋史全文》卷八下）	

年代	北宋	辽、金	吐蕃、回鹘
宋庆历三年、辽重熙十二年、夏天授礼法延祚六年（1043）	二月庚戌，"知制诰梁适假龙图阁直学士、右谏议大夫使延州，与庞籍议所以招怀元昊之礼也。于是许贺从勖赴阙。"（《续资治通鉴长编》卷一三九） 四月癸卯，邵良佐与贺从勖使夏州，提出议和条件："朝廷当行封册为夏国主，赐诏不名，许自置官属。其燕使人，坐朵殿之上，或遣使往彼，一如接见契丹使人礼。如欲差人于界上承领所赐，亦听之。置榷场于保安军，岁赐绢十万匹、茶三万斤，生日与十月一日赐赉之。许进奉干元节及贺正。其缘边兴复寨栅，并如旧。"（《续资治通鉴长编》卷一四〇） 七月乙酉，"元昊复遣吕你如定、幸舍寮黎、罔聿嵬与邵良佐俱来，所要请凡十一事。其欲称男而不为臣，犹执前议也。"（《续资治通鉴长编》卷一四二）	十月，"夏人侵党项，遣延昌宫使高家奴让之。"（《辽史》卷一一五《西夏记》） 辽朝设置金肃州以防御西夏，"割燕民三百户，防秋军一千实之"。（《辽史》卷四一《地理志》）	

年代	北宋	辽、金	吐蕃、回鹘
宋庆历四年、辽重熙十三年、夏天授礼法延祚七年（1044）	三月戊寅，庞籍在延州委任折保忠拓防青涧川，"用其部族为蕃捉生，即绥德废县置营居之"。（《续资治通鉴长编》卷一四七） 五月己丑，"西贼寇青涧城，宣武副都头刘岳等与战，败之"（《续资治通鉴长编》卷一四九） 丙戌，元昊"于延州界上修筑城垒，强占侵地，欲先得地然后议和。"欧阳修认为元昊"一面邀求赂遗，一面侵占边疆"，恐别有所图，如默许此举，"则延州四面更无捍蔽，便为孤垒。"若战事再起，不仅延州难保，甚至关中也会为夏所有，建议遣使延州，令庞籍力争，取元昊先侵之地。（《续资治通鉴长编》卷一四九） 七月戊辰，庞籍在吴朝谷修筑石嘴堡，"而西贼尝以兵二千余人来寇"，被王新击败。《续资治通鉴长编》卷一五一	辽夹山部落呆儿族八百户叛归元昊，"兴宗责还，元昊不遣"，辽兴宗遂兵分三路，入夏境四百里，西夏佯败诱敌，"以老其师，而辽之马益病，因急攻之，遂败"，西夏乘胜追击，"复攻南壁，兴宗大败"。（《宋史》卷四八五《夏国传上》） 十月丁酉，李元昊上表谢罪。 壬子，北院枢密副使萧革奉诏诘问元昊纳叛背盟，"元昊伏罪，赐酒，许以自新。"（《辽史》卷一九《兴宗纪二》）	

年代	北宋	辽、金	吐蕃、回鹘
宋庆历四年、辽重熙十三年、夏天授礼法延祚七年（1044）	十二月乙未，"册命元昊为夏国主，更名曩霄。"以张子奭、张士元为使，"仍赐对衣、黄金带、银鞍勒马，银二万两，绢二万匹，茶三万斤。册以漆书竹简，凡二十四，长尺一寸，檩用'天下乐'晕锦。赐金涂银印，方二寸一分，文曰'夏国主印'，龟钮锦绶；金涂银牌，长七寸五分，阔一寸九分。缘册法物，皆银装金涂，覆以紫绣。约称臣，奉正朔，改所赐敕书为诏而不名，许自置官属。使至京，就驿贸卖，燕坐朵殿。朝廷遣使至其国，相见以宾客礼。置榷场于保安军及高平寨，第不通青盐。"（《续资治通鉴长编》卷一五三）		
宋庆历五年、辽重熙十四年、夏天授礼法延祚八年（1045）	"三月十八日，西贼部领三千余人打劫筚篥城等。"（《范文正公年谱补遗》庆历五年）		

年代	北宋	辽、金	吐蕃、回鹘
宋庆历五年、辽重熙十四年、夏天授礼法延祚八年（1045）	四月壬辰，"实吉获西界伪团练使鄂特结，又尝捍贼于细腰城"。（《续资治通鉴长编》卷一五五） 十二月癸丑，西夏兵进屈野河，宋将魏智引兵追逐，遭遇伏击，"为西人所执，知州领众逐贼至银川寨，贼遁去。"（《续资治通鉴长编》卷一五七）		
宋庆历六年、辽重熙十五年、夏天授礼法延祚九年（1046）		兴宗遣萧蒲奴征夏国，"蒲奴以兵二千据河桥，聚巨舰数十艘"，战之不利。（《辽史》卷八七《萧蒲奴传》）	
宋庆历七年、辽重熙十六年、夏天授礼法延祚十年（1047）		萧蒲奴"复西征，悬兵深入，大掠而还。"（《辽史》卷八七《萧蒲奴传》）	

年代	北宋	辽、金	吐蕃、回鹘
宋庆历八年、辽重熙十七年、夏天授礼法延祚十一年（1048）	西夏求宋朝遣还叛族孟香，未果，遂"夏人遂杀边户，掠牛马。"（《续资治通鉴长编》卷一六四）		
宋皇祐元年、辽重熙十八年、夏延嗣宁国元年（1049）		六月至十月，兴宗亲征西夏，耶律敌鲁古率阻卜诸军至贺兰山，"获李元昊妻及其官僚家属，遇夏人三千来战，殪之。"（《辽史》卷二○《兴宗纪三》）	
宋皇祐二年、辽重熙十九年、夏天祐垂圣元年（1050）		二月丁亥，"夏将洼普、猥货、乙灵纪等来攻金肃城，南面林牙耶律高家奴等破之。"（《辽史》卷二○《兴宗纪三》）	

年代	北宋	辽、金	吐蕃、回鹘
宋皇祐二年、辽重熙十九年、夏天祐垂圣元年（1050）		三月戊戌，"殿前都点检萧迭里得与夏战于三角川，败之。"（《辽史》卷二〇《兴宗纪三》） 五月癸巳，"萧蒲奴等入夏境，不与敌遇，纵军俘掠而还。"（《辽史》卷二〇《兴宗纪三》） 四月丁丑，辽军破摊粮城，释放被西夏囚禁的宋朝使臣王沿，送还宋朝。（《续资治通鉴长编》卷一六八） 九月壬寅，"夏人侵边，敌鲁古遣六院军将海里击败之。"（《辽史》卷二〇《兴宗纪三》）	

续表

年代	北宋	辽、金	吐蕃、回鹘
宋皇祐二年、辽重熙十九年、夏天祐垂圣元年（1050）		十月，李谅祚母遣使乞依旧称臣。(《辽史》卷一一五《西夏记》) 十二月，谅祚上表如母训。(《辽史》卷一一五《西夏记》)	
宋皇祐五年、辽重熙二十二年、夏福圣承道元年（1053）	五月戊午，西夏兵马数扰环庆。(《续资治通鉴长编》卷一七四)		
宋至和元年、辽重熙二十三年、夏福圣承道二年（1054）	六月庚午，"西贼寇古渭寨"。(《续资治通鉴长编》卷一七六)		

年代	北宋	辽、金	吐蕃、回鹘
宋嘉祐二年、辽清宁三年、夏奲都元年（1057）	三月庚辰，没藏讹庞侵耕屈野河。郭恩、武戡、黄道元以巡边为名，与夏军相接，在断道坞遭遇四面合击。郭恩战败自杀，黄道元被执，后遣还。（《续资治通鉴长编》卷一八五） 西夏发兵鄜延，"即而数万骑奄至，无所获而去。"（《宋史》卷三〇三《陈安石传》）		
宋嘉祐三年、辽清宁四年、夏奲都二年（1058）			谅祚发兵青唐，唃厮啰与战败之，并招降西夏陇逋、公立、马颇三族，率其反攻西夏，大掠而还。（《宋史》卷四九二《唃厮啰传》）

续表

年代	北宋	辽、金	吐蕃、回鹘
宋嘉祐五年、辽清宁六年、夏奲都四年（1060）	西夏兵扰沿边德靖等十堡寨，"开垦生地，并剽略畜产"，宋招募土兵屯御。（《续资治通鉴长编》卷一九二）		
宋嘉祐七年、辽清宁八年、夏奲都六年（1062）			"谅祚举兵击董毡"，为董毡所败，"筑堡于古渭州之侧而还"（《续资治通鉴长编》卷一九七）
宋治平二年、辽咸雍元年、夏拱化三年（1065）	谅祚进攻泾原，"杀略弓箭手及熟户蕃部"，陈述古隐而不报，张皇生事，"不即时发兵救援，致陷没数千户。"（《续资治通鉴长编》卷二〇四） 夏人入侵王官城，经略使孙长卿不能御。（《宋史》卷三四一《赵瞻传》）		谅祚出万余骑随邈奔、溪心往取陇、珠、阿诺三城，"不能克，但取邈川归丁家五百余帐而还。"（《宋史》卷四九二《唃厮啰传》）

年代	北宋	辽、金	吐蕃、回鹘
宋治平二年、辽咸雍元年、夏拱化三年（1065）	西夏右枢密院党移赏粮率兵数万众围攻顺宁寨，被宋将刘绍能击退。（《宋史》卷三五〇《刘绍能传》） 秋，"夏人出兵秦凤、泾原，抄熟户，扰边塞弓箭手，杀掠人畜以万计。"（《宋史》卷四八五《夏国传上》）		
宋治平四年、辽咸雍二年、夏拱化四年（1066）	八月，"夏国主谅祚举兵寇大顺城"，围攻三日，"蕃官赵明与官兵合击之"，"谅祚中流矢遁去"。又分兵"入寇柔远寨，烧屈乞等三村，栅段木岭。"（《续资治通鉴长编》卷二〇八） 十一月，宋朝遣何次公往使责问谅祚。谅祚所上表虽云"受赐累朝，敢渝先誓"，然尚多游辞，归罪于其边吏。乃复赐诏诘之，令专遣使别贡誓表，具言今后严戒边上酋长，各守封疆，不得点集人马，辄相侵犯；其鄜延、环庆、泾原、秦凤等路一带，久系汉界熟户并顺汉		

年代	北宋	辽、金	吐蕃、回鹘
宋治平三年、辽咸雍二年、夏拱化四年（1066）	西蕃，不得更行劫掳及逼胁归投；所有汉界不逞叛亡之人，亦不得更有招纳，苟渝此约，是为绝好，余则遵依先降誓诏。朝廷恩礼，自当一切如旧。（《续资治通鉴长编》卷二〇八）		
宋治平四年、辽咸雍三年、夏拱化五年（1067）	西夏绥州嵬名山部叛降种谔，谅祚趋兵相夺。种谔"使偏将燕达、刘甫为两翼，身为中军"，击退夏军，"追击二十里，俘馘甚众，遂城绥州。"（《宋史》卷三三五《种谔传》）		
宋熙宁元年、辽咸雍四年、夏乾道元年（1068）	秦凤副都总管韩琦使筑筚篥城，杨文广声言城喷珠，率众急趣筚篥，比暮至其所，部分已定。迟明，夏军大至，知不可犯而去，遗书曰："当白国主，以数万精骑逐汝。"杨文广遣将攻打夏军，取得胜利。（《宋史》卷二七二《杨文广传》）		

年代	北宋	辽、金	吐蕃、回鹘
宋熙宁元年、辽咸雍四年、夏乾道元年（1068）	夏人万骑来攻打甘谷城，张守约适巡边，与之遇，不解鞍，简兵五百逆战，众寡不侔，势小却。夏人张两翼来，张守约挺身立阵前，自节金鼓，发强弩殪其酋，夏人遂退。（《宋史》卷三五〇《张守约传》） 羌人犯塞，种古御之，斩级数百。筑城镇戎之北，以据要害。神宗召对，迁通事舍人，官其三弟。与弟种诊破环州折姜会，斩首二千级，迁西上阁门副使。（《宋史》卷三三五《种古传》） 谍告夏人集胡卢河，蔡挺出奇兵迎击之。夏人溃，分诸将蹑而讨之，荡其七族。进右谏议大夫，赐金帛二千。夏人复犯诸寨，环庆兵不能御，蔡挺遣张玉以万人往解其围。（《宋史》卷三二八《蔡挺传》）		

年代	北宋	辽、金	吐蕃、回鹘
宋熙宁二年、辽咸雍五年、夏乾道二年（1069）	三月，夏人入秦州，陷刘沟堡，杀范愿。（《宋史》卷四八六《夏国传下》）		
宋熙宁三年、辽咸雍六年、夏天赐礼盛国庆元年（1070）	四月，夏人遣兵二万攻打绥德城，筑八堡，近者四里。（《续资治通鉴长编》卷二一四） 五月，郭逵遣其将燕达等攻打西夏新修建的堡寨，"一日克之，余堡人皆逃去"。（《续资治通鉴长编》卷二一四） 五月，夏人号十万，筑闹讹堡，知庆州李复圭合蕃、汉兵才三千，逼遣偏将李信、刘甫、种咏等出战，李信等诉以众寡不敌，李复圭威以节制，亲画阵图方略授之，兵进，遂大败。（《宋史》卷四八六《夏国传下》） 宋朝复出兵邛州堡，夜入栏浪、和市，掠老幼数百；又袭金汤，而夏人已去，惟杀其老幼一二百人，以功告捷。（《宋史》卷四八六《夏国传下》）		十二月戊寅，昨夏人聚兵攻打环庆，谍报西蕃董毡尝乘虚深入其境，虏获甚多。（《续资治通鉴长编》卷二一八）

年代	北宋	辽、金	吐蕃、回鹘
宋熙宁三年、辽咸雍六年、夏天赐礼盛国庆元年（1070）	八月，夏人遂大举入环庆，攻大顺城、柔远寨、荔原堡、淮安镇、东谷西谷二寨、业乐镇，兵多者号二十万，少者不下一二万，屯榆林，距庆州四十里，游骑至城下，九日乃退。钤辖郭庆、高敏、魏庆宗、秦勃等战死。(《宋史》卷四八六《夏国传下》) 八月戊午，西夏攻打顺安、绥平、黑水、绥德城等地，郭逵严阵以待，择机命"李安、李颙出绥德，彭达出顺安，燕达出绥平，贾翊出安塞，檄宥州及使人谕贼曰：'夏国违誓诏，侵城汉地，其罪甚大。若能悔过，悉听汝还。或不从，诛无噍类。'既而贼弃顺安走，纵之；拒官军者，诸将合击之，斩首数百，余皆弃城遁去。"(《续资治通鉴长编》卷二一四)		

年代	北宋	辽、金	吐蕃、回鹘
宋熙宁三年、辽咸雍六年、夏天赐礼盛国庆元年（1070）	八月戊午，环庆钤辖李信与夏军战荔原堡北，不利。林广将兵深入，破十二盘等四寨、喀托克邛州堡，攻白豹、金汤城，皆先登。夜过洛河，夏军来袭，林广扬声令军中选弩数百列岸侧伏击夏军，实卷甲疾行。(《续资治通鉴长编》卷二一四) 八月戊午，夏人于乌鸡川设置伏兵，欲擒林广，林广率众由闲道蔽山而行，"贼既不得广，乃益兵攻柔远。"(《续资治通鉴长编》卷二一四) 八月戊午，夏军攻打柔远外城，林广夜纳其老幼保内城。诸将以为属羌反覆，虞有他变，林广曰："属羌久为藩翰，急时弃之，后不为我用。"夏军初围城，林广预戒守者，有变不得轻动。已而火起积薪中，城守寂然，夏军计不得行。翌日，夏军置马平川，大持攻具来，众恟惧，林广即被甲引兵开他		

年代	北宋	辽、金	吐蕃、回鹘
宋熙宁三年、辽咸雍六年、夏天赐礼盛国庆元年（1070）	门，示将出夺其马。夏军去城救马，林广复入，遂得益修守备。因募属羌敢死者夜出潜攻夏军营寨，夏军数不利，引去。(《续资治通鉴长编》卷二一四) 延州巡检燕达驻守怀宁寨，"夏人三万骑薄城，战竟日不决，达所部止五百人，跃马奋击，所向披靡。"(《宋史》卷三四九《燕达传》) 十一月甲辰，"夏人寇大顺城，都监燕达等击走之。"(《宋史》卷一五《神宗纪二》) 十二月庚午，夏人夜引轻骑过边壕，钞掠镇戎军三川寨、独冢堡，弓箭手巡检赵普伏兵壕外，邀其归，击之，获马十二匹而还。(《续资治通鉴长编》卷二一八) 周永清知德顺军时，"夏众入寇，击擒其酋吕效忠。又募勇士夜驰百里，捣贼巢穴，斩首三百级，俘数千人，获橐驼、甲马万计，城中无知者。"(《宋史》卷三五〇《周永清传》)		

年代	北宋	辽、金	吐蕃、回鹘
宋熙宁四年、辽咸雍七年、夏天赐礼盛国庆二年（1071）	正月己丑，敌帅都啰马尾与其将四人，聚兵啰兀城北边的马户川，谋划袭击种谔所率部队。种谔谍知之，以轻兵三千潜出击破之。马尾脱身遁去，复与其将三人，驻兵立赏平。种谔遗以妇人衣三袭，明日，遣将吕真率千人斥候。大风尘起，敌惊曰："汉兵至矣！"皆溃而走，遂城啰兀，凡二十九日而毕。大小四战，斩首一千二百，降口一千四百。（《续资治通鉴长编》卷二一九） 二月，夏人来攻顺宁寨，复围抚宁，折继世、高永能等拥兵驻细浮图，去抚宁咫尺，啰兀兵势尚完。（《宋史》卷四八六《夏国传下》） 三月丁亥，夏人陷抚宁堡。（《宋史》卷一五《神宗纪二》） 五月，燕达以戍卒辎重归自啰兀，为夏人邀击，达多失亡。（《宋史》卷四八六《夏国传下》）		

年代	北宋	辽、金	吐蕃、回鹘
宋熙宁五年、辽咸雍八年、夏天赐礼盛国庆三年（1072）	正月，夏钤辖结胜为麟州步将王文郁战降。（《宋史》卷四八六《夏国传下》） 闰七月，遣部将景思立、王存以泾原兵出南路，王韶由东谷径趋武胜，未至十余里，逢夏人战，遂至其城，瞎药弃城夜遁，大首领曲撒四王阿南珂出奔，乃城武胜。（《宋史》卷四八六《夏国传下》）		
宋熙宁六年、辽咸雍九年、夏天赐礼盛国庆四年（1073）	二月辛卯，夏人攻打秦州，都巡检使刘惟吉败之。（《宋史》卷一五《神宗纪二》） 二月辛丑，顺宁寨蕃部逃入西界，蕃官刘绍能以兵袭逐不及，反捕西人为质。（《续资治通鉴长编》卷二四二）		
宋熙宁七年、辽咸雍十年、夏天赐礼盛国庆五年（1074）	夏人攻打刘沟堡，刘昌祚领骑二千出援。夏人伏万骑于黑山而伪遁，卒遇之，战不解。薄暮，大酋突而前，刘昌祚抽矢，一发殪之，余众悉遁。（《宋史》卷三四九《刘昌祚传》）		

年代	北宋	辽、金	吐蕃、回鹘
宋熙宁七年、辽咸雍十年、夏天赐礼盛国庆五年（1074）	熙宁讨夏国，王文郁败之吐浑河。其将香崖夜遣使以剑为信，欲举众降，许之。旦而至，与偕行，众情忽变，噪以出。王文郁击之，追奔二十里。据险大战，矢下如雨，文郁徐引度河，谓吏士曰："前追强敌，后背天险，韩信驱市人且破赵，况尔曹皆百战骁勇邪？"士感奋进击，夏人大溃，降其众二千。迁通事舍人。夏人踰屈野河掠塞上，文郁追至长城坂，尽夺所掠而还。（《宋史》卷三五〇《王文郁传》）		
宋熙宁八年、辽太康元年、夏大安元年（1075）	夏人谋划攻打天圣寨，渭帅檄诸将会兵，约曰："过某日贼不至，即去。"刘仲武谍得的期，乞缓分屯。帅不乐，但留一将及仲武军，如期而敌至，力战却之。（《宋史》卷三五〇《刘仲武传》）		

年代	北宋	辽、金	吐蕃、回鹘
宋熙宁十年、辽太康三年、夏大安三年（1077）	九月乙卯，庆州西谷寨称，有人侵入西界，杀夺人马。今欲落下杀夺人马事，止据西人侵入汉界射伤熟户因依，回牒宥州。(《续资治通鉴长编》卷二八四)		
宋元丰二年、辽太康五年、夏大安五年（1079）	五月己巳，先是高遵裕数使蕃部乙讹入西界，诱讹哆来降。后乙讹为西人所执，永德等擅发兵出塞追取，纵火焚新和市，遵裕隐庇不治，西人以为言，邻路奏之。(《续资治通鉴长编》卷二九八) 七月乙酉，西夏攻打绥德城大会平，第四将高永能等击败之。(《续资治通鉴长编》卷二九九) 八月丙申，鄜延路经略使吕惠卿言："蕃部吹凌结受西人哆都报西界点集入寇日，贼果于是日自满堂川、大会平杀伤防田人马，兵官李浦等逼逐出塞。"(《续资治通鉴长编》卷二九九)		

续表

年代	北宋	辽、金	吐蕃、回鹘
宋元丰三年、辽太康六年、夏大安六年（1080）	经略使吕惠卿行边，高永能伏骑谷中，以备侵轶。边骑果至，驰出击走之。夏兵二万攻打当川堡，高永能以千骑与相遇，度不能支，依险设疑兵，且斗且却，而令后骑扬尘，若援兵至者，奋而前，遂解去。（《宋史》卷三三四《高永能传》）		
宋元丰四年、辽太康七年、夏大安七年（1081）	七月丁未，大军进攻米脂寨。（《宋史》卷一六《神宗纪三》） 八月辛酉，夏人攻打临川堡，诏董毡会兵伐之。（《宋史》卷一六《神宗纪三》） 八月丙辰，种谔先帅兵驻绥德城外，遣诸将招纳，夏人盛兵御我，力战败之。 壬戌，种谔遣诸将出界，遇夏军，破之，斩首千级。 丁丑，沈括奏称曲珍言夏人拦截粮草，杀获首级。（《续资治通鉴长编》卷三一五）		七月庚戌，苗履等言："西蕃大首领经沁伊达木凌节赉阿理骨蕃书称，七月戊子，斫龙城蕃家守把堡子南宗向下地名西啰谷，有夏国三头项人设伏，劫掠蕃兵。夏国兵贼，斩首三百级，

年代	北宋	辽、金	吐蕃、回鹘
宋元丰四年、辽太康七年、夏大安七年（1081）	八月丁丑，熙河经制李宪败夏人于西市新城，获酋首三人、首领二十余人。庚辰，又袭破于女遮谷，斩获甚众。(《宋史》卷一六《神宗纪三》) 九月庚戌，夏兵救米脂寨，鄜延经略副使种谔率众击破之。辛亥，种谔又败夏人于无定川。(《宋史》卷一六《神宗纪三》) 九月己亥，钤辖曲珍等入西界应接投降首领，及邀截降人夏军斗敌，斩获首级。(《续资治通鉴长编》卷三一六) 九月己亥，种谔攻围米脂寨三日，城坚守未下，方为距闉，种谔突出行视，士卒皆有疲曳之色。或报援兵且至，众汹惧，种谔令军中皆鼓乐，按辔徐还，众乃安。翌日，夏兵八万余人自无定川出，直抵我军，将合米脂之众以夹攻我。种谔命后军移陈城下，沟其门隧，使城中		降百二十三人。"(《续资治通鉴长编》卷三一四) 九月乙酉，董毡遣使来贡，且言已遣首领洛施军笃乔阿公等将兵三万会击夏国。 戊子，兰州新顺首领巴令谒等三族率所部兵攻夏人撒逋宗城，败之。(《宋史》卷一六《神宗纪三》)

年代	北宋	辽、金	吐蕃、回鹘
宋元丰四年、辽太康七年、夏大安七年（1081）	人不得出，命前军及属羌循两山伏山谷中，以左、右、中军御夏人于川口。辛亥合战，种谔鼓之，诸将齐进，伏兵旁发，断夏兵为二，首尾不相救，诸军从高前后击之，夏军奔溃。所斩杀及自相蹂践颠仆而死者横数十里，银水为之赤，擒其将都按官麻女阽多革等七人，获首五千余级，获马五千，孳畜铠甲万计。（《续资治通鉴长编》卷三一六） 　　十月庚申，熙河兵至女遮谷，与夏人遇，战败之。 　　乙丑，泾原兵至磨哆隘，遇夏人，与其统军梁大王战，败之，追奔二十里，斩大首领没啰卧沙、监军使梁格嵬等十五级，获首领统军姪讫多埋等二十二人。己巳，入银州。庚午，环庆行营经略使高遵裕复清远军。种谔遣曲珍等领兵通黑水安定堡路，遇夏人，与战破之，斩获甚众。癸酉，复韦州。乙亥，李		

年代	北宋	辽、金	吐蕃、回鹘
宋元丰四年、辽太康七年、夏大安七年（1081）	宪败夏人于屈吴山。丁丑，曲珍与夏人战于蒲桃山，败之。《宋史》卷一六《神宗本纪三》 　十一月丁亥，诸军合攻灵州，种谔败夏人于黑水。己丑，李宪败夏人于啰逋川。辛卯，种谔降横河平人户，破石堡城，斩获甚众。辛丑，师还。癸卯，种谔至夏州索家平，兵众三万人，以无食而溃。丙午，高遵裕以师还，夏人来追，遂溃。（《宋史》卷一六《神宗纪三》）		
宋元丰五年、辽太康八年、夏大安八年（1082）	四月甲子，沈括使龙神卫四厢都指挥使、绛州防御使曲珍将步骑二万，治师于东川，言欲袭葭芦，出鄜延东道。夏人悉众备东方。师行数里，反旆而西，三日至金汤，拔之，斩首千五百级，俘宥州观察使格众数千人而还。乃移军讨葭芦，遣曲珍屯绥德以图之。夏兵塞明堂川以拒珍。沈括阴遣别将李仪自河东客台津夜绝河以袭葭芦，		十一月戊寅，董毡、阿里骨、鬼章自言破夏国研龙等城。（《续资治通鉴长编》卷三三一）

年代	北宋	辽、金	吐蕃、回鹘
宋元丰五年、辽太康八年、夏大安八年（1082）	河东将訾虎率麟、丰之甲会之。夏回救葭芦，还，得地二百里，控弦四千人，以守河梁。（《续资治通鉴长编》卷三二五） 四月丁丑，西夏二万余人骑侵犯淮安镇。（《续资治通鉴长编》卷三二六） 六月辛亥，环庆经略司遣将与夏人战，破之，斩其统军嵬名妹精嵬、副统军讹勃遇。（《宋史》卷一六《神宗纪三》） 六月戊寅，曲珍等败夏人于明堂川。（《宋史》卷一六《神宗纪三》） 七月庚子，三川寨巡检王贵轻易领兵过壕，与西夏斗敌，致伤折多。（《续资治通鉴长编》卷三二八） 八月辛亥，麟州神木堡与夏人斗敌，监押贾默以众先退，致夏人杀巡检高素。		

年代	北宋	辽、金	吐蕃、回鹘
宋元丰五年、辽太康八年、夏大安八年（1082）	乙卯，鄜延路总管曲珍率兵出界讨明堂川，部将皇城使、资州团练使李德明所部五十人，折外获三十六级，获及七分。（《续资治通鉴长编》卷三二九） 九月丁亥，夏人三十万众攻打永乐，曲珍战不利，裨将寇伟等死之，夏人遂围城。（《宋史》卷一六《神宗纪三》） 十月己酉，种谔言："永乐城已不守，西贼进退殊未可测，已牒沈括依诏坚壁清野。"（《续资治通鉴长编》卷三三〇）		
宋元丰六年、辽太康九年、夏大安九年（1083）	二月丁未，夏人数十万众攻兰州，钤辖王文郁率死士七百余人击走之。（《宋史》卷一六《神宗纪三》） 三月辛卯，夏人攻打兰州。 丙申，河东将薛义败夏人于葭芦西岭。 己亥，河东将高永翼败夏人于真卿流部。（《宋史》卷一六《神宗三》）		

年代	北宋	辽、金	吐蕃、回鹘
宋元丰六年、辽太康九年、夏大安九年（1083）	四月甲子，李浩败夏人于巴义谷。(《续资治通鉴长编》卷三三四) 五月甲午，熙河兰会路制置使司言西夏攻打兰州，破西关，杀管勾、左侍禁韦定，并掳略和雇运粮于阗人并橐驼。(《续资治通鉴长编》卷三三五) 五月，夏人攻打麟州，知州訾虎败之。(《宋史》卷一六《神宗纪三》) 六月丁巳，西人入乾兴寨界壕，及第六副将向用贤言，因孟颢发兵稽迟，致不能取获全胜。(《续资治通鉴长编》卷三三五) 闰六月己卯，熙河兰会路安抚司近遣杨吉等出界讨夏人，冒险过河，兵少而斩获多。(《续资治通鉴长编》卷三三六) 九月乙卯，泾原路钤辖、知镇戎军姚麟言：遇别路关报西夏入寇，乞亲总兵出界牵制。(《续资治通鉴长编》卷三三九)		

年代	北宋	辽、金	吐蕃、回鹘
宋元丰七年、辽太康十年、夏大安十年（1084）	正月癸丑，夏人攻打兰州，李宪等击走之。（《宋史》卷一六《神宗纪三》） 五月壬寅，夏人攻打塞门，刘昌祚遣米赟以本将拒之，斩级一百一十六，杀统领叶悖麻、副统军咩讹埋，大首领、钤辖等五人。（《续资治通鉴长编》卷三四五） 六月丙子，西夏奔冲过塌岭岔，德顺军第十七堡巡检、东头供奉官王友战死。（《续资治通鉴长编》卷三四六） （九月乙丑，夏人围定西城，熙河将秦贵败之。《宋史》卷一六《神宗纪三》） 十月乙亥，夏人攻打熙河。 乙未，夏人攻打静边寨，泾原将彭孙败之。（《宋史》卷一六《神宗纪三》） 十一月丁酉，泾原路经略使卢秉言西夏入静边寨，队将借职白玉、蕃部落军使李贵战死。（《续资治通鉴长编》卷三五〇）		

续表

年代	北宋	辽、金	吐蕃、回鹘
宋元丰八年、辽大安元年、夏大安十一年（1085）	西夏栦厥嵬名宿兵于贺兰原，时出攻边，赵禼遣将李照甫、蕃官归仁各将兵三千左右分击，耿端彦兵四千趋贺兰原，戒端彦曰："贺兰险要，过岭，则砂碛也。使敌入平夏，无繇破之。"又选三蕃官各轻兵五百，取间道出敌寨后，邀其归路。端彦与战贺罗平，敌败，果趋平夏。千兵伏发，敌骇溃，斩馘甚众，生擒嵬名，斩首领六，获战马七百，牛羊、老幼三万余。（《宋史》卷三三二《赵禼传》） 吕惠卿遣步骑二万袭夏人于聚星泊，斩首六百级，夏人遂寇鄜延。（《宋史》卷四七一《吕惠卿传》） 五月甲午，皇城使、荣州团练使、知府州、兼河东第十二将折克行言：率兵入西界夜战，翌日克捷；崇仪副使、权管勾麟府路军马公事邢佐臣言：第一将訾虎率兵入西界聚星泊、满朗，战胜，获首四百级、伪钤辖一人。（《续资治通鉴长编》卷三五六）		

年代	北宋	辽、金	吐蕃、回鹘
宋元丰八年、辽大安元年、夏大安十一年（1085）	夏人攻打葭芦，供奉王英战死。(《宋史》卷四八六《夏国传下》) 六月甲戌，肃远寨蕃官左侍禁巡检慕化、环庆路第二将部将戴宗荣，差人探得西界减疣井人马欲来作过，同率一百余人，要路等截斗敌，斩获四十余级。(《续资治通鉴长编》卷三五七)		
宋元祐二年、辽大安三年、夏天仪治平二年（1087）	五月癸丑，夏人围南川寨。(《宋史》卷一七《哲宗纪一》) 五月癸丑，夏人数万众攻定西城，败官军，杀都监吴猛而去。(《续资治通鉴长编》卷四〇〇) 六月戊申，西夏人马侵犯隆诺特堡等地，秦州甘谷城驻扎本路第三将姚雄率兵逐西夏兵马出界，"夺到西贼战马六匹"。(《续资治通鉴长编》卷四二〇) 七月，夏人攻镇戎军诸堡，刘昌祚等御之而退。(《宋史》卷四八六《夏国传下》)		

年代	北宋	辽、金	吐蕃、回鹘
宋元祐二年、辽大安三年、夏天仪治平二年（1087）	八月辛丑，泾原言夏人攻打三川诸寨，官军败之。(《宋史》卷一七《哲宗纪一》) 九月己未，夏人攻打镇戎军。(《宋史》卷一七《哲宗纪一》)		
宋元祐三年、辽大安四年、夏天仪治平三年（1088）	三月乙亥，夏人攻打德靖寨，将官张诚等败之。(《续资治通鉴长编》卷四〇九) 四月庚子，西夏攻打塞门寨，皇城使、雄州刺史、带御器械、鄜延路第五将米赟，西头供奉官郝普，右班殿直吕惟正，率部抗击，最终战死。(《续资治通鉴长编》卷四〇九) 六月辛丑，夏人攻打塞门寨。(《宋史》卷一七《哲宗纪一》) 夏人攻打龛谷寨，寨兵及东关堡巡检等战不利，死者几百人。(《宋史》卷四八六《夏国传下》)		

年代	北宋	辽、金	吐蕃、回鹘
宋元祐五年、辽大安六年、夏天祐民安元年（1090）	六月辛酉，夏人攻打质孤、胜如二堡。（《续资治通鉴长编》卷四四四）		
宋元祐六年、辽大安七年、夏天祐民安二年（1091）	四月，夏人攻打熙河兰岷、鄜延路。（《宋史》卷一七《哲宗纪一》） 七月甲申，西夏集兵十万攻打泾、原，"大掠开远堡、兰家堡、得胜、隆德寨。"（《续资治通鉴长编》卷四六二） 闰八月壬午，夏人以十五万众攻打麟州及神木等寨，诸将不敢与战，蕃、汉居民为所杀掠，焚荡庐舍，驱虏畜产甚众。（《续资治通鉴长编》卷四六五） 九月，夏人攻打麟、府三日，杀掠不计，鄜延都监李仪等战死。（《宋史》卷四八六《夏国传下》）		

年代	北宋	辽、金	吐蕃、回鹘
宋元祐六年、辽大安七年、夏天祐民安二年（1091）	十一月己酉，环庆路都监张存、第二将张诚、第三将折可适等统兵出界，攻讨韦州辣韦疆、安州川霄、柏州及延州祖逋领不经掌等处夏军，获首级千一百四十八，生擒二人。（《续资治通鉴长编》卷四六八）		
宋元祐七年、辽大安八年、夏天祐民安三年（1092）	西夏屡攻绥德城，以重兵压泾原境，留五旬，大掠，筑垒于没烟峡口以自固。（《宋史》卷四八六《夏国传下》） 二月庚辰，环庆路第七将折可适统兵八千九百余人入生界，讨荡韦州监军司夏人，斩首七十级，生禽四人，获马、牛、羊、骆驼等凡二千一百三十余口。（《续资治通鉴长编》卷四七〇） 羌、夏人十万入侵沿边，折可适先得其守烽卒姓名，诈为首领行视，呼出尽斩之，烽不传，因卷甲疾趋，大破之于尾丁磳。（《宋史》卷二五三《折可适传》）		

年代	北宋	辽、金	吐蕃、回鹘
宋元祐七年、辽大安八年、夏天祐民安三年（1092）	十月丁卯，夏人攻打环州。（《宋史》卷一七《哲宗纪一》） 十二月壬申，汉使臣李成、王涣、孙天觉、张康国、张万慕、秦吉、王常、郝亨，蕃官白忠、梅怀德、叶额等十二人，"各能奋身用命，协力击贼，慕化、摩勒博在肃远首当贼锋接战，斩获七十七级"，与折可适南北相照，忘身并力，掩杀夏人，并是奇功。（《续资治通鉴长编》卷四七九）		
宋元祐八年、辽大安九年、夏天祐民安四年（1093）	三月乙未，西夏攻打延、麟二州。（《续资治通鉴长编》卷四八二） 张蕴将兵取宥州，破夏人于大吴神流堆。（《宋史》卷三五〇《张蕴传》）		
宋绍圣三年、辽寿昌二年、夏天祐民安七年（1096）	二月丁亥，夏人攻打义合寨。（《宋史》卷一八《哲宗纪二》）		

年代	北宋	辽、金	吐蕃、回鹘
宋绍圣三年、辽寿昌二年、夏天祐民安七年（1096）	三月癸巳，夏人围塞门寨。(《宋史》卷一八《哲宗纪二》) 八月辛酉，夏人攻打宁顺寨。(《宋史》卷一八《哲宗纪二》) 九月，夏国主率军大入鄜延，西自顺宁、招安寨，东自黑水、安定，中自塞门、龙安、金明以南，二百里间相继不绝，至延州北五里。十月，忽自长城一日驰至金明，列营环城，国主子母亲督桴鼓，纵骑四掠。知麟州有备，复还金明，而后骑之精锐者留龙安。边将悉兵掩击不退，金明乃破。守兵二千八百人惟五人得脱，城中粮五万石、草千万束皆尽，将官皇城使张俞死之。(《宋史》卷四八六《夏国传下》) 夏人数万屯境上，孙览下令吾兵少，须满五万。及西夏人闻而济师，孙览不为动，相持益久，忽令具糗粮，严兵械，曰："敌至矣!"居数日，果大入，孙览奋击败之，遂城葭芦而还。(《宋史》卷三四四《孙览传》)		

年代	北宋	辽、金	吐蕃、回鹘
宋绍圣四年、辽寿昌三年、夏天祐民安八年（1097）	正月，泾原都钤辖王文振率诸将破没烟峡新寨，斩获三千余级。（《宋史》卷四八六《夏国传下》） 二月，西夏复以七万众攻绥德，鄜延将兵战退之。（《宋史》卷四八六《夏国传下》） 三月壬戌，夏人攻打麟州神堂堡，宋朝派兵御敌，并进筑胡山寨。 庚午，夏人大至葭卢城下，知石州张构等击走之。 辛巳，西上閤门使折克行破夏人于长波川，斩首二千余级，获牛马倍之。（《宋史》卷一八《哲宗纪二》） 四月甲午，西夏十余万众攻打泾原所筑新城，王文振、马仲良等击之。（《续资治通鉴长编》卷四八五） 四月壬寅，张存领兵入盐州，杀戮三千余人，驱掳到老幼妇女五百余口，路逢西夏人马追袭，累次斗敌，其所获首级并驱掳人口，往往将带不行。（《续资治通鉴长编》卷四八五）		二月癸亥，于阗来贡，黑汗王攻夏人三州，遣其子以闻。（《宋史》卷一八《哲宗纪二》）

年代	北宋	辽、金	吐蕃、回鹘
宋绍圣四年、辽寿昌三年、夏天祐民安八年（1097）	四月甲午，泾原路经略司言："同统制折可适申：有西贼一千余骑，与伏云路慕化人马斗敌，即时将带前军救应追捉，到没烟峡接战，至午时退。续据苗履言，差熙河马军照应折可适等，行七八十里，遇西贼，接战间，伏兵起隔断，拥入沟涧。除汉、蕃兵外，有同总领岷州蕃兵供备库副使张德等未知存亡。"（《续资治通鉴长编》卷四八五） 四月庚子，吕惠卿言："知保安军李沂统制两将人马入西界讨荡，七日到洪州城内，逢威明鼐济特沙克人马接战，获级一百六十有五，俘二人，及燔毁洪州城内外首领、人民族帐等甚众，得牛马驼畜二千余。"（《续资治通鉴长编》卷四八五） 章楶帅渭，命钟传所置将苗履统众会泾原之灵平，夏人悉力来拒。（《宋史》卷三四八《钟传传》）		

年代	北宋	辽、金	吐蕃、回鹘
宋绍圣四年、辽寿昌三年、夏天祐民安八年（1097）	八月丙戌，鄜延路经略使吕惠卿言，差将官王愍破荡宥州，并烧毁族帐等不可胜计，斩获五百余级，牛羊以万数。诏赐出界军兵特支有差。（《续资治通鉴长编》卷四九〇） 十二月辛丑，熙河兰岷路经略安抚判官钟传，统领本路并秦凤将兵出塞讨荡，斩获约四千级，及杀获首领颇多。（《续资治通鉴长编》卷四九三）		
宋元符元年、辽寿昌四年、夏永安元年（1098）	正月乙丑，王愍出界讨击，自丙辰与西夏血战，丁巳归，夏人来追，又与之战，获首领以下千三百级。所部之万千人，将官石福阵亡，贺文密重伤，使臣战没者三人，士卒十余辈。 戊申，知兰州王舜臣统领兵马出塞，讨荡夏人，斩获约三千级。（《续资治通鉴长编》卷四九四）		

年代	北宋	辽、金	吐蕃、回鹘
宋元符元年、辽寿昌四年、夏永安元年（1098）	四月辛丑，西夏遣人刺探泾原路，并数次夺取马匹，"遂令孙文将万骑出没烟讨击"。（《续资治通鉴长编》卷四九七） 五月庚申，苗履、刘安统兵至大沙堆等处，与夏人战，斩首八百级，生擒带牌伪天使一，大首领二，牛马孳畜万计。 戊申，西夏攻打顺宁寨，副将张守德邀击之，斩十二级，夺马四十匹。（《续资治通鉴长编》卷四九八） 八月丙戌，苗履护七将九千骑出畛羌，以八月七日会于柳青平，八日至青岭北，夏酋威明特克济沙帅众迎敌，与战，破之，斩首五百级，获牛马万计，纵兵践稼，十日自威羌还塞。（《续资治通鉴长编》卷五〇一） 十月己亥，枢密院言："泾原路经略司章楶奏：西贼犯塞，从灵平寨分布人马，数十里闲，约三十万，专意攻平夏城，凡十三日。逐处将寨官，晓夕捍御，遂保无虞。"		

年代	北宋	辽、金	吐蕃、回鹘
宋元符元年、辽寿昌四年、夏永安元年（1098）	河东经略司言统制官张世永等统领将兵入西界牵制，到白土川遇夏人，与之战，斩获五百余级。（《续资治通鉴长编》卷五〇三） 十一月己酉，都钤辖张诚等袭逐攻打泾原的夏军，获五百余级。 同日，西夏举国攻打泾原路，攻围城寨，惟恃重兵，务在速战。其本路经略司及统制官、副都总管王恩等，统领官姚雄、姚古，环庆、秦凤统制策应兵马种朴、王道，"各能持重，不与轻战，保全师众，及屯据要害，张耀兵势，使不能深入作过"，夏人受挫，沮丧遁归。（《续资治通鉴长编》卷五〇四）		
宋元符二年、辽寿昌五年、夏永安二年（1099）	正月庚申，统制官张世永、折克行遣准备勾当折可大领人马出界，逢夏人斗敌藏才山下，斩首千余级，驱夺牛羊孳畜，烧荡族帐甚众。（《续资治通鉴长编》卷五〇五）		

年代	北宋	辽、金	吐蕃、回鹘
宋元符二年、辽寿昌五年、夏永安二年（1099）	二月戊子，枢密院言："鄜延路经略使吕惠卿奏，近差本路钤辖刘安统制将兵招诱神鸡流北田巷口，逢凌吉讹遇，斩首四千余级，降四百余人。"（《续资治通鉴长编》卷五〇六） 七月，环州种朴徼赤羊川，获赏啰讹乞家属百五十余口，孳畜五千。夏人千余骑来追，战却之，擒监军讹勃啰及首领泪丁讹遇。（《宋史》卷四八六《夏国传下》） 八月己丑，熙河硬探人杀仁多洗忠，斩首不及，为西人夺去，但得其所乘骢马及器甲等。洗忠乃保忠弟，挺身出战，众杀之。（《续资治通鉴长编》卷五一四） 夏以二千骑出浮图岔来战，供奉官陈告、差使李戡死之。（《宋史》卷四八六《夏国传下》）		

年代	北宋	辽、金	吐蕃、回鹘
宋元符二年、辽寿昌五年、夏永安二年（1099）	闰九月，古邈川部族叛，熙河将王愍率兵掩击，翌日，夏人马数万围愍等，力战败之，擒其钤辖嵬名乞遇；统制苗履又战于青唐峡，夏人败绩。(《宋史》卷四八六《夏国传下》)		
宋崇宁三年、辽乾统四年、夏贞观四年（1104）	陶节夫知延安府，筑石堡等四城，西夏发铁骑来争，"节夫分部将士遮御之，斩获统军以下数十百人。夏人度不可得，敛兵退。"(《宋史》卷三四八《陶节夫传》)　　钟传行边，为敌所隔，以轻骑拔之，得归。钟传议取灵武，环庆亦请出师，命折可适将万骑往，即薄灵州川。夏人扶老挟稚，中夜入州城，明日俘获甚伙，而庆兵不至，乃引还。(《宋史》卷二五三《折可适传》)　　十月戊午，夏人入泾原，围平夏城，攻打镇戎军。(《宋史》卷一九《徽宗纪一》)		

续表

年代	北宋	辽、金	吐蕃、回鹘
宋崇宁四年、辽乾统五年、夏贞观五年（1105）	西夏骚动，调兵捍御，韩世忠在遣中。至银州，夏人婴城自固，韩世忠斩关杀敌将，掷首陴外，诸军乘之，夏人大败。既而以重兵次蒿平岭，韩世忠率精锐鏖战，解去。俄复出间道，韩世忠独部敢死士殊死斗，敌少却，顾一骑士锐甚，问俘者，曰：监军驸马兀哆也。跃马斩之，敌众大溃。(《宋史》卷三六四《韩世忠传》) 溪赊罗撒合夏国四监军之众，逼宣威城，永年出御之。《宋史》卷四五三《高永年传》 三月，夏人攻塞门寨。(《宋史》卷二○《徽宗纪二》) 四月戊寅，夏人攻临宗寨。 己丑，夏人攻打顺宁寨，鄜延第二副将刘延庆击破之；复攻湟州北蕃市城，知州辛叔献等击却之。(《宋史》卷二○《徽宗纪二》)		

年代	北宋	辽、金	吐蕃、回鹘
宋崇宁四年、辽乾统五年、夏贞观五年（1105）	陶节夫在延州，大加招诱，乾顺遣使巽请，皆拒之，又令杀其牧放者。夏人遂入镇戎，略数万口，执知鄜州高永年而去，又攻湟州，自是兵连者三年。（《宋史》卷四八六《夏国传下》）		
宋政和四年、辽天庆四年、夏雍宁元年（1114）	降人李讹哆知边廪不继，阴阙地窖粟而叛，遗西夏统军书，称定边可唾手取。任谅谍知其谋，亟输粟定边及诸城堡，且募人发所窖，得数十万石。李讹哆果入侵，失藏粟，七日而退。他日，复围观化堡，而边储已足，李讹哆遂解去。（《宋史》卷三五六《任谅传》） 夏人攻打定边，筑佛口城，种师道率师往夷之。（《宋史》卷三三五《种师道传》）		
宋政和五年、辽天庆五年、夏雍宁二年（1115）	春，遣熙河经略刘法将步骑十五万出湟州，秦凤经略刘仲武将兵五万出会州，贯以中军驻兰州，为两路声援。仲武至清水河，筑城屯守而还。法与夏人右厢军战于古骨龙，大败之，斩首三千级。（《宋史》卷四八六《夏国传下》）		

年代	北宋	辽、金	吐蕃、回鹘
宋政和五年、辽天庆五年、夏雍宁二年(1115)	种师道督诸道兵城席苇平,土赋工,敌至,坚壁葫芦河。师道陈于河浒,若将决战者。阴遣偏将曲充径出横岭,扬言援兵至,敌方骇顾,杨可世潜军军其后,姚平仲以精甲袭击之,敌大溃,斩首五十级,获橐驼、马牛万计,其酋仅以身免。(《宋史》卷三三五《种师道传》) 刘仲武、王厚复合泾原、鄜延、环庆、秦凤之师攻夏臧底河城,败绩,死者十四五,秦凤第三将全军万人皆没。 夏人以数万骑略萧关而去。(《宋史》卷四八六《夏国传下》)		
宋政和六年、辽天庆六年、夏雍宁三年(1116)	春,刘法、刘仲武合熙、秦之师十万攻夏仁多泉城,三日不克,援后期不至,城中请降,法受其降而屠之,获首三千级。(《宋史》卷四八六《夏国传下》) 种师道以十万众复攻臧底河城,克之。(《宋史》卷四八六《夏国传下》)		

年代	北宋	辽、金	吐蕃、回鹘
宋政和六年、辽天庆六年、夏雍宁三年（1116）	十一月，夏人大举攻泾原靖夏城。时久无雪，夏先使数万骑绕城，践尘涨天，兵对不觌，乃潜穿壕为地道入城中，城遂陷，复屠之而去。（《宋史》卷四八六《夏国传下》） 种师道进筑葺平寨，敌据塞水源，以渴我师，郭浩率精骑数百夺之。敌攻石尖山，郭浩冒阵而前，流矢中左胁，怒不拔，奋力大呼，得贼乃已；诸军从之，敌遁去。（《宋史》卷三六七《郭浩传》）		
宋政和七年、辽天庆七年、夏雍宁四年（1117）	河东军征臧底河，敌据山为城，下瞰官军，诸将合兵城下，震率壮士拔剑先登，斩数百级。（《宋史》卷四四六《杨震传》） 刘延庆破夏人成德军，擒其酋赏屈，降王子益麻党征。（《宋史》卷三五七《刘延庆传》）		
宋宣和元年、辽天庆九年、夏元德元年（1119）	三月，童贯遣知熙州刘法出师攻统安城，夏人伏兵击之，法败殁，震武军受围。（《宋史》卷二二《徽宗纪四》）		

年代	北宋	辽、金	吐蕃、回鹘
宋宣和元年、辽天庆九年、夏元德元年（1119）	四月庚寅，童贯以鄜延、环庆兵大破夏人，平其三城。（《宋史》卷二二《徽宗纪四》） 五月丙辰，败夏人于震武。（《宋史》卷二二《徽宗纪四》）		
宋宣和四年、辽保大二年、夏元德四年、金天辅六年（1122）		夏人救辽，兵次天德，娄室使突捻补撖以骑二百为候兵，夏人败之，几尽。（《金史》卷七二《完颜娄室传》） 金破辽兵，辽主走阴山，夏将李良辅将兵三万来救辽，次天德境野谷，斡鲁、娄室败之于宜水，追至野谷，涧水暴至，漂没者不可胜计。（《金史》卷一三四《西夏传》）	

年代	北宋	辽、金	吐蕃、回鹘
宋宣和五年、辽保大三年、夏元德五年、金天辅七年（1123）		夏人屯兵于可敦馆，宗翰遣娄室戍朔州，筑城于霸德山西南二十里，遂破朔州西山兵二万，擒其帅赵公直。（《金史》卷七二《完颜娄室传》）	

年代	南宋	金	蒙古	吐蕃、回鹘
宋宣和六年、夏元德六年、金天会二年（1124）	七月甲申，夏人犯朔、武，令陕西五路帅臣严备。（《皇宋十朝纲要校正》卷十八《徽宗宣和六年》）	夏国奉表称藩，以下寨以北、阴山以南、乙室耶剌部吐禄泺西之地与之。（《金史》卷三《太宗》）		
宋宣和七年、夏元德七年、金天会三年（1125）	夏人犯丰、麟二州。（《东都事略》卷一二八）	夏国与娄室书责诸帅弃盟，军入其境，多掠取者。完颜希尹上其书，且奏曰："闻夏使人约大石取山西诸郡，以臣观之，夏盟不可信也。"上		

年代	南宋	金	蒙古	吐蕃、回鹘
宋宣和七年、夏元德七年、金天会三年(1125)		曰："夏事酌宜行之。军入其境，不知信与否也。大石合谋，不可不察，其严备之。"(《金史》卷七三《完颜希尹传》)		
宋靖康元年、夏元德八年、金天会四年(1126)	金兵攻汴京，夏人乘间进攻杏子堡。堡有两山对峙，地险陋，光世据之，敌至败去。(《宋史》卷三六九《刘光世传》) 三月，夏人遂由金肃、河清渡河取天德、云内、武州、河东八馆之地。(《宋史》卷四八六《夏国传下》) 四月，金兵内入，夏人乘虚尽取河外诸城镇。震威距府州三百里，最为孤绝。朱昭率老幼婴城，	四月，金贵人兀室以数万骑阳为出猎，掩至天德，逼逐夏人，悉夺有其地。夏人请和，金人执其使。(《宋史》卷四八六《夏国传下》) 粘罕复夺夏国所割天德、云内、河东八馆、武州，于是绝好。(《大金国志》卷四)		

年代	南宋	金	蒙古	吐蕃、回鹘
宋靖康元年、夏元德八年、金天会四年(1126)	敌攻之力，朱昭募骁锐兵卒千余人，与约曰："贼知城中虚实，有轻我心，若出不意攻之，可一鼓而溃。"于是夜缒兵出，薄其营，果惊乱，城上鼓噪乘之，杀获甚众。贼大惧，以利啖守兵，得登城。(《宋史》卷四四六《朱昭传》)　　八月，夏人军队进攻泾原，帅司调统制李庠捍御，端在遣中。庠驻兵柏林堡，斥堠不谨，为夏人所薄，兵大溃，端力战败之，整军还。(《宋史》卷三六九《曲端传》)			

年代	南宋	金	蒙古	吐蕃、回鹘
宋靖康元年、夏元德八年、金天会四年(1126)	九月，夏人再入边进攻，西安州陷。(《宋史》卷三六九《曲端传》) 十一月，怀德军相继陷没。(《宋史》卷三六九《曲端传》) 九月，徐徽言遂率兵复取三州，夏人所置守长皆出降，徽言慰遣之。又并取岚、石等州，教戈舡卒乘羊皮浑脱乱流以掩敌。(《宋史》卷四四七《徐徽言传》) 十月，太原陷，鞠辇驱幽蓟叛卒与夏人奚人围建宁。(《宋史》卷四四六《杨震传》)			

年代	南宋	金	蒙古	吐蕃、回鹘
宋建炎元年、夏正德元年、金天会五年(1127)	九月，金兀术遣保静军节度使杨天吉约攻宋，乾顺许之。(《宋史》卷四八六《夏国传下》)	金军至威戎东与敌遇，击走之，生致二人，问之，乃知为夏将李遇取威戎也，乃还其人而与李遇通问。李遇军威戎西，蒲察军威戎东，而使人议事于娄室。娄室报曰："元帅府约束，若兵近夏境，则与夏人相为为掎角，毋相侵犯。"李遇使人来曰："夏国既以天德、云内归大国，大国许我陕西北鄙之地，是以至此。"蒲察等遂旋军。(《金史》卷一三四《西夏传》)		

年代	南宋	金	蒙古	吐蕃、回鹘
宋建炎二年、夏正德二年、金天会六年(1128)	夏人谍知关陕无备，遂檄延安府言："大金割鄜延以隶本国，须当理索，敢违拒者，发兵诛讨之。"(《宋史》卷四八六《夏国传下》) 六月，谢亮归，夏人随之以兵，掩取定边军。(《建炎以来系年要录》卷一六)			
宋建炎三年、夏正德三年、金天会七年(1129)	郭浩于德静置司招收散亡，与敌对垒，一年，敌不能犯。再除泾原路兵马钤辖、知泾州。郭浩离任，夏人复来，权帅耿友谅仅以身免，一路尽陷。(《宋史》卷三六七《郭浩传》)			

年代	南宋	金	蒙古	吐蕃、回鹘
宋建炎三年、夏正德三年、金天会七年(1129)	知枢密院事张浚使川、陕，谋北伐，欲通夏国为援，奏请国书，诏从之。七月，浚西行，复以主客员外郎谢亮假太常卿，权宣抚处置司参议官，再使夏国。(《宋史》卷四八六《夏国传下》)			
宋建炎四年、夏正德四年、金天会八年(1130)	十二月，夏人攻西安州平羌寨。拔之。(《建炎以来系年要录》卷四〇)			
宋绍兴三年、夏正德七年、金天会十一年(1133)		夏人合军五万薄怀德城，庞迪开门待之，夏人不敢入。因以数千骑分门突出，遂破之，斩首五百级，获军资羊马甚众。(《金史》卷九一《庞迪传》)		

年代	南宋	金	蒙古	吐蕃、回鹘
宋绍兴六年、夏大德二年、金天会十四年（1136）			十二月，夏国主乾顺遣兵渡河。自天德军至塔坦。取所亡马而归。（《建炎以来系年要录》卷一○七）	
宋绍兴七年、夏大德三年、金天会十五年（1137）		金以河外三州赐夏人，或言秦之在夏者数千人，皆愿来归。诸将请约之，刘筈曰："三小州不足为轻重，恐失朝廷大信。且秦人之在蜀者倍多于此，何独舍彼而取此乎。"遂从筈议。（《金史》卷七八《刘筈传》）		

年代	南宋	金	蒙古	吐蕃、回鹘
宋绍兴九年、夏大德五年、金天眷二年(1139)	李显忠自西夏投宋，夏人以铁鹞子军来。显忠以所部拒之，驰挥双刀，所向披靡，夏兵大溃，杀死踩践无虑万人，获马四万匹。(《宋史》卷三六七《李显忠传》)	三月是春，夏人乘折可求之丧，陷府州。(《建炎以来系年要录》卷一二七)		时有酋豪号"青面夜叉"者，久为夏国患，乃令显忠图之。请三千骑，昼夜疾驰，奄至其帐，擒之以归。(《宋史》卷三六七《李显忠传》)
宋绍兴十一年、夏大庆二年、金皇统元年(1141)	慕容洧破新泉砦，又攻会州，将官朱勇破之。(《宋史》卷二九《高宗纪》)	晋宁军报夏人入界，诏张奕往征之。奕至境上，按籍各归所侵土，还奏曰："折氏世守麟府，以抗夏人。本朝有其地遂以与夏。夏人夷折氏坟垅而戮其尸，折氏怨入骨髓而不得报也。今复使守晋宁，故激怒夏人		

年代	南宋	金	蒙古	吐蕃、回鹘
宋绍兴十一年、夏大庆二年、金皇统元年（1141）		使为鼠侵，而条上其罪，苟欲开边衅以雪私仇耳。独可徙折氏他郡，则夏人自安。"朝廷从之，遂移折氏守青州。（《金史》卷一二八《张弈传》）		
宋绍兴十六年、夏人庆三年、金皇统六年（1146）		以德威城、西安州、定边军等沿边地赐夏国，从所请也。（《金史》卷二六《地理志》）		
宋绍兴二十六年、夏天盛八年、金正隆元年（1156）		命与夏国边界对立烽候，以防侵轶。（《金史》卷二六《地理志》）		

年代	南宋	金	蒙古	吐蕃、回鹘
宋绍兴二十九年、夏天盛十一年、金正隆四年（1159）		归宋官李宗闰上书言："夏国副使屈移，尝两使南朝，以为衣冠礼乐非他国比。怨金人叛盟，夺其所与地。此其情可见。壬子岁，黏罕尝聚兵云中以窥蜀，夏人谓将图己，举国屯境上以待其至。今诚遣辩士往说之，夏国必不难出兵，庶足为吾声援，以图恢复。"书奏，不报。(《宋史》卷四八六《夏国传下》)		
宋绍兴三十一年、夏天盛十三年、金正隆六年十月（1161）		金主亮犯四川，宣抚使吴璘檄西夏，俾合兵讨之。(《宋史》卷四八六《夏国传下》)		

年代	南宋	金	蒙古	吐蕃、回鹘
宋绍兴三十二年、夏天盛十四年、金大定二年（1162）	三月癸亥。夏人二千余骑至菜园川俘掠。又二百余骑进攻马家巉。（《建炎以来系年要录》卷一九八） 五月乙卯，夏人百余骑进攻秃头岭。掠牛马。又以五十骑驻于镇戎最高岭。射伤军民。（《建炎以来系年要录》卷一九八）	金人攻宋，夏亦乘隙攻取荡羌、通峡、九羊、会川等城寨。（《金史》卷一三四《西夏传》） 完颜思敬以新马三千备追袭。白彦敬屯于夏国两界间。（《金史》卷八四《白彦敬传》） 夏人复以城寨来归，且乞兵复宋侵地，诏书嘉奖，仍遣吏部郎中完颜达吉体究陕西利害。边吏奏，夏人已归城寨，而所侵掠人口财畜尚未还，请索之。（《金史》卷一三四《西夏传》）		

年代	南宋	金	蒙古	吐蕃、回鹘
宋乾道二年、夏天盛十八年金大定六年(1166)				夏人破灭吹折、密臧二门，其陇逋、厖拜二门与乔家族相邻，遂归结什角。(《金史》卷九一《结什角传》)
宋乾道五年、夏天盛二十一年、金大定九年(1169)				结什角往省其母，夏人伺知之，遂出兵围结什角，招之使降。结什角不从，率所部力战，溃围出，夏人斫断其臂，虏其母去，部兵亦多亡者。结什角寻亦死。(《金史》卷九一《结什角传》)

年代	南宋	金	蒙古	吐蕃、回鹘
宋淳熙元年、夏乾祐五年、金大定十四年（1174）			汪罕走河西、回鹘、回回三国，奔契丹。既而复叛归，中道粮绝，挏羊乳为饮，刺橐驼血为食，困乏之甚。(《元史》卷一《太祖纪》)	
宋淳熙五年、夏乾祐九年、金大定十八年（1178）		九月，西夏遣将蒲鲁合野来攻麟州，至宕遵源。有邛都部之酋名禄东贺者，密与之通，番僧谛刺者约日为应。金兵与战，禄东贺从中而叛，与西夏兵首尾夹击之。戊子，麟州城陷，夏人掳金帛子女数万，毁城而去。(《大金国志》卷一七)	汪罕出走，路逢乃蛮部将，遂为其所杀。亦剌哈走西夏，日剽掠以自资。既而亦为西夏所攻走。(《元史》卷一《太祖纪》)	

年代	南宋	金	蒙古	吐蕃、回鹘
宋绍熙元年、夏乾祐二十一年、金明昌元年（1190）		四月，夏国入边攻岚州，又攻石州。（《大金国志》卷一九）		
宋绍熙二年、夏乾祐二十二年、金明昌二年（1191）		五月，西夏陷鄜、坊州，又攻保安军。（《大金国志》卷一九）　顷之，夏人肆牧于镇戎之境，逻卒逐之，夏人执逻卒而去。边将阿鲁带率兵诘之，夏厢官吴明契、信陵都、卜祥、徐余立等伏兵三千于涧中，阿鲁带口中流矢而死，取其弓甲而去。（《金史》卷一三四《西夏传》）		

年代	南宋	金	蒙古	吐蕃、回鹘
宋庆元二年，夏天庆三年、金承安元年(1196)		夏人入边攻河东、陕西，丧师连年，江渊皆不既以闻。(《大金国志》卷一九)		
宋嘉泰元年、夏天庆八年、金泰和元年(1201)		冬，浚界壕，深广各三丈，东接高丽，西达夏境，列屯戍兵数千里，防其复至。(《大金国志》卷二〇)		
宋开禧元年、夏天庆十二年、金泰和五年(1205)			岁乙丑，成吉思汗征西夏，拔力吉里寨，经落思城，大掠人民及其橐驼而还。(《元史》卷一《太祖纪》)	

年代	南宋	金	蒙古	吐蕃、回鹘
宋开禧三年、夏应天二年、金泰和七年、成吉思汗二年（1207）			秋，成吉思汗再征西夏，克斡罗孩城。（《元史》卷一《太祖纪》）	
宋嘉定元年、夏应天三年、金泰和八年、成吉思汗三年（1208）			春，成吉思汗至自西夏。（《元史》卷一《太祖纪》）	
宋嘉定二年、夏应天四年、金大安元年、成吉思汗四年（1209）			成吉思汗入河西。夏主李安全遣其世子率师来战，败之，获其副元帅高令公。克兀剌海城，俘其太傅西壁氏。进至克夷门，复败夏师，获其	

年代	南宋	金	蒙古	吐蕃、回鹘
宋嘉定二年、夏应天四年、金大安元年、成吉思汗四年（1209）			将嵬名令公。薄中兴府，引河水灌之。堤决，水外溃，遂撤围还。遣太傅讹答入中兴，招谕夏主，夏主纳女请和。（《元史》卷一《太祖纪》）	
宋嘉定三年、夏皇建元年、金大安二年、成吉思汗五年（1210）		八月，夏人攻葭州。（《金史》卷一三《卫绍王》）		
宋嘉定四年、夏皇建二年、金大安三年、成吉思汗六年（1211）		夏人五万围东胜，纥石烈鹤寿救之，突围入城，夏兵解去。（《金史》卷一二二《纥石烈鹤寿传》）	西夏始为大军所攻，遣使求援，国主新立，不能救。（《大金国志》卷二二）	

年代	南宋	金	蒙古	吐蕃、回鹘
宋嘉定四年、夏皇建二年、金大安三年、成吉思汗六年（1211）		都城受围。夏人连陷邠、泾，陕西安抚司檄韩玉以凤翔总管判官为都统府募军，旬日得万人，与夏人战，败之，获牛马千余。时夏兵五万方围平凉，又战于北原，夏人疑大军至，是夜解去。（《金史》卷一一〇《韩玉传》） 夏人犯边，蒲察郑留击走之。（《金史》卷一二八《蒲察郑留传》） 然是时金兵败绩于会河堡，夏人乘其兵败攻略边境，而通使如故。（《金史》卷一三四《西夏传》）	白厮波怨怒，叛归黑鞑靼，以至益强，渐并诸族地，遂起兵攻河西。不数年，河西州郡悉为所破，又获夏国伪公主而去，夏人反臣事之。（《大金国志》卷二二）	

年代	南宋	金	蒙古	吐蕃、回鹘
宋嘉定五年、夏光定二年、金崇庆元年、成吉思汗七年（1212）		三月，夏人犯葭州，延安路兵马总管完颜奴婢御之。（《金史》卷一三《卫绍王》）		
宋嘉定六年、夏光定三年、金至宁元年贞祐元年、成吉思汗八年（1213）		六月，夏人犯保安州，杀刺史，犯庆阳府，杀同知府事。（《金史》卷一三《卫绍王》）乌林答琳为静难军节度使，夏人犯邠州，降。（《金史》卷一二〇《乌林答琳传》）卢庸改陕西按察副使。夏人犯边，卢庸缮治平凉城池，积刍粟，团结土兵为备。十一月，夏人掠镇戎，陷泾、邠，遂围平凉。卢		

年代	南宋	金	蒙古	吐蕃、回鹘
宋嘉定六年、夏光定三年、金至宁元年贞祐元年、成吉思汗八年（1213）		庸矢尽，募人取夏兵射城上箭以济急用，出府库赏有功者，人乐为死，平凉赖以完。（《金史》卷九二《卢庸传》） 夏人攻会州，统军使署征行万户，乌古论长寿升副统，与夏人战于窄土峡，先登陷阵，赏银五十两。战东关堡，以功署都统，兼充安定、定西、保川、西宁军马都弹压。（《金史》卷一〇三《乌古论长寿传》） 十二月癸亥，夏人陷巩州，泾州节度使夹谷守中死之。（《金史》卷六二《交聘表下》）		

年代	南宋	金	蒙古	吐蕃、回鹘
宋嘉定七年、夏光定四年、金贞祐二年、成吉思汗九年（1214）		夏，左枢密使万庆义勇遣二僧赍蜡书来西边，欲与共图金人，复失地。（《宋史》卷四八六《夏国传下》） 夏人攻庆原、延安、积石州，乃诏有司移文责问。（《金史》卷一三四《西夏传》） 十一月，兰州译人程陈僧结夏人以州叛，边将败其兵三千。（《金史》卷一三四《西夏传》）		
宋嘉定八年、夏光定五年、金贞祐三年、成吉思汗十年（1215）		正月，夏兵攻武延川，宣宗曰："此不足虑，恐由他道入也。"既而闻边吏攻夏境，夏人乃攻环		

年代	南宋	金	蒙古	吐蕃、回鹘
宋嘉定八年、夏光定五年、金贞祐三年、成吉思汗十年（1215）		州，诏治边吏罪。夏兵攻积石州，都统姜伯通败之。夏兵入安乡关，都统曹记僧、万户忽三十却之。（《金史》卷一三四《西夏传》） 正月乙亥，夏人犯环州。北京军乱，杀宣抚使奥屯襄。 二月辛卯，环州刺史乌古论延寿及斜卯毛良虎等败夏人于州境，诏进官有差。（《金史》卷一四《宣宗上》） 四月，诏河州提控曹记僧、通远军节度使完颜狗儿讨程陈僧，夏人援之。九月，遂破西关堡。夏		

年代	南宋	金	蒙古	吐蕃、回鹘
宋嘉定八年、夏光定五年、金贞祐三年、成吉思汗十年（1215）		人复攻第五将城，万户杨再兴击走之。(《金史》卷一三四《西夏传》) 十月，夏人入保安，都统完颜国家奴破之；攻延安，戍将又败之。丙午，夏人陷临洮，陕西宣抚副使完颜胡失剌被执。(《金史》卷意思《宣宗上》) 十一月戊辰，夏人犯绥德之克戎寨，官军败之，犯绥平，又败之。 甲戌，移剌塔不也以军万人破夏人数万于熟羊寨。丙子，诏市民间挽车羸疾牝马置群牧中，以图滋息。知临洮		

年代	南宋	金	蒙古	吐蕃、回鹘
宋嘉定八年、夏光定五年、金贞祐三年、成吉思汗十年（1215）		府陀满胡土门破夏人八万于城下。（《金史》卷一四《宣宗上》） 夏人围定羌，纳合蒲剌都击走之。（《金史》卷一二二《纳合蒲剌都传》）		
宋嘉定九年、夏光定六年、金贞祐四年、成吉思汗十一年(1216)		五月己巳，来远镇获夏谍者陈岊等，知夏人将图临洮、巩州，窥长安。命陕西行省严为之备。（《金史》卷一四《宣宗上》） 夏人修来羌城界河桥。元帅右都监完颜赛不遣兵焚之，俘馘甚多。（《金史》卷一四《宣宗上》）		

年代	南宋	金	蒙古	吐蕃、回鹘
宋嘉定九年、夏光定六年、金贞祐四年、成吉思汗十一年(1216)		闰月，庆阳总管庆山奴伐夏，出环州，陕西行省请中分其军，令庆山奴出第三将怀安寨，环州刺史完颜胡鲁出环州，宣宗曰："闻夏人移军备其王城，尚恐诈我，勿堕其计中也。"提控完颜狗儿抵兰州西关堡，招得旧部曲九人，掩击夏兵于阿弥湾，杀其将士百余人。(《金史》卷一三四《西夏传》) 八月，左监军乌古论庆寿败夏兵于安塞堡。右都监赛不击走夏兵于结耶觜川，复破之于车儿堡。(《金史》卷一三四《西夏传》)		

年代	南宋	金	蒙古	吐蕃、回鹘
宋嘉定九年、夏光定六年、金贞祐四年、成吉思汗十一年(1216)		乌古论庆寿与夏军战于鄜州之仓曲谷。(《金史》卷一〇一《乌古论庆寿传》) 撒里知兀觯三摸合拔都鲁率师由西夏趋关中，遂越潼关，获金西安军节度使尼庞古蒲鲁虎，拔汝州等郡，抵汴京而还。(《元史》卷一《太祖纪》) 西夏四万余骑围定西州，元帅右都监完颜赛不沃衍提控军事，率兵与夏人战，斩首几二千，生擒数十人，获马八百余匹，器械称是，余悉遁去。(《金史》卷一二三《杨沃衍传》)		

年代	南宋	金	蒙古	吐蕃、回鹘
宋嘉定九年、夏光定六年、金贞祐四年、成吉思汗十一年(1216)		十二月丙寅，宣宗与皇太子议伐夏，左监军陀满胡土门、延安总管古里甲石伦攻盐、宥、夏州，庆阳总管庆山奴、知平凉府移剌苍不也攻威、灵、安、会等州。(《金史》卷一三四《西夏传》)		
宋嘉定十年、夏光定七年、金兴定元年、成吉思汗十二年(1217)		正月，夏兵三万自宁州还，庆山奴以兵邀击，败之。诏河东行省胥鼎选兵三万五千，付陀满胡土门伐夏。(《金史》卷一三四《西夏传》) 五月戊寅，陕西行省破夏人于大北岔。(《金史》卷一五《宣宗纪中》)		

年代	南宋	金	蒙古	吐蕃、回鹘
宋嘉定十年、夏光定七年、金兴定元年、成吉思汗十二年(1217)		癸卯，兰州水军千户李平等苦提控蒲察燕京贪暴，杀之。构夏人以叛，胁其徒张戾俱行，戾以计尽获之。(《金史》卷一五《宣宗纪中》) 右都监完颜间山败夏兵于黄鹤岔。夏人围羊狼寨，都统党世昌与战，完颜狗儿遣都统夹谷瑞夜斫夏营，遂解其围，犹驻近地，左都监白撒发定西锐兵、盍谷副统包孝成绯翩翅军，合击走之。八月，安定堡马家平总押李公直败夏兵三千。(《金史》卷一三四《西夏传》)		

年代	南宋	金	蒙古	吐蕃、回鹘
宋嘉定十年、夏光定七年、金兴定元年、成吉思汗十二年（1217）		杨沃衍与元帅左都监内族白撒、通远军节度使温迪罕娄室、同知通远军节度使事乌古论长寿、平西军节度副使和速嘉兀迪将兵五千出巩州盐川，至故城逢夏兵三百，击走之。又入西和州至岐山堡，遇兵六千凡三队，遣军分击，逐北三十余里，斩首四百级，生获十人、马二百匹、甲仗不胜计。（《金史》卷一二三《杨沃衍传》） 九月戊寅，夏人犯绥德之克戎寨，都统罗世晖逆击，却之。（《金史》卷一五《宣宗纪中》）		

年代	南宋	金	蒙古	吐蕃、回鹘
宋嘉定十年、夏光定七年、金兴定元年、成吉思汗十二年(1217)		西夏举国之兵从其前驱，哨骑往来，直至许、定、郑。(《大金国志》卷二五《宣宗皇帝下》)		
宋嘉定十一年、夏光定八年、金兴定二年，成吉思汗十三年(1218)		三月，右都监庆山奴奏："夏人有乞和意，保安、绥德、葭州得文报，乞复互市，以寻旧盟。以臣观之，此出于遵顼，非边吏所敢专者。"朝廷不以为然。(《金史》卷一三四《西夏传》)　五月丙子，夏人自葭州入鄜延，元帅承立遣兵败之马吉峰，是日捷至。(《金史》卷一五《宣宗纪中》)	是年，伐西夏，围其王城，夏主李遵顼出走西凉。(《元史》卷一《太祖纪》)	

年代	南宋	金	蒙古	吐蕃、回鹘
宋嘉定十一年、夏光定八年、金兴定二年，成吉思汗十三年（1218）		七月夏人犯凫谷，提控夹谷瑞及其副赵防击走之。（《金史》卷一五《宣宗纪中》） 七月甲午，夏人复犯凫谷，夹谷瑞大破之。（《金史》卷一五《宣宗纪中》） 十一月戊子，凫谷提控夹谷瑞败夏人于质孤堡。（《金史》卷一五《宣宗中》）		
宋嘉定十二年、夏光定九年、金兴定三年，成吉思汗十四年（1219）		闰三月戊午，夏人破葭州之通秦砦，刺史纥石烈王家奴战没。（《金史》卷一五《宣宗纪中》） 乙酉，夏人据通秦寨，提控纳合买住击败之。（《金史》卷一五《宣宗纪中》）		

年代	南宋	金	蒙古	吐蕃、回鹘
宋嘉定十二年、夏光定九年、金兴定三年、成吉思汗十四年（1219）		辛卯，夏人犯通秦砦，元帅完颜合达出兵安塞堡以捣其巢。至隆州，夏人逆战，官军击之，众溃，进薄城，俄陷其西南隅，会日暮，还。（《金史》卷一五《宣宗纪中》） 后因地震城圮，夏人乘衅入边，商衡率蕃部土豪守御应敌，保以无虞。（《金史》卷一二四《商衡传》）		
宋嘉定十三年、夏光定十年、金兴定四年、成吉思汗十五年（1220）		二月，夏人犯镇戎，金师败绩。（《金史》卷一三四《西夏传》）		

年代	南宋	金	蒙古	吐蕃、回鹘
宋嘉定十三年、夏光定十年、金兴定四年、成吉思汗十五年（1220）		四月，夏人犯边，赤盏合喜讨之，师次鹿儿原，遇夏兵千人，遣提控乌古论世显率偏师败之，都统王定亦破其众一千五百于新泉城。九月，夏人攻巩州，赤盏合喜遣兵击之，一日十余战，夏人退据南冈，遣精兵三万傅城，又击走之，生擒夏将刘打、甲玉等。讯知夏大将你思丁、兀名二人谋，以为巩帅府所在，巩既下则临洮、积石、河、洮诸城不攻自破，故先及巩，且构宋统制程信等将兵四万来攻。赤盏合喜闻之，饬		

年代	南宋	金	蒙古	吐蕃、回鹘
宋嘉定十三年、夏光定十年、金兴定四年、成吉思汗十五年（1220）		兵严备。俄而兵果至，合喜督兵搏战，却之，杀数千人。攻益急，将士殊死战，杀伤者以万计。夏人焚其攻具，拔栅而去。赤盏合喜已先伏甲要地邀之，复率众蹑其后，斩首甚众。(《金史》卷一一三《赤盏合喜传》)　　四月，完颜承立破夏兵于宥州，斩首千余级，遂围神堆府。庆山奴四面攻之，士卒方登陴，援兵大至，复击走之。(《金史》卷一一六《完颜承立传》)		

年代	南宋	金	蒙古	吐蕃、回鹘
宋嘉定十三年、夏光定十年、金兴定四年、成吉思汗十五年（1220）		八月，夏人陷会州，刺史乌古论世显降。甲戌，陕西行省报夋谷败夏人之捷。（《金史》卷一六《宣宗纪下》） 夏人三万自高峰镇围定西，刺史爱申阿失剌、提控乌古论长寿、温敦永昌击走之。九月，夏人围绥平寨、安定堡，未几，陷西宁州，遂攻定西，乌古论长寿击却之。乃袭巩州，石盏合喜逆战，一日十余战，乃解去。（《金史》卷一三四《西夏传》） 九月甲寅，宋人出秦州，及夏人来攻。（《金史》卷一六《宣宗纪下》）		

年代	南宋	金	蒙古	吐蕃、回鹘
宋嘉定十三年、夏光定十年、金兴定四年、成吉思汗十五年（1220）		十月壬戌，夏人复攻龛谷。 丁卯，夏人犯定西、积石之境。（《金史》卷一六《宣宗纪下》） 十月，夏人攻绥德州，驻兵于挂天山，完颜合达将兵击之，别遣先锋提控樊泽等各率所部分三道以进，毕会于山颠，见夏人数万余傅山而阵，即纵兵分击，泽先登，摧其左军，诸将继攻其右，败之。（《金史》卷一一二《完颜合达传》）		

年代	南宋	金	蒙古	吐蕃、回鹘
宋嘉定十四年、夏光定十一年、金兴定五年、成吉思汗十六年（1221）		正月，诏枢密院议夏事，奏曰："夏人聚兵境上，欲由会州入，已遣行省白撒伏兵险要以待之。鄜延元帅府伺便发兵以缀其后，足以无虑。"二月，宁远军节度使夹谷海寿破夏兵于搜觉堡。三月，复取来羌城。十月，攻龛谷，白撒连败之。（《金史》卷一三四《西夏传》） 秋八月，从驻青冢，监国公主遣使来劳，大飨将士，由东胜渡河，西夏国李王请以兵五万属焉。冬十月，复由云中历太和寨，		

年代	南宋	金	蒙古	吐蕃、回鹘
宋嘉定十四年、夏光定十一年、金兴定五年、成吉思汗十六年（1221）		入葭州。(《元史》卷一一九《木华黎传》) 夏人复攻金人，遣百骑入凤州，邀守将求援兵。(《宋史》卷四〇六《崔与之传》) 十一月，夏人攻安塞堡，其军先至，完颜合达与征行元帅纳合买住御之。完颜合达策之曰："比北方兵至，先破夏人则后易为力。"于是潜军裹粮倍道兼进，夜袭其营，夏人果大溃，追杀四十里，坠崖谷死者不可胜计。(《金史》卷一一二《完颜合达传》)		

年代	南宋	金	蒙古	吐蕃、回鹘
宋嘉定十四年、夏光定十一年、金兴定五年、成吉思汗十六年（1221）		十一月乙未，夏人攻凫谷。（《金史》卷一六《宣宗纪下》）		
宋嘉定十五年、夏光定十二年、金元光元年、成吉思汗十七年（1222）		正月，夏人陷大通城，复取之。（《金史》卷一三四《西夏传》） 三月癸酉，提控李师林败夏人于永木岭。（《金史》卷一六《宣宗纪下》） 七月，夏人入德顺。（《金史》卷一六《宣宗纪下》） 八月，西夏攻宁安寨，十月，西夏攻神林堡。（《金史》卷一三四《西夏传》）		

年代	南宋	金	蒙古	吐蕃、回鹘
宋嘉定十五年、夏光定十二年、金元光元年、成吉思汗十七年（1222）		十一月己丑，兰州提控唐括昉败夏人于质孤堡。(《金史》卷一六《宣宗纪下》)		
宋嘉定十六年、夏光定十三年、金元光二年、成吉思汗十八年（1223）		二年二月，木华黎国王、斜里吉不花等及夏人步骑数十万围凤翔，东自扶风、岐山，西连汧、陇，数百里间皆其营栅，攻城甚急，赤盏合喜尽力，仅能御之。(《金史》卷一一三《赤盏合喜传》) 陇安军节度使完颜阿隣日与将士宴饮，不治军事，夏人乘之，掠民五千余口、牛	是岁，大元兵问罪夏国。(《金史》卷一三四《西夏传》)	

续表

年代	南宋	金	蒙古	吐蕃、回鹘
宋嘉定十六年、夏光定十三年、金元光二年、成吉思汗十八年（1223）		羊杂畜数万而去。（《金史》卷一三四《西夏传》） 秋七月壬寅朔，夏人犯积石州，羌界寺族多陷没，惟桑逋寺僧看逋、昭逋、厮没，及答那寺僧奔鞠等拒而不从。（《金史》卷一六《宣宗纪下》） 是年冬，郭蝦蟆与巩州元帅田瑞攻取会州。郭蝦蟆率骑兵五百皆被赭衲，蔽州之南山而下，夏人猝望之以为神。城上有举手于悬风版者，郭蝦蟆射之，手与版俱贯。凡射死数百人。夏人震恐，乃出降。（《金史》卷一二四《郭蝦蟆传》）		

年代	南宋	金	蒙古	吐蕃、回鹘
宋嘉定十七年、夏乾定元年、金正大元年、成吉思汗十九年（1224）		冬十月戊午，夏国遣使来修好。（《金史》卷一七《哀宗纪上》）	时太祖在西域，夏国主李王阴结外援，蓄异图，密诏孛鲁讨之。甲申秋九月，攻银州，克之，斩首数万级，获生口马驼牛羊数十万，俘监府塔海，命都元帅蒙古不华将兵守其要害而还。（《元史》卷一一九《孛鲁传》）	
宋宝庆元年、夏乾定二年、金正大二年、成吉思汗二十年（1225）		九月，夏国和议定，以兄事金，各用本国年号，遣使来聘，奉国书称弟。（《金史》卷一七《哀宗纪上》）		

年代	南宋	金	蒙古	吐蕃、回鹘
宋宝庆元年、夏乾定二年、金正大二年、成吉思汗二十年（1225）		冬十月，以夏国修好，诏中外。（《金史》卷一七《哀宗纪上》）		
宋宝庆二年、夏乾定三年、金正大三年、成吉思汗二十一年（1226）		十一月丙子，夏以兵事方殷来报，各停使聘。（《金史》卷一七《哀宗纪上》）	大元兵征西夏，平中兴府。（《金史》卷一七《哀宗纪上》） 春正月，成吉思汗以西夏纳仇人亦腊喝翔昆及不遣质子，自将伐之。二月，取黑水等城。夏，避暑于浑垂山。（《元史》卷一《太祖纪》）	

年代	南宋	金	蒙古	吐蕃、回鹘
宋宝庆二年、夏乾定三年、金正大三年、成吉思汗二十一年（1226）			成吉思汗命昔里钤部同忽都铁穆儿招谕沙州，州将伪降，以牛酒犒师，而设伏兵以待之。首帅至，伏发马踬，昔里钤部以所乘马与首帅使奔，自乘所踬马而殿后，击败之。后昔里钤部进兵围肃州，守者乃昔里钤部之兄，惧城破害及其家，昔里钤部先以为请，后破肃州。（《元史》卷一二二《昔里钤部传》）	

续表

年代	南宋	金	蒙古	吐蕃、回鹘
宋宝庆二年、夏乾定三年、金正大三年、成吉思汗二十一年（1226）			蒙古师次甘州，察罕父曲也怯律居守城中，察罕射书招之，且求见其弟，时弟年十三，命登城于高处见之。且遣使谕城中，使早降。其副阿绰等三十六人合谋，杀曲也怯律父子，并杀使者，并力拒守。城破，帝欲尽坑之，察罕言百姓无辜，止罪三十六人。（《元史》卷一二〇《察罕传》）	

年代	南宋	金	蒙古	吐蕃、回鹘
宋宝庆二年、夏乾定三年、金正大三年、成吉思汗二十一年（1226）			成吉思汗围凉州，粘合重山执大旗指麾六军，手中流矢，不动。诸军奋勇，遂破凉州城。（《元史》卷一四六《粘合重山传》） 秋，蒙古取西凉府搠罗、河罗等县，遂瑜沙陀，至黄河九渡，取应里等县。冬十一月庚申，成吉思汗攻灵州，夏遣嵬名令公来援。丙寅，帝渡河击夏师，大败夏兵。（《元史》卷一《太祖纪》）	

年代	南宋	金	蒙古	吐蕃、回鹘
宋宝庆二年、夏乾定三年、金正大三年、成吉思汗二十一年（1226）			成吉思汗复命阿术鲁总兵征西夏，与敌兵大战于合剌合察儿之地。大败夏军。(《元史》卷一二三《阿术鲁传》)	
宋宝庆三年、夏乾定四年、金正大四年、成吉思汗二十二年（1227）			丁亥春，成吉思汗留兵攻夏王城，自率师渡河攻积石州。(《元史》卷一《太祖纪》) 成吉思汗还次六盘，夏主坚守中兴，帝遣察罕入城，谕以祸福。众方议降，会成吉思汗崩，诸将擒夏主杀	

续表

年代	南宋	金	蒙古	吐蕃、回鹘
宋宝庆三年、夏乾定四年、金正大四年、成吉思汗二十二年 （1227）			之，复议屠中兴，察罕力谏止之，驰入，安集遗民。（《元史》卷一二〇《察罕传》）	

参考文献

（一）古籍

（汉）班固：《汉书》，中华书局 1962 年版。

（南朝）范晔：《后汉书》，中华书局 1965 年版。

（北齐）魏收：《魏书》，中华书局 1997 年版。

（唐）魏徵等：《隋书》，中华书局 1973 年版。

（后晋）刘昫：《旧唐书》，中华书局 1975 年版。

（宋）欧阳修：《新唐书》，中华书局 1975 年版。

（宋）薛居正编：《旧五代史》，中华书局 1976 年版。

（宋）欧阳修等：《新五代史》，中华书局 1974 年版。

（元）脱脱：《宋史》，中华书局 1977 年版。

（元）脱脱：《辽史》，中华书局 1974 年版。

（元）脱脱：《金史》，中华书局 1975 年版。

（明）宋濂：《元史》，中华书局 1976 年版。

（东周）孙武著，陈曦译注：《孙子兵法》，中华书局 2011 年版。

（东周）墨翟著，方勇译注：《墨子》，中华书局 2015 年版。

（汉）刘熙：《释名》，中华书局 1985 年版。

（唐）长孙无忌等：《唐律疏议笺解》，中华书局 1996 年版。

（唐）杜佑：《通典》，中华书局 1988 年版。

（唐）李林甫等：《唐六典》，中华书局 1992 年版。

（唐）元稹：《元稹集》，中华书局 2009 年版。

司义祖整理：《宋大诏令集》，中华书局 2009 年版。

（宋）王称：《东都事略》，齐鲁书社 2000 年版。

（宋）司马光：《资治通鉴》，中华书局 1956 年版。

（宋）曾公亮：《武经总要前集》，解放军出版社、辽沈书社 1988 年版。

（宋）司马光著，李裕民点校：《司马光日记校注》，中国社会科学出版社
1994 年版。

（宋）沈括：《梦溪笔谈》，中华书局 2015 年版。

（宋）李焘：《续资治通鉴长编》，中华书局 2004 年版。

（宋）钱若水：《宋太宗实录》，甘肃人民出版社 2005 年版。

（宋）徐梦莘：《三朝北盟会编》，上海古籍出版社 1987 年版。

（宋）宇文懋昭：《大金国志校证》，中华书局 1986 年版。

（宋）王溥：《唐会要》，中华书局 1960 年版。

（宋）李心传：《建炎以来系年要录》，中华书局 2013 年版。

（宋）王钦若等编：《册府元龟》，凤凰出版社 2006 年版。

（宋）王得臣：《麈史》，上海古籍出版社 1986 年版。

（宋）田况：《儒林公议》，中华书局 2017 年版。

（宋）文彦博：《文彦博集》，中华书局 2016 年版。

（宋）司马光：《涑水记闻》，中华书局 1989 年版。

（宋）李心传：《建炎以来朝野杂记》，中华书局 2000 年版。

（宋）吕祖谦：《皇朝文鉴》，浙江古籍出版社 2008 年版。

（宋）魏泰：《东轩笔录》，中华书局 1983 年版。

（宋）曾巩：《隆平集》，中华书局 2012 年版。

（宋）曾巩：《曾巩集》，中华书局 2013 年版。

（宋）王存：《元丰九域志》，中华书局 1984 年版。

（宋）陈均：《皇朝编年纲目备要》，中华书局 2006 年版。

（宋）苏轼著，李之亮笺注：《苏轼文集编年笺注》，巴蜀书社 2011 年版。

（宋）苏辙：《栾城集》，文渊阁四库全书影印本。

（宋）庄绰：《鸡肋编》，中华书局 1997 年版。

（宋）朱弁：《曲洧旧闻》，中华书局 2002 年版。

（宋）范仲淹：《范仲淹全集》，中华书局 2020 年版。

（宋）王溥：《五代会要》，上海古籍出版社 1978 年版。

（宋）陆游著，王欣点评：《老学庵笔记》，青岛出版社 2002 年版。

（宋）包拯：《包拯集》，黄山书社 1999 年版。

（宋）庄绰：《鸡肋篇》，中华书局 1997 年版。

（宋）高承：《事物纪原》，上海古籍出版社 1992 年版。

（宋）苏舜钦：《苏舜钦集》，上海古籍出版社 2011 年版。

（西夏）骨勒茂才著，黄振华等整理：《番汉合时掌中珠》，宁夏人民出版社 1989 年版。

（元）蔡巴·贡噶多吉著、东嘎·洛桑赤列校注，陈庆英、周润年译：《红史》，西藏人民出版社 1988 年版。

（元）王恽：《王恽全集汇校》，中华书局 2013 年版。

（元）马端临：《文献通考》，中华书局 2011 年版。

（明）黄淮、杨士奇：《历代名臣奏议》，中华书局 1989 年版。

（明）叶子奇：《草木子》，中华书局 1959 年版。

（清）徐松辑：《宋会要辑稿》，上海古籍出版社 2014 年版。

（清）董浩等编：《全唐文》，中华书局 1983 年版。

（清）彭定求等编：《全唐诗》，中华书局 2018 年版。

（清）顾祖禹：《读史方舆纪要》卷五二《陕西一》，中华书局 2012 年版。

（清）吴广成：《西夏书事》，龚世俊等《西夏书事校证》本，甘肃文化出版社 1995 年版。（清）钱大昕：《廿二史考异》，凤凰出版社 2016 年版。

（清）华岳：《翠微南征北征录合集》，黄山书社 2014 年版。

（二）出土文献

史金波、魏同贤、［俄］E. N. 克恰诺夫主编，俄罗斯科学院东方文献研究所，中国社会科学院民族研究所，上海古籍出版社编：《俄藏黑水城文献》，上海古籍出版社 1996—2020 年版。

宁夏大学西夏学研究中心、内蒙古考古研究所、甘肃省古籍文献整理编译中心编辑，塔拉、杜建录、高国祥主编：《中国藏黑水城汉文文献》，国家图书馆出版社 2008 年版。

西北第二民族学院、上海古籍出版社、英国国家图书馆编辑，谢玉杰、吴芳思主编：《英藏黑水城文献》，上海古籍出版社版 2005 年版。

史金波、白滨、吴峰云：《西夏文物》，文物出版社 1988 年版。

中国社会科学院西夏文化研究中心、宁夏大学西夏学研究院、甘肃省古籍文献整理编译中心、内蒙古博物院编：《西夏文物·内蒙古编》，中华书局、天津古籍出版社 2014 年版。

中国社会科学院西夏文化研究中心、宁夏大学西夏学研究院、甘肃省古籍文献整理编译中心、甘肃博物馆编：《西夏文物·甘肃编》，中华书局、天津古籍出版社 2014 年版。

中国社会科学院西夏文化研究中心、宁夏大学西夏学研究院、甘肃古籍文献整理编译中心、宁夏博物馆编：《西夏文物·宁夏编》，中华书局、天津古籍出版社 2016 年版。

俄罗斯国立艾尔米塔什博物馆、西北民族大学、上海古籍出版社编：《俄藏黑水城艺术品》，上海古籍出版社 2008 年版。

李逸友：《黑城出土文书》（汉文文书卷），科学出版社 1991 年版。

《杂字》（西夏），《俄藏黑水城文献》本。

《番汉合时掌中珠》，《俄藏黑水城文献》本。

《圣立义海》，《俄藏黑水城文献》本。

《文海》，《俄藏黑水城文献》本。

《贞观玉镜将》，《俄藏黑水城文献》本。

《天盛改旧新定律令》，《俄藏黑水城文献》本。

（三）研究著作

史金波、聂鸿音、白滨译注：《天盛改旧新定律令》，法律出版社 2000
年版。

［俄］克恰诺夫俄译、李仲三汉译、罗矛昆校：《西夏法典——天盛改旧
新定律令》（1—7 章），宁夏人民出版社 1988 年版。

史金波、白滨、黄振华：《文海研究》，中国社会科学出版社 1983 年版。

史金波：《西夏军事文书研究》，甘肃文化出版社 2021 年版。

克恰诺夫、李范文、罗矛昆：《圣立义海研究》，宁夏人民出版社 1995
年版。

陈炳应：《西夏谚语——新集锦成对谚语》，山西人民出版社 1993 年版。

陈炳应：《贞观玉镜将研究》宁夏人民出版社 1995 年版。

杨泓：《中国古代兵器通论》，紫禁城出版社 2005 年版。

王天顺：《西夏战史》，宁夏人民出版社 1993 年版。

王曾瑜：《宋朝兵制初探》，中华书局 1983 年版。

王曾瑜：《辽金军制》，河北大学出版社 2011 年版。

胡若飞：《西夏军事制度研究·〈本续〉密咒释考》，内蒙古大学出版社
2003 年版。

张廷杰：《宋夏战事诗研究》，甘肃文化出版社 2002 年版。

周伟洲：《早期党项史研究》，中国社会科学出版社 2004 年版。

李范文:《西夏通史》,宁夏人民出版社 2005 年版。

吴天墀:《西夏史稿》,四川人民出版社 1983 年版。

李蔚:《西夏史研究》,宁夏人民出版社 1989 年版。

杜建录:《西夏经济史》,中国社会科学出版社 2002 年版。

史金波:《西夏社会(上、下)》,上海人民出版社 2007 年版。

杜建录:《西夏史论集》,上海古籍出版社 2016 版。

陈炳应:《西夏文物研究》,宁夏人民出版社 1985 年版。

李范文:《夏汉字典》,中国社会科学出版社 1997 年版。

汤晓芳:《西夏艺术》,宁夏人民出版社 2003 年版。

谭其骧:《中国历史地图集》,中国地图出版社 1996 年版。

牛达生:《西夏考古论稿》,上海古籍出版社 2013 年版。

杜建录:《党项西夏碑石整理研究》,上海古籍出版社 2015 年版。

郑炳林主编:《敦煌归义军史专题研究》,兰州大学出版社 1997 年版。

杨积堂:《法典中的西夏文化——西夏天盛改旧新定律令研究》,法律出版社 2003 年版。

鲁人勇:《西夏地理志》,宁夏人民教育出版社 2012 年版。

杜建录:《〈天盛律令〉与西夏法制研究》,宁夏人民出版社 2005 年版。

姜歆:《西夏法律制度研究——〈天盛改旧新定律令〉初探》,兰州大学出版社 2005 年版。

陈永胜:《西夏法律制度研究》,民族出版社 2006 年版。

白滨编:《西夏史论文集》,宁夏人民出版社 1984 年版。

(四)研究论文

王静如:《西夏法典序》,《宁夏大学学报》1990 年第 1 期。

贾潍:《中国古代铠甲的历史变革分析》,天津师范大学 2010 年硕士学位论文。

李温：《西夏法典述评》，《法律科学》1990 年第 2 期。

史金波：《西夏〈天盛律令〉略论》，《宁夏社会科学》1993 年第 1 期。

杜建录：《西夏〈天盛律令〉的历史文献价值》，《西北民族研究》2005 年第 1 期。

苏冠文：《西夏军队装备述论》，《宁夏社会科学》2000 年第 6 期。

杜建录：《西夏军队的武器装备及其管理制度》，《河北大学学报》1998 年第 3 期。

彭向前：《释"负赡"》，《东北史地》2011 年第 2 期。

杜建录：《西夏仓库制度研究》，《中国史研究》1998 年第 2 期。

陈广恩：《关于西夏边防制度的几个问题》，《宁夏社会科学》2001 年第 3 期。

汤开建：《近几十年国内西夏军事制度研究中存在的几个问题》，《宁夏社会科学》2002 年第 4 期。

陈炳应：《西夏军队的兵种兵员初探》，《固原师专学报》1989 年第 1 期。

陈炳应：《党项人的军事组织述论》，《民族研究》1986 年第 5 期。

史金波：《西夏的职官制度》，《历史研究》1994 年第 2 期。

刘建丽：《略论党项夏国的军事制度》，《宁夏大学学报》2007 年第 6 期。

杜建录：《西夏边防制度初探》，《固原师专学报》1993 年第 1 期。

孙昌盛：《西夏服饰研究》，《民族研究》2001 年第 6 期。

曲小萌：《榆林窟第 29 窟西夏武官服饰考》，《敦煌研究》2011 年第 3 期。

翟丽萍：《西夏职官制度研究——以〈天盛革故鼎新律令〉卷十为中心》，陕西师范大学 2013 年博士学位论文。

鲁人勇：《西夏监军司考》，《宁夏社会科学》2001 年第 1 期。

陈广恩：《西夏兵器及其在中国兵器史上的地位》，《宁夏社会科学》2002 年第 1 期。

汤开建：《关于"铁鹞子"的几个问题》，《史学月刊》1989 年第 1 期。

徐庄：《西夏双木扇式风箱在古代鼓风器发展中的地位》，《宁夏社会科学》2008 年第 1 期。

杨蕤：《西夏地理初探》，复旦大学 2005 年博士学位论文。

杨蕤：《宋夏疆界考论》，《中国边疆史地研究》2005 年第 4 期。

吴光耀：《西夏疆域之形成与州府建置沿革——兼斥克恰诺夫关于西夏疆域的谬论》，《武汉大学学报》1982 年第 1 期。

许伟伟、杨浣：《夏辽边界问题再讨论》，《西夏研究》2013 年第 1 期。

杨浣：《北宋秦凤路沿边界壕考》，《辽金历史与考古》2017 年第 1 期。

保宏彪：《西夏在鄂尔多斯高原的疆界变迁》，《西夏研究》2013 年第 4 期。

胡守静：《北宋西北界壕考》，宁夏大学 2018 年硕士学位论文。

后　　记

编纂一部多卷本西夏通志是多年的夙愿，2001年教育部批准建设西夏学重点研究基地时，就将该任务纳入基地建设规划。只是鉴于当时资料匮乏，研究团队也比较薄弱，在上级主管部门和学界的支持下，确定先从基础资料和研究团队抓起，采取西夏文献资料整理出版、西夏文献资料专题研究和大型西夏史著作编纂的"三步走"战略，率先开展教育部基地重大项目"国内藏西夏文献整理研究"。2008年多卷本《中国藏西夏文献》出版后，开始着手《西夏通志》的编纂，起初取名《西夏国志》，后更名《西夏通志》。经过几年的准备，2015年获批国家社科基金重大项目，2017年得到滚动支持，2022年完成结项。

《西夏通志》编纂团队除史金波等前辈学者外，大多是基地培养出的学术带头人和学术骨干，他们绝大部分主持多项国家社科基金项目和部省级项目，有的承担国家社科基金重大重点项目，研究领域涉及西夏政治、经济、军事、文化、艺术、地理、文字、文献、文物等方方面面，为保质保量完成编纂任务奠定了坚实的基础。

《西夏通志》编纂过程中，得到学界的大力支持，史金波、陈育宁、聂鸿音、李华瑞、王希隆、程妮娜、孙伯君等先生或讨论提纲，或参与撰稿，或评审稿本，提出宝贵的意见。人民出版社赵圣涛编审积极组稿，并获批国家出版基金资助，使本书得以顺利出版，在此表示由衷地感谢！

杜建录

2025 年 3 月 12 日